U0904035

基于"互联网+"背景下高职创新创业型人才培养模式研究

高捷闻　何承芳　著

合肥工业大学出版社

随着互联网技术的不断发展，特别是移动互联网的普及，越来越多的可接入设备，如手机、电脑、iPad 等逐步向中国家庭普及，互联网购物、互联网购票、互联网缴费、互联网还款等日趋普及，互联网应用场景越来越多元化，互联网改变了我们的生活方式、学习方式、工作方式，甚至我们的思维方式，互联网让我们的工作、学习和生活变得越来越便捷和高效。

“互联、互享、互动”是互联网赖以生存的三大基因，是互联网生命力的体现，是互联网经济存在的根基。李克强总理在 2015 年政府工作报告中提出了“互联网＋”行动计划，表示将进一步推动“移动互联网、云计算、大数据、物联网等与现代制造业结合，促进电子商务、工业互联网和互联网金融健康发展”。互联网正向各个行业进行渗透，“互联网＋”正与各个行业进行融合，涌现了如滴滴打车、共享单车等新型商业模式，未来将有更多的商业模式出现，互联网经济的热潮正在向我国席卷。

从资源配置角度看，“互联网＋”也就是以互联网技术与互联网思维重新整合各种资源，实现资源的更有效配置，提高产品质量与服务便利。借助互联网资源平台，传统行业与互联网进行深度融合，通过资源的优化配置，对传统行业进行基于“互联网＋”的改造，最终实现传统行业的转型和升级。

"互联网+"为创新创业者提供了机遇和平台，Uber 和 Airbnb 巨无霸型企业的崛起催生了全球共享经济的兴起，分享空间、分享车位等分享经济在全球范围迅速发展。在我国分享经济领域已经形成了一些独角兽企业，如滴滴、途家等，分享经济不论市场潜力、发展空间还是利润空间等均适合创业者作为创业的切入点，基于分享经济的创业是未来我国创业者的重要创业方式。

大学生创新创业背景就是基于"互联网+"平台战略和"大众创业、万众创新"国家战略，大学生作为创新创业的生力军，从政策扶持、技术支持到资金支持等均得到政府、学校、教师的支持，培养创新创业型人才是高校未来人才培养的方向和任务，目前，各级高校都在积极探索基于"互联网+"培养创新创业型人才模式。

基于"互联网+"创新创业人才培养模式模型图设计为：以互联网为载体，以创新创业为目的，以高职学生为培养对象和核心，将高职院校、高职老师、高职学生形成"一体"，将职业态度、心智模式、行为方式形成"三位"，构建"三位一体"模型，全面系统培养具有创新创业知识、素质、能力的综合性人才。其中，改变心智模式是创新创业人才培养的关键，我们可以从知识层面塑造创新创业心智模式、从行为层面塑造是创新创业人才培养的核心、职业精神的培养是创新创业人才培养的保障。

本书分为四章：第一章是创新创业背景分析；第二章是基于"互联网+"创新创业人才培养模式构建。这两部分旨在阐明创新创业的背景、方法、原理等，阐述基于"互联网+"创新创业人才培养模式。第三章是创新创业商业书的制作；第四章是创新创业商业书获奖作品精选。这两部分旨在分析创业书的写作思路、写作模块和写作技巧，获奖作品含金量高，均为最近两年的创新创业比赛获奖作品。

本书旨在为大学生参加创业类比赛提供写作思路、写作模块和写作技巧，提高大学生创业书制作水平，拓宽大学生创新创业知识面，提升大学生创业兴趣；同时，基于“互联网+”创新创业人才培养模式，可以为专业教师、专业负责人、教学部门负责人等提供可供参考的人才培养模式、课程设置、考核机制等。

鉴于本人水平有限，许多模型的构建有待实践检验，欢迎大家指正！

高捷闻　何承芳

2017年4月18日

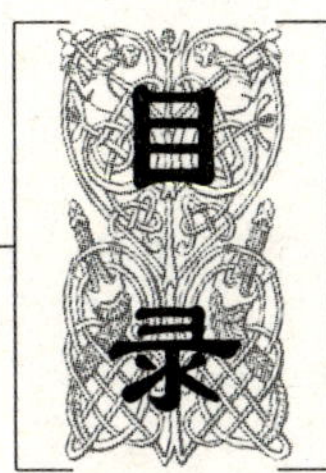

目录

第一章 创新创业背景

第一节 互联网的现状、作用和意义

一、互联网发展的现状

互联网（Internet）1969 年兴起于美国，1991 年美国麻省理工学院教授蒂姆·伯纳斯·李发明了万维网及简单的浏览器，互联网开始向社会大众普及。如图 1-1 所示，我国于 1994 年开启互联网时代，1994—2002 年是互联网发展的 Web 1.0 时代，2002—2009 年是以搜索或社交为代表的 Web 2.0 时代，2003 年我国互联网应用开始多元化，进入 21 世纪特别是 2009 年以后，互联网及移动互联网在我国飞速发展，进入以大互联网为代表的 Web 3.0 时代。

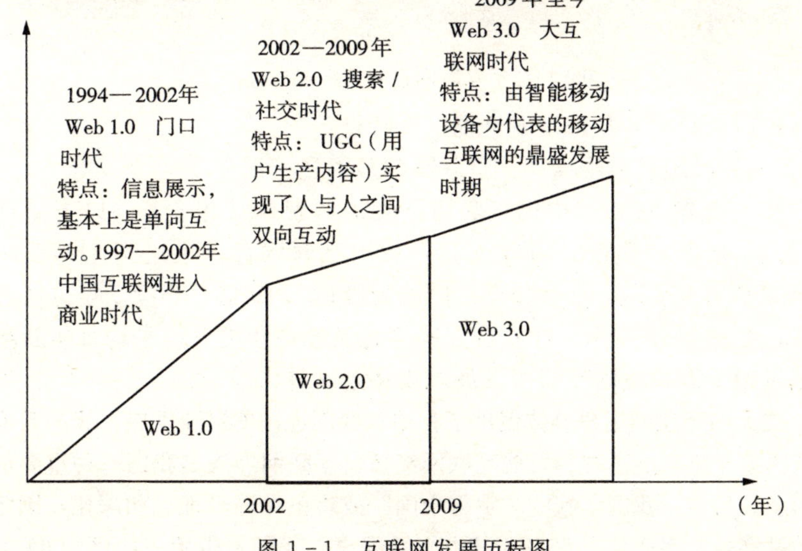

图 1-1 互联网发展历程图

如图 1-2 所示，进入 Web 3.0 时代以后我国互联网发展进入快车道，移动互联网以井喷式的速度发展。2012 年我国成为全球第二大互联网市场，网络购物开始爆发式增长；2014 年全球十大互联网公司，我国的阿里巴巴、腾讯、百度和京东上榜；2016 年 6 月《互联网趋势》(*Internet Trends*) 报告显示全球互联网企业 20 强名单，中国占 7 位，分别为：腾讯、阿里巴巴、百度、蚂蚁金服、小米、京东、滴滴出行，其中用户使用腾讯、阿里巴巴、百度移动互联网的时长达到总时长的 71%。

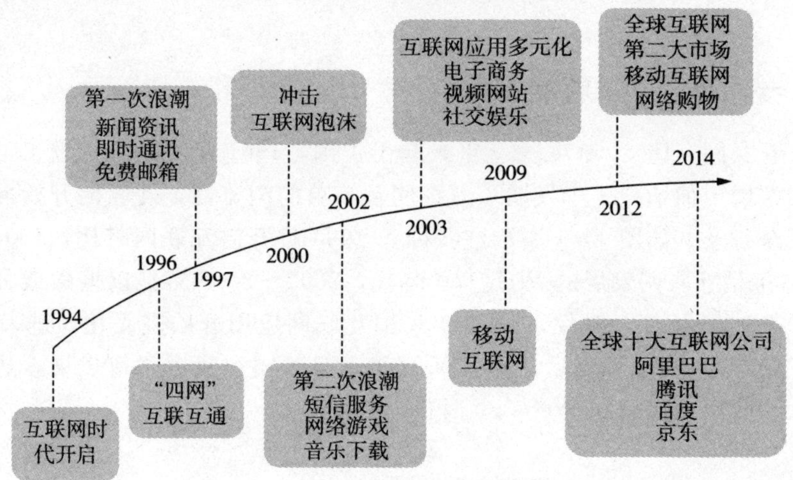

图 1-2　互联网在我国发展历程图

目前，我国互联网发展呈现以下特点：

（一）我国网民规模大，互联网普及率逐年提升

2016 年第 38 次《中国互联网络发展状况统计报告》（以下简称为《报告》）指出：截至 2016 年 6 月，我国互联网普及率达到 51.7%，超过全球平均水平 3.1 个百分点；网民规模达 7.10 亿，连续 9 年位居全球首位。如图 1-3 所示，在我国互联网普及率逐年提升，平均每年新增网民超过四千万，我国互联网发展规模将越来越大。

庞大的互联网用户群体促进了我国互联网经济的迅速发展，我国政府已经从国家战略高度重视和发展互联网经济，互联网经济是我国一种重要的经济形态。目前，我国实施的"宽带中国"战略正在逐步推进和深化，固定宽带的家庭普及率达到了 55%，其中光纤用户占我国宽带用户比例的 66.4%，

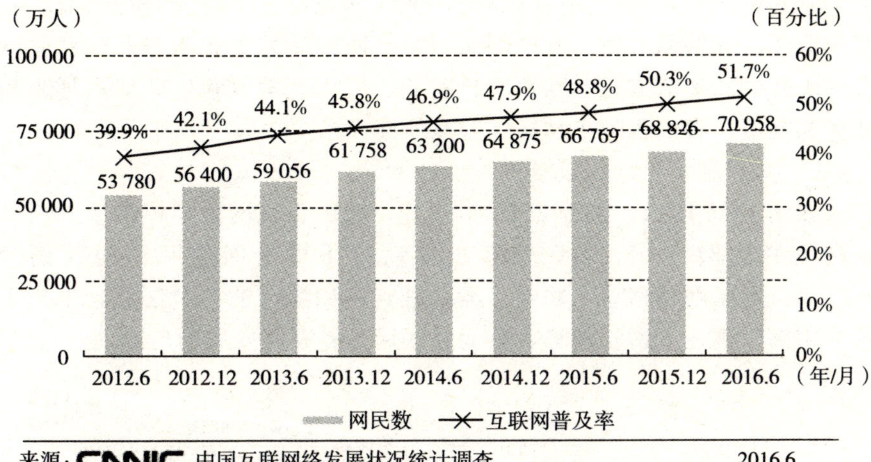

图 1－3　中国网民规模和互联网普及率图

宽带的平均接入速率达到 29.5Mbps。2016 年 4 月，习近平总书记提出了“要推动我国网信事业发展，让互联网更好造福人民”的要求，未来我国互联网基础设施建设重心是农村和城镇，如图 1－4 所示，我国农村互联网普及率为 31.7%、城镇互联网普及率为 67.2%，这两个指标数值偏低且增长率低。国家规划到 2020 年固定宽带的家庭普及率达到 70%，达到先进国家的指标水平；移动宽带用户普及率达到从目前 62.6%增长到 85%。

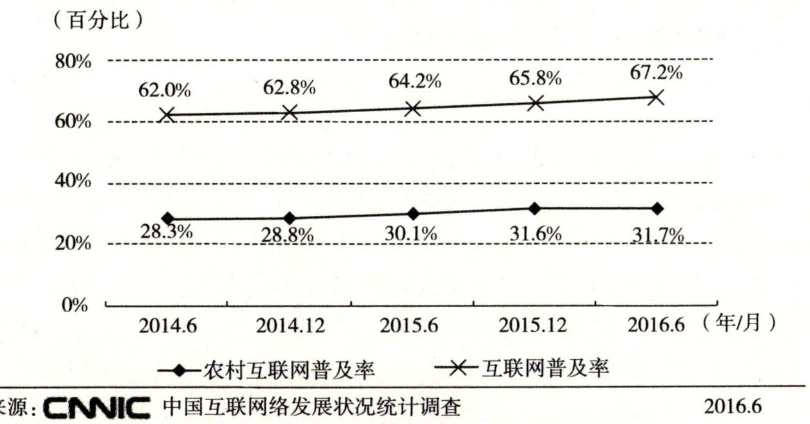

图 1－4　我国城乡互联网普及率图

互联网正向各个行业进行渗透，互联网正与各个行业进行融合，互联网购物、互联网购票、互联网缴费、互联网还款等日趋普及，互联网改变了我们的生活方式，互联网让我们的工作、学习和生活变得越来越便捷和高效，我们也越来越离不开互联网。

（二）我国手机网民规模大

如图 1－5 所示，截至 2016 年 6 月，我国手机网民规模达 6.56 亿，占网民的比例为 92.5%，仅通过移动端手机上网的网民的比例为 24.5%。互联网和移动互联网已经渗透到人们生活的各个层面，手机上网使用率呈现逐年增长趋势，移动互联网是互联网发展的趋势。

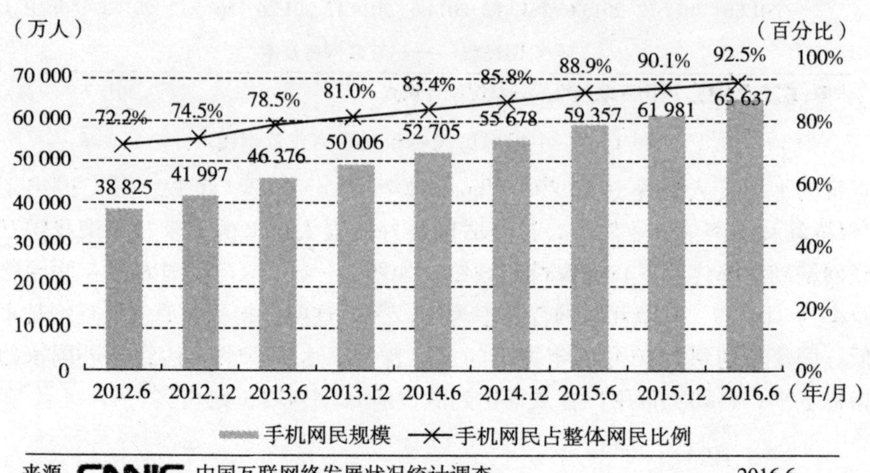

图 1－5　我国手机网民规模及其占网民比例

许多商场、医院、银行等公共区域已经或计划覆盖免费 Wi-Fi 信号，未来公交站、公共汽车、地铁等也将全面覆盖免费 Wi-Fi 信号；许多小饭店、小卖店等已经覆盖免费 Wi-Fi 或提供微信支付、支付宝支付等便捷支付方式，只带手机不带钱包的日子也指日可待，移动互联网越来越普及，让我们的生活越来越便利。

（三）我国网民群体比较年轻

如图 1－6 所示，2016 年 6 月我国网民年龄结构以 10～39 岁为主，占比例为 74.7%，其中 20～29 岁年龄段的网民最高达到 30.4%，10～

19 岁和30～39 岁所占比例分别为 20.1％、24.2％。可见，我国网民群体比较年轻，他们是伴随着我国互联网发展同步成长的，他们既是互联网的直接受益者，也是互联网成果的享受者。这些网民群体是网络消费的主力军，他们追求时尚、强调个性，热衷于表现自我，他们的需求日益多元化，渴望个性化、定制化的商品，如何快速、准确满足这部分群体的需要是我国未来企业的核心和难点。

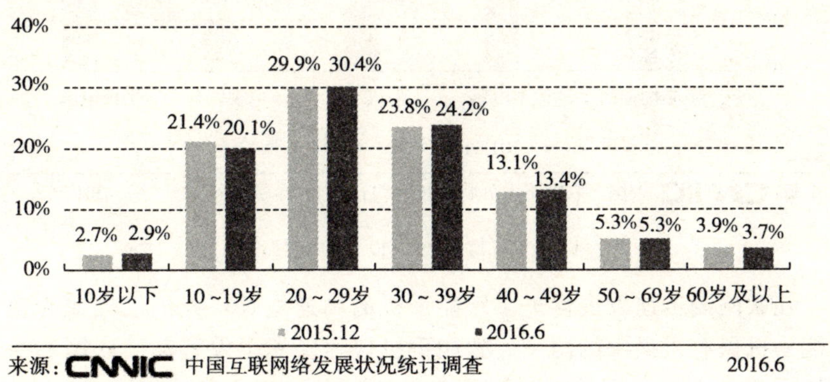

图 1-6 我国网民年龄结构图

我国传统企业转型升级必须以客户为核心，深挖客户最核心的需求及将来可能的需求，为客户提供具有惊喜品质的商品。对于创业者来说，应挖掘客户需求痛点，进行精确定位，从而提升创业的成功率。

（四）上网设备多样化

如图 1-7 所示，我国网民上网设备日趋多元化，台式电脑、笔记本电脑、手机、电视、平板电脑等被广泛使用，其中手机使用率达到 92.5％（2016 年 6 月数据），智能手机的便携性、不可或缺性决定了它无可撼动的地位。智能手机硬件的功能越来越强大，处理速度越来越快，给用户带来越来越高的体验值，同时，各类手机应用 APP 极大地丰富了用户的选择，给手机用户带来生活的便捷，增添了人们生活的情趣和乐趣。目前，各种上网设备基本满足了人们的生活应用需求，未来将向生产力领域扩展，我们的生活和工作将越来越便捷、高效。

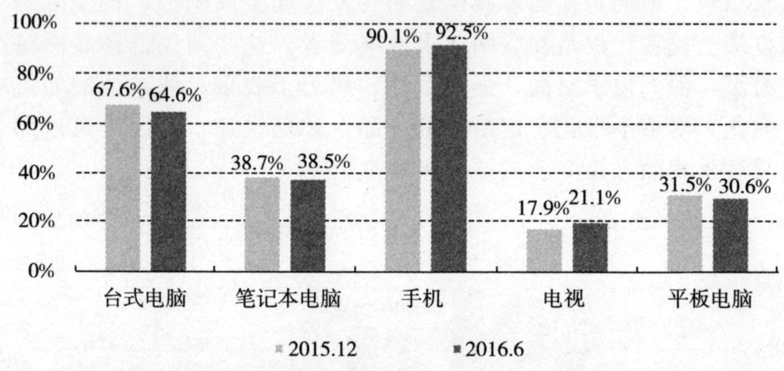

图 1-7　互联网接入设备使用情况图

互联网的迅速发展促进了智能手机的高速增长，我国已经成为全球智能手机保有量最大的国家。智能手机快速发展引发移动互联网的快速发展，截至 2016 年 11 月，我国移动宽带用户（3G 和 4G 用户）总数达到 9.04 亿，其中 4G 用户达到 7.14 亿户。

随着网络技术的迅速发展，5G 时代即将来临，可接入网络设备越来越多，设备越来越智能化，网络应用场景将越来越多，网络速度将越来越快，用户的体验值将越来越高，我们的工作、学习和生活将越来越便捷、高效。

（五）使用场所多元化

家庭生活网络化、学习方式网络化、办公方式网络化是互联网普及最直接的体现，未来将有越来越多的公共场所覆盖免费移动网络，这是移动互联网发展的必然趋势。如图 1-8 所示，2016 年 6 月中家庭电脑接入互联网的比例为 87.7%，单位电脑接入互联网的比例为 35.9%。在我国，家庭电脑入网普及率很高，考虑到农村或偏远地区，在城市家庭电脑入网率更高。我国的年轻群体特别是"90 后"群体是伴随网络成长起来的，互联网思维在他们脑海中已经固化，他们更容易接受新式网络模式。

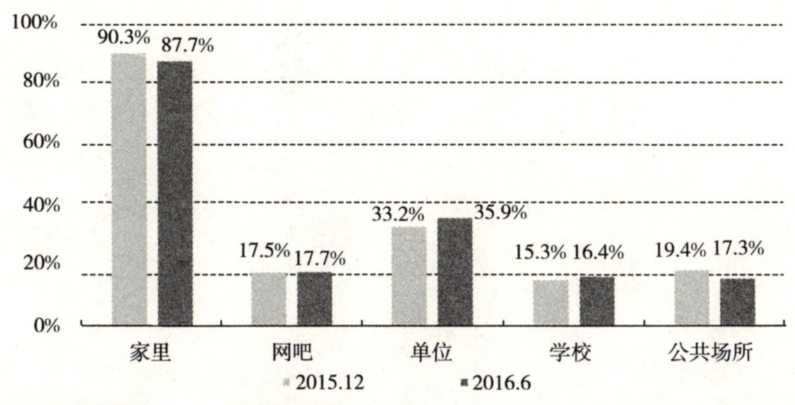

图 1-8 网络使用场所图

（六）接入网络的两种方式

如图 1-9 所示，随着我国 3G 或 4G 网络的“提速降费”及各种流量套餐的优惠，2016 年 6 月手机用户通过 3G 或 4G 上网比例为 91.7%；随着家庭、工作场所、银行、商场、超市、公共场所等无线 Wi-Fi 网络的普及，手机、笔记本电脑、平板电脑等通过 Wi-Fi 无线网络上网的比例达到 92.7%。无线 Wi-Fi 网络为物联网发展插上了翅膀，物联网技术正如火如荼地发展，未来我们将进入物联网时代，特别是随着 5G 技术的日趋成熟和逐步普及，智能硬件的接入，物联网将彻底改变我们的工作、学习和生活。

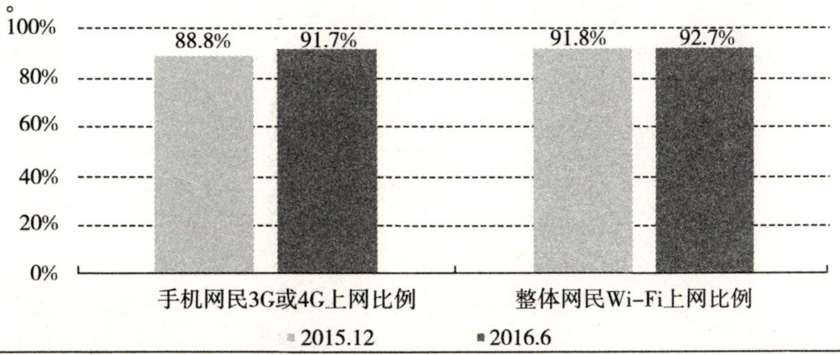

图 1-9 接入网络的两种方式

（七）用户在网时间不断增加

如图 1-10 所示，我国网民周平均在网时间呈现不断增加趋势，每周平均上网时长达到 26.5 小时，平均每天上网时间约为 4 个小时。

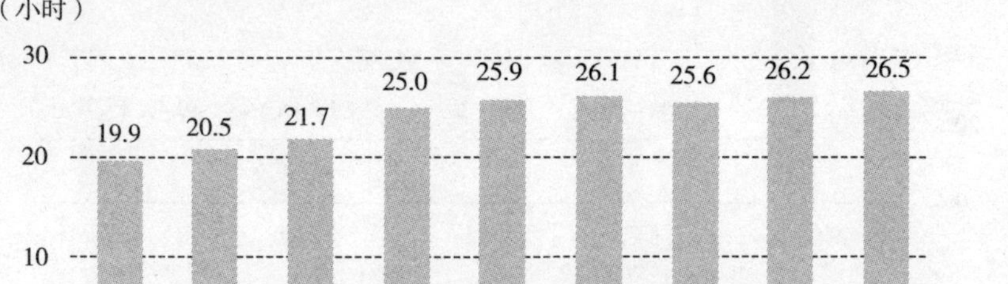

图 1-10　网民平均每周上网时长图

在时间分配上，我国"80 后"群体上网主要为"获取资讯信息"，"90 后"群体更多为了"娱乐"和"交友"，共同点是信息来源多来自于门户网站（如网易、新浪、腾讯等）及社交平台（如微信、QQ 等）。

"80 后"或"90 后"作为我国网民群体的主力军，如何满足他们的需求是创业者最关心的问题，特别是他们具有需求不确定性、品牌忠诚度不高、偏好个性化商品等特点，快速、准确、便捷地满足用户需求是创业者要遵守的重要商业准则。

（八）互联网用途多样化

见表 1-1，网民通过互联网做各种各样的事情，如通信、搜索、新闻、视频、游戏、购物等，且各种应用的使用规模不断增大，使用率不断提升。

表 1-1　互联网应用的使用率表

	2016.6		2015.12		
应用	用户规模（万）	网民使用率	用户规模（万）	网民使用率	半年增长率
即时通信	64 177	90.4%	62 408	90.7%	2.8%
搜索引擎	59 258	83.5%	56 623	82.3%	4.7%

（续表）

	2016.6		2015.12		
应用	用户规模（万）	网民使用率	用户规模（万）	网民使用率	半年增长率
网络新闻	57 927	81.6%	56 440	82.0%	2.6%
网络视频	51 391	72.4%	50 391	73.2%	2.0%
网络音乐	50 124	70.8%	50 137	72.8%	0.2%
网上支付	45 476	64.1%	41 618	60.5%	9.3%
网络购物	44 772	63.1%	41 325	60.0%	8.3%
网络游戏	39 108	55.1%	39 148	56.9%	−0.1%
网上银行	34 057	48.0%	33 639	48.9%	1.2%
网络文学	30 759	43.3%	29 674	43.1%	3.7%
旅行预订	26 361	37.1%	25 955	37.7%	1.6%
电子邮件	26 143	36.8%	25 847	37.6%	1.1%

可见，互联网已经渗透到我们生活的各个层面，互联网改变了我们的生活方式、学习方式、工作方式，甚至我们的思维方式，互联网应用场景越来越多元化。

见表1-2，手机作为一种移动互联网通信工具在我国已经普及，手机不仅仅具备打电话、发短信这些基本功能，智能化的操作系统不管是安卓系统还是iOS系统都可以下载许多应用程序，这些程序接入移动网络能满足我们各个方面的需求，如网络视频、网上支付、网络音乐等。随着手机硬件配置越来越好，系统越来越智能化，手机应用APP越来越多，这些因素让手机应用场景越来越多元化，手机已经成为中国年轻群体的“必需品”。

表1-2 手机互联网应用的使用率

	2016.6		2015.12		
应用	用户规模（万）	网民使用率	用户规模（万）	网民使用率	半年增长率
手机即时通信	60 346	91.9%	55 719	89.9%	8.3%
手机网络新闻	51 800	78.9%	48 165	77.7%	7.5%

（续表）

	2016.6		2015.12		
应用	用户规模（万）	网民使用率	用户规模（万）	网民使用率	半年增长率
手机搜索	52 409	79.8%	47 784	77.1%	9.7%
手机网络音乐	44 346	67.6%	41 640	67.2%	6.5%
手机网络视频	44 022	67.1%	40 508	65.4%	8.7%
手机网上支付	42 445	64.7%	35 771	57.7%	18.7%
手机网络购物	40 070	61.0%	33 967	54.8%	18.0%
手机网络游戏	30 239	46.1%	27 928	45.1%	8.3%
手机网上银行	30 459	46.4%	27 675	44.6%	10.1%
手机网络文学	28 118	42.8%	25 908	41.8%	8.5%
手机旅行预订	23 226	35.4%	20 990	33.9%	10.7%

总之，互联网和移动互联网在我国发展迅速，网络已经渗透到我们工作、学习、生活的各个方面，我们享受着网络的便捷和高效，也享受着网络文化和网络生活的精彩。对于创业者来说，互联网提供了流量、平台和资源，提供了创业的机会，这是创业者巨大的优势，创业者要善于整合各类资源，提升创业成功的概率。

二、互联网的功能和作用

（一）互联网的功能——互联、互享、互动

"互联、互享、互动"是互联网赖以生存的三大基因，是互联网生命力的体现，是互联网经济存在的根基。其中，互联是互联网的核心内容，互享是互联网的根基，互动是互联网的本质，三者相互作用、相互影响，以叠加效应促进互联网发展。

1. 互联是互联网的核心内容

21 世纪我们已经进入经济全球化和信息无界化的时代，全球各国都在加速构建本国的信息化工程，通过互联网技术和信息技术打破信息壁垒，实现各行各业、企业内部外部的互联互通，实现了企业的精细化供应链管理。如图 1 - 11 所示，供应链就是通过互联将供应商、制造商、

分销商和用户当作一个有机整体，实现供应链上游、中游、下游的产、供、销一体化，实现全周期的供应链管理。供应链管理是互联网发展的成果之一，也是企业管理的必然要求，企业间的竞争已经演变为供应链的竞争，各个企业都通过供应链构建自身的生态圈，通过生态圈建设构建企业核心竞争力。

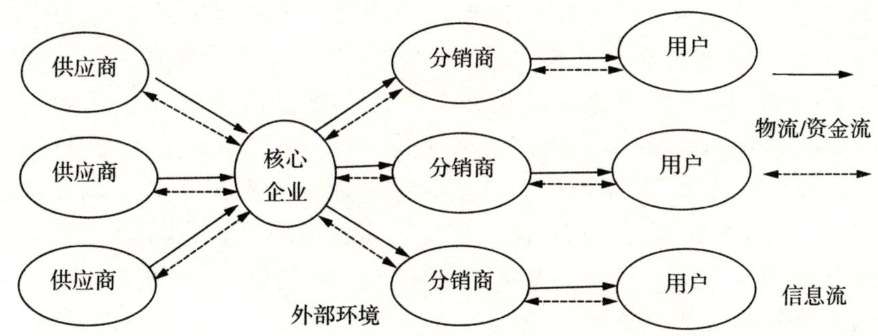

图 1－11　企业供应链管理示意图

通过互联网技术和信息技术的构建实现国内国外互联互通，促进了经济全球化和供应链全球化。供应链全球化的结果是供应商、制造商、分销商和用户实现跨时空、跨部门、跨企业、跨地区、跨国界的分布，资源配置全球化；经济全球化的结果使各国经济相互依存、相互依赖，更加一体化。信息技术促进了经济全球化的发展，经济全球化也助推信息技术发展，两者相辅相成、互惠互利。

互联互通的另一个作用是改变了供应链资源配置方式，网络配置资源成为一种重要形式，网络配置资源具有灵活性、多样性、高效性的特点，这极大地提升了互联网平台创业成功的概率。

互联互通使得企业的边界被打破，企业变得无边界化；虚拟企业开始盛行，其组织形式更加灵活、多变，能够对外界环境的改变做出快速反应。

互联互通使得企业的供应链实现精细化管理，企业的快速反应能力得到极大提升，真正实现了以客户为核心的拉式供应链管理，提升了整个供应链管理绩效，也提升了客户满意度和客户黏性。

随着互联网技术和信息技术的发展，互联互通将进一步升级，我们将逐步迈入物联网时代，这意味着用户端延伸和扩展到任何物与物之间，整个世界实现了物物互联。

2. *互享是互联网的根基*

互联网让互享变得越来越有乐趣，越来越多人乐于互享，特别是我国"90后"群体是分享的主力军，吃饭、游玩、购物等场合的照片、视频等及时上传到微信、QQ等社交媒体，与朋友、亲戚、同学、老乡等互享，互享已经成为"90后"群体的一种思维方式和生活方式。同时，互联网技术快速发展大大降低了分享成本，LBS（位置服务）+SNS（社交平台）让分享渠道实时化、准确化。最初是信息和生活的共享（Facebook和Twitter），继而扩展到住房、汽车和办公场所的共享（Airbnb、Uber和WeWork），甚至是家政服务和跑腿等人力服务的共享（Handy和Taskrabbit），以至闲置资金的共享（Lending Club），共享载体逐步从"线上内容"发展为线下产品和服务[①]。由互享衍生出来的分享经济将成为互联网的重要产物，也是未来经济发展的重要力量。Laura Piscice等指出分享经济追求的是社会文化价值，根本上是价值观的变化，分享经济能真正实施在于人们相互信任和诚信[②]。在我国，朋友、家人、同学、战友、老乡等都有着信任的基础和文化，这为我国这几年分享经济的迅速发展注入动力和活力，也大大提升了基于分享经济创业的可能性。

3. *互动是互联网的本质*

互动是互联网的本质，特别是移动互联网让互动变得更加实时化，更加乐趣化。我国"90后"群体是分享的主力军，也是互动的主力军，在虚拟网络世界他们乐于分享、善于互动，在分享和互动中找到乐趣、情趣。

互联网的指数效应是指互联网连接的节点越多，其价值就越大。在互联网系统，互联网的价值与节点平方成正比，因此，互联网是价值的倍增器，一旦互联网节点突破临界值，互联网价值将实现爆发式的增

① 王强，谢飞．中国发展新动力："互联网+"与分享经济［J］．政策瞭望，2015(12)：44.

② Laura Piscicelli，Tim Cooper，Tom Fisher. The Role of Values in Collaborative Consumption：Insights from a Product－service System for Lending and Borrowing in the UK［J］. Journal of Cleaner Production，2015，(97)：21-29.

长。信息互动引发了信息的叠加效应，信息量呈现爆炸式的增长，越来越多的信息形成信息的内容沉淀，特别是信息的个性化越来越多，这些内容沉淀让互联网变得丰富多彩、不可或缺，我国“90后”群体在海量信息中畅游，在互动中如鱼得水，乐此不疲。

互联网的指数效应为互联网创业奠定了理论基础，通过大数据挖掘，可以实现产品的精确定位和消费者需求的快速满足，也证明了分享经济的前途一片光明。

（二）互联网的作用

1. 缓解了需求放大效应

互联网让企业和其上游（供应商）、中游（渠道商）、下游（客户）连成一条供应链，企业管理不是单纯的点对点（单纯解决问题）的问题，而是要从供应链系统角度综合解决问题。企业管理中最棘手的往往是高库存问题，导致高库存的原因是需求放大效应，如图1－12所示，需求放大效应由供应链下游向供应链上游呈现逐步放大趋势，供应链各个节点保持高库存，这种放大效应引起了供需不平衡和生产不均衡。供需不平衡引发了各级供应链均保持高库存，高库存导致大量商品的滞销，滞销的商品最终被折价出售，供应链各个环节都因此受到损失；生产不均衡导致了生产计划性和生产节奏被打破，引发了生产成本升高。同时，高库存使得仓储成本提高，管理成本增加，仓储效率降低，导致了社会总成本的增加，整个社会资源浪费严重。

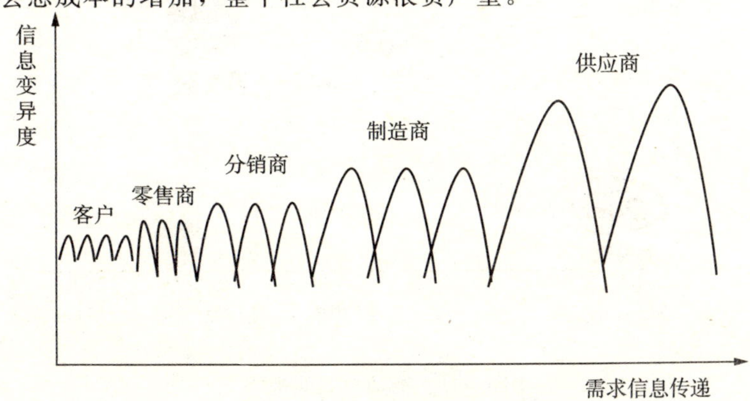

图1－12 需求放大效应图

需求放大效应产生的根本原因是信息在供应链各级形成“信息闭环”，信息在整个供应链是割裂的、不对称的，供应链各级都依据自己的库存数据进行采购工作。互联网技术的发展让企业通过各种途径互联，通过互联、互享解决“信息闭环”的问题，缓解需求放大效应。因此，企业信息化工程是企业管理的基础工作，企业转型升级、提质增效首要工作就是企业信息化改造，构建各种管理信息系统，让企业内部、外部供应链互联互通，实现信息的透明化和对称性。

2. 促进商业模式创新

20 世纪 70 年代开始，大规模工业化制造的商品已经不能满足消费者需求，消费者个性化需求开始涌动，如图 1－13 所示，到 20 世纪 90 年代，消费者个性化需求不断强化，以 DELL 和 ZARA 为代表的企业开始接受客户的个性化订单，它们开始按单大规模定制生产，个性化产品满足了这部分群体的需求，但是个性化需求和规模化生产的矛盾问题依旧没有解决。

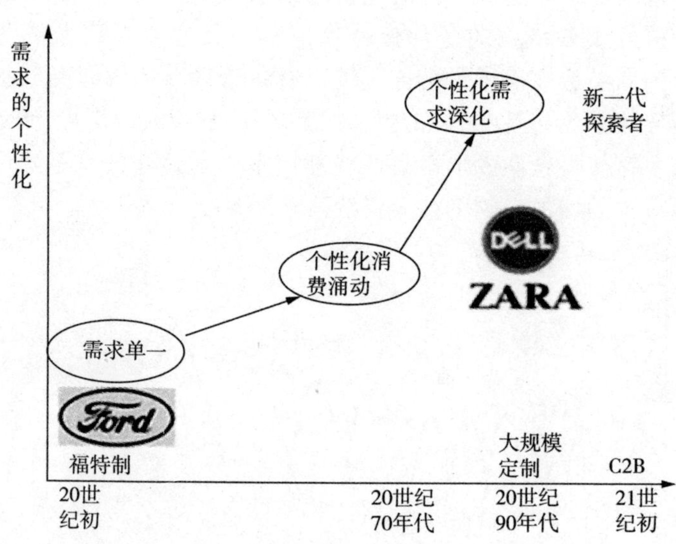

图 1－13 商业模式演进图

随着生产技术和互联网技术的不断发展，产品日益丰富，消费者的选择性越来越多，但是大部分产品是规模化生产的产物，显然，规模化生产不能满足消费者个性化需求，规模化生产和个性化需求矛盾日益严峻。21世纪初，随着电子商务产业的发展，许多企业以互联网为载体积极进行商业模式创新，涌现了B2B、B2C、C2C、C2B等商业模式，并不断对现有的商业模式进行创新，以满足消费者多样化、个性化、定制化的需求特点。

目前，各个企业都在探索满足消费者需求的各种类型的商业模式，积极进行商业模式创新，涌现出如C2M等商业模式。同时，企业按照商业模式的要求对生产观念和生产方式进行改革，柔性生产、精益生产、虚拟制造等生产方式广泛应用，供应链思维、互联网思维等已经渗透到企业的骨髓。

3. 快速满足消费者需求

消费者需求随着外部环境和自身需求特点不断改变，如何快速满足消费者需求是企业面临的巨大挑战。互联网产生了与消费者有关的大数据，也产生了与商品有关的大数据，我们通过对消费者和商品的大数据分析，可以对消费者进行精确定位和合理预测，通过构建拉式供应链和精确营销快速满足消费者需求。拉式供应链以消费者需求为核心进行产品设计、研发、生产、销售等，消费者是拉式供应链的驱动力。由于信息基本对称，各级供应链只需要保持较少的库存水平就能满足需求，需求放大效应得到有效控制，生产、采购、营销等环节得到优化。

第二节　我国进入“互联网+”的时代

一、“互联网+”的内涵

以移动互联网、云计算、大数据、物联网等为标志的新一代信息技术对经济社会生活的渗透率越来越高，正以前所未有的广度和深度，加快推进资源配置方式、生产方式、组织方式[①]。2012 年 11 月 14 日，易观国际集团董事长于扬在"2012 易观第五届移动博览会"上发表《互联网+》的主题演讲，首次提及"互联网+"这个词，他指出互联网要成为下一个社会基础设施，他认为世界上任何的传统行业和服务行业都应该被互联网改变[②]。

2015 年"两会"，马化腾的人大提案中明确提出："互联网+"是以互联网平台为基础，利用信息通信技术与各行业的跨界融合，推动产业转型升级，并不断创造出新产品、新业务与新模式，构建连接一切的新生态[③]。李克强总理在 2015 年政府工作报告中提出了"互联网+"行动计划，表示将进一步推动"移动互联网、云计算、大数据、物联网等与现代制造业结合，促进电子商务、工业互联网和互联网金融健康发展"[④]。"互联网+"是依托移动互联网、云计算、大数据、物联网等信息网络技术的渗透和扩散，以信息的互联互通和信息能源的开发利用为核心，促进信息网络技术与传统产业的深度融合，优化重组设计、生产、流通、消费全过程，创新生产方式和企业组织形式，推动传统产业转型升级和经济发展方式转变，进入互联网经济这种新型经济社会形态的历史过程[⑤]。"+"至少有三层含义：(1) 建立连接，先将互联网和传统行业连接起来，建立可以合作的通道，也就是探索传统行业中可实现互联网化的部分；(2) 取长补短，互联网和传统行业是协作关系，要充分利用好两方的优势，发挥各自的特长，互相学习，探索合理的共同发展模式；(3) 深度融合，互联网和传统行业全方位协作，建立完善的共同发展模式，进而带动全行业发展[⑥]。"互联网

---

① 欧阳日辉．从"+互联网"到"互联网+"技术革命如何孕育新型经济社会形态[J]．学术前沿，2015，05：25.

② 于扬．所有传统和服务应该被互联网改变 [EB/OL]．(2012-11-14) [2015-03-20] http：//tech. qq. com/a/20121114/000080. htm

③ 师榕：《以"互联网+"为驱动，推进我国经济社会创新发展》求是网，2015 年 3 月 10 日，http：//www. qstheory. cn/subject/2015—03/10/c _ 1114592028. htm.

④ 李克强．2015 年政府工作报告 [N]．人民日报，2015-03-17.

⑤ 欧阳日辉．从"+互联网"到"互联网+"技术革命如何孕育新型经济社会形态 [J]．学术前沿，2015，05：31.

⑥ 刘金婷．"互联网+"内涵浅议 [J]．中国科技术语，2015 (3)：62-63.

+”作为一种国家战略，表明以互联网为基础的经济形态在未来我国经济发展中作为一种新引擎。

“互联网+”也就是以互联网技术与互联网思维重新整合各种资源，实现资源的更有效配置，提高产品质量与服务便利[①]。“互联网+”是资源配置的一种重要方式，促进了资源配置合理化。

二、“互联网+”的作用

（一）改变资源配置的方式

1. 我国的资源配置方式现状

“互联网+”最重要的作用是以互联网为载体改变资源配置的方式，因为只有资源配置方式改变了才能释放生产力，这是我国经济转型的需要，也是企业转型升级的需要，更是我国经济发展的一项战略。

资源配置方式有计划调节和市场调节两种，优化资源配置率就是找到计划配置率与市场配置率的临界点，即资源配置要在一个合理的区间内。建立资源分配模型，如图 1－14 所示，阴影部分为资源配置的匹配区域，该匹配区是个动态区域不是静态区域，它随着经济、社会、技术等不断发展及国家经济政策的调整呈现变动性。

目前，西方国家资源配置方式主要以市场为主、计划为辅，资源配置基本上实现市场化。我国长期以来实行计划调节和市场调节两种并行的资源配置方式，资源配置的原则是：在符合我国国情的前提下，资源配置既保证国有经济的主体地位，也有利于多种形式的私营经济发展。这意味着我国需要不断地对市场和计划比例进行调整，保持多种经济形态和谐共生，确保我国经济的弹性和活力。

在改革开放前，我国基本上是计划经济，计划调节为主、市场调节为辅，资源配置基本上是行政命令式；改革开放后，我国开始实行市场经济，计划经济的成分越来越少，国家逐步放开对资源的配置率，逐步让市场成为资源配置的主体，这是我国发展市场经济的必然要求，也是我国经济全球化进程的必然要求。

---

① 吴志攀．“互联网+”的兴起与法律的滞后性［J］．国家行政学院学报，2015，3：40.

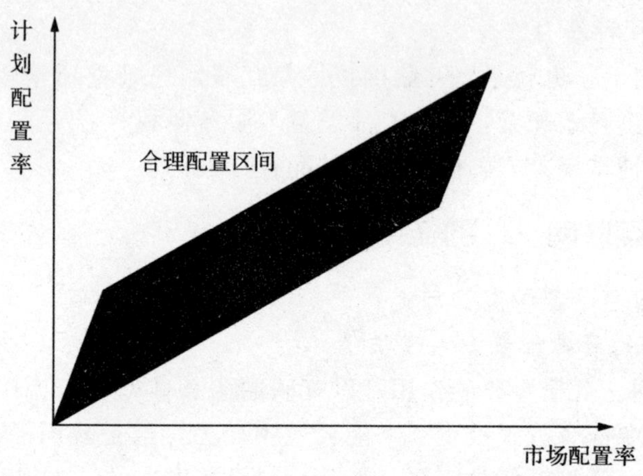

图 1-14　资源分配模型图

2. 资源配置方式转变的必要性

《2016—2017 年全球竞争力报告》指出：中国大陆在全球竞争力排名榜上连续三年维持在第 28 位，排名前十的是：瑞士、新加坡、美国、荷兰、德国、瑞典、英国、日本、中国香港、芬兰，我国的竞争力与主要发达国家相比偏弱。提升国家竞争力必须提升我国企业在世界上的核心竞争力。2016 年《财富》发布了最新的世界 500 强排行榜（见表 1-3），美国企业上榜数量位居第一，上榜数量达到 134 家；中国企业（含中国台湾、中国香港）仅次于美国位居第二，上榜数量达到 110 家；日本企业上榜数量位居第三，上榜企业数是 52 家。以营业收入和利润（单位为百万美元）为标准，沃尔玛排名第一，国家电网排名第二，中石油排名第三，苹果公司排名第九，其他上榜中国企业有：华为（129 名）、联想（202 名）、万科（356 名）、京东（366 名）、大连万达（385 名）、美的集团（481 名）、恒大集团（496 名）。如果只看这个排名，我国企业无疑交出了一份漂亮的成绩单，它们的营业收入和利润比较可观，在某些领域排名比较靠前，企业的综合实力较强，它们为我国经济发展做出了巨大贡献，是我国经济发展的引擎。

表 1-3　全球 500 强部分情况表

排名	去年	公司名称（中英文）	营业收入	利润	国家
1	1	沃尔玛（WAL-MART STORES）	482 130	14 694	美国
2	7	国家电网公司（TEATE GRID CORPORATION OF CHINA）	329 601.3	10 201.4	中国
3	4	中国石油天然气集团公司（CHINA NATIONAL PETROLEUM CORPORATION）	299 270.6	7 090.6	中国
4	3	中国石油化工集团公司（SINOPEC GROUP）	294 344.4	3 594.8	中国
5	3	荷兰皇家壳牌石油公司（ROYAL DUTCH SHELL）	272 156	1 939	荷兰
6	5	埃克森美孚公司（EXXON MOBIL CORPORATION）	246 204	16 150	美国
7	8	大众公司（VOLKSWAGEN）	236 599.8	−1 519.7	德国
8	9	丰田汽车公司（TOYATA MOTOR CORPORATION）	236 591.6	19 264.2	日本
9	15	苹果公司（APPLE Inc.）	233 715	53 394	美国
10	6	英国石油公司（BP Amoco）	225 982	−6 482	英国
11	14	伯克希尔-哈撒韦公司（BERKSHIRE HATHAWAY COOPERATION）	210 821	24 083	美国
12	16	麦克森公司（MCKESSON CORPORATION）	192 487	2 258	美国
13	13	三星电子（SAMSUNG ELECTRONICS）	117 440.2	16 531.9	韩国
11	10	嘉能可（GLENCORE）	170 497	−4 964	瑞士
15	18	中国工商银行（INDUSTRIAL AND COMMERCIAL BANK OF CHINA）	167 227	44 098.2	中国
16	17	戴姆勒股份公司（DAIMLER AG）	165 800.2	9 344.5	德国

对比中国、美国和日本企业，中国企业大部分集中分布在基础性行业，如能源、基建、金融等领域，对资源分配具有垄断性的国企是世界500强的重要力量，同时，我国的私营企业与国企相比不论自身力量还

是贡献度均有一定差距。同时，65 家亏损严重的企业中，中国占据了21 席，大多为资源型企业。可见，我国的“超级航母”企业往往是资源利用型企业，它们依靠“国字”号靠山，通过资源垄断权获取垄断性利润；如果它们经营得不好，这些资源利用型企业也是亏损的“重灾区”。可见，提升企业的科技含量走资源集约型发展道路是我国企业的未来方向。

如图 1－15 所示，2016 年我国“500 强”军团营业收入为 6.28 万亿，平均利润为 32 亿美元；美国“500 强”军团营业收入为 8.47 万亿，平均利润为 51 亿美元。如果从数值上比较，我国“500 强”军团无疑成绩单更漂亮一些；如果从盈利质量比较，我国“500 强”军团平均利润远远低于美国企业，且我国企业大部分是以牺牲资源为代价的，且很多资源是不可再生资源。我国企业在“高利润区”的竞争能力还是比较薄弱的，这恰恰是美国企业的优势，它们的高科技、高服务能力确保它们获取了“撇脂”能力，高价格、低成本，某些领域市场覆盖率高确保了美国企业获得高利润，这就是中美企业差距的关键。

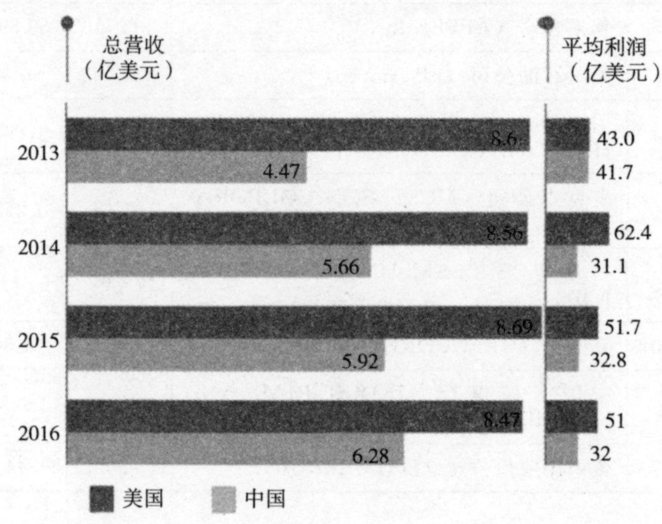

图 1－15　中国、美国 500 强平均盈利图

（数据来源：http：//finance. ifeng. com/a/20161214/15076711 _ 0. shtml）

如图 1-16 所示，全球最赚钱的 10 家企业，苹果公司居榜首，第 2～5 位是中国上榜的 4 家银行，包括中国工商银行、中国建设银行、中国农业银行、中国银行。

排名	公司名称	利润（百万美元）	国家
9	苹果公司	53 394	美国
15	中国工商银行	44 098.2	中国
22	中国建设银行	36 303.3	中国
29	中国农业银行	28 734.9	中国
35	中国银行	27 185.5	中国
55	摩根大通公司	24 442	美国
11	伯克希尔-哈撒韦公司	24 083	美国
67	美国富国银行	22 894	美国
8	丰田汽车公司	19 264.2	日本
316	吉利德科学公司	18 108	美国

图 1-16 全球最赚钱的 10 家企业

（数据来源：http：//finance. ifeng. com/a/20161214/15076711 _ 0. shtml）

如图 1-17 所示，全球 500 强平均利润为 29.6 亿美元，中国银行业平均利润为 181.6 亿美元，是世界 500 强平均利润的 6.14 倍。选取中国内地及香港 103 家上榜企业（剔除中国台湾 7 家企业）作为对比基准，10 家银行利润额占据总利润的 55%，我国剩余 93 家企业的平均利润为 15.9 亿美元，相比平均利润 29.6 亿美元低了 46%。可见，其他中国企业在“低利润区”挣扎，我国企业的利润质量不高，从本质上说，我国企业是“大而不强”，企业转型升级、提质增效势在必行。

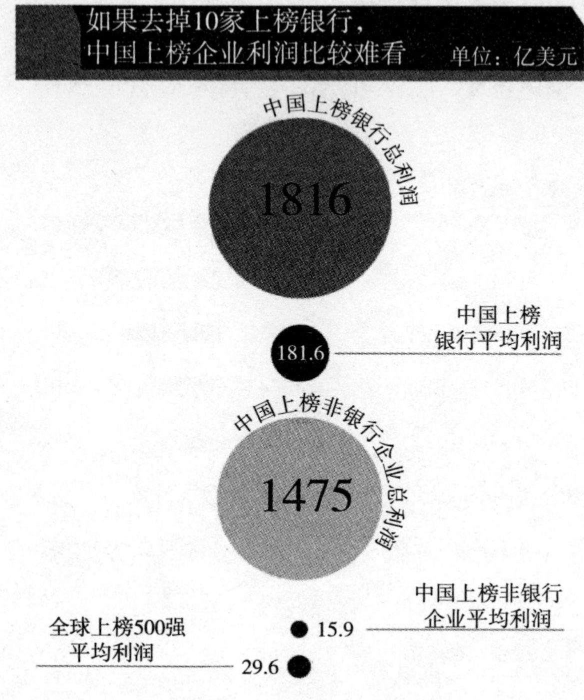

图 1-17　中国银行业利润图

（数据来源：http：//finance. ifeng. com/a/20161214/15076711 _ 0. shtml）

世界 500 强最赚钱的 50 家公司榜单，如图 1-18 所示，美国独占 23 家，美国的上榜企业主要分布在 TMT 领域，包括苹果、摩根大通、伯克希尔-哈撒韦、富国银行、Gilead Sciences、威瑞森电信、花旗集团、Alphabet、埃克森美孚、美国银行、强生、沃尔玛、美国电话电报公司、IBM、微软、英特尔、房利美、甲骨文、通用汽车、思科、华特迪士尼、二十一世纪福克斯、康卡斯特电信。

我国的世界 500 强上榜企业基本上集中在资源类企业、基建地产、银行等行业，分布范围狭窄，除了银行外其他上榜企业利润率偏低。美国企业则在生物医药、TMT 和服务业拥有明显的优势，而我国最赚钱的企业主要是银行。美国企业具有技术优势、服务优势、创新优势，这保证了它们能获得高利润。

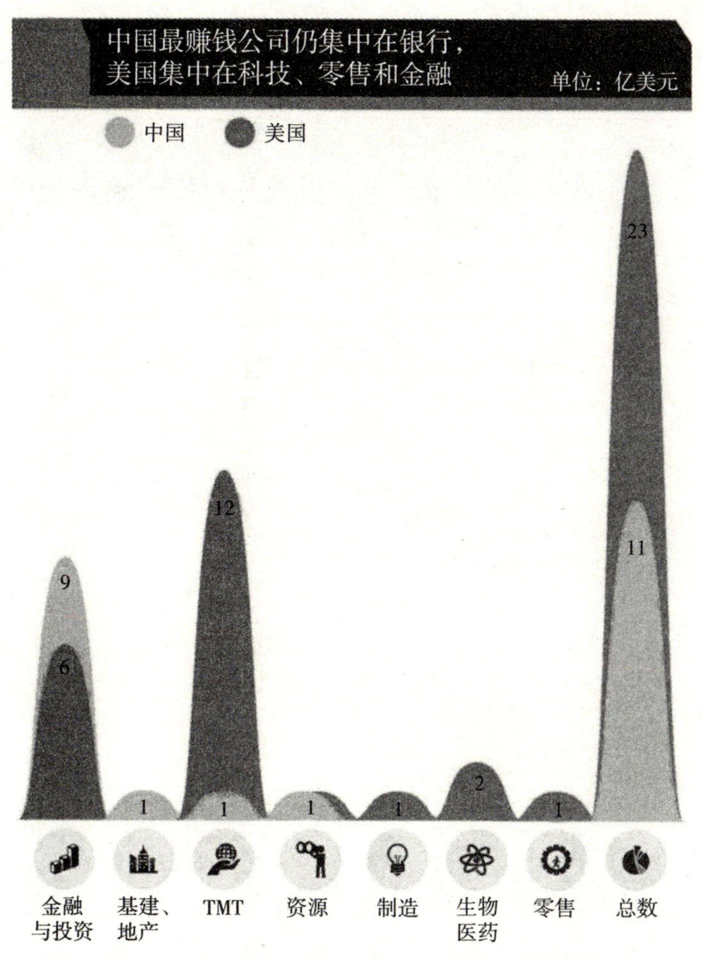

图 1－18　全球最赚钱的公司分布情况图

（数据来源：http：//finance. ifeng. com/a/20161214/15076711 _ 0. shtml）

如图 1－19 所示，从世界 500 强领域分布图看，我国企业分布范围狭窄，这意味着我国企业在很多领域不具备核心竞争力，这也意味我国的“超级企业”转型升级势在必行。

特别是在制造业领域，我国没有企业入围世界 500 强，这无疑是我国制造业“不大不强”的缩影，未来《中国制造 2025》和“十三五”规划将重点实施"制造强国"战略，通过数字制造、精细生产、智能制造等促进制造业提质增效。

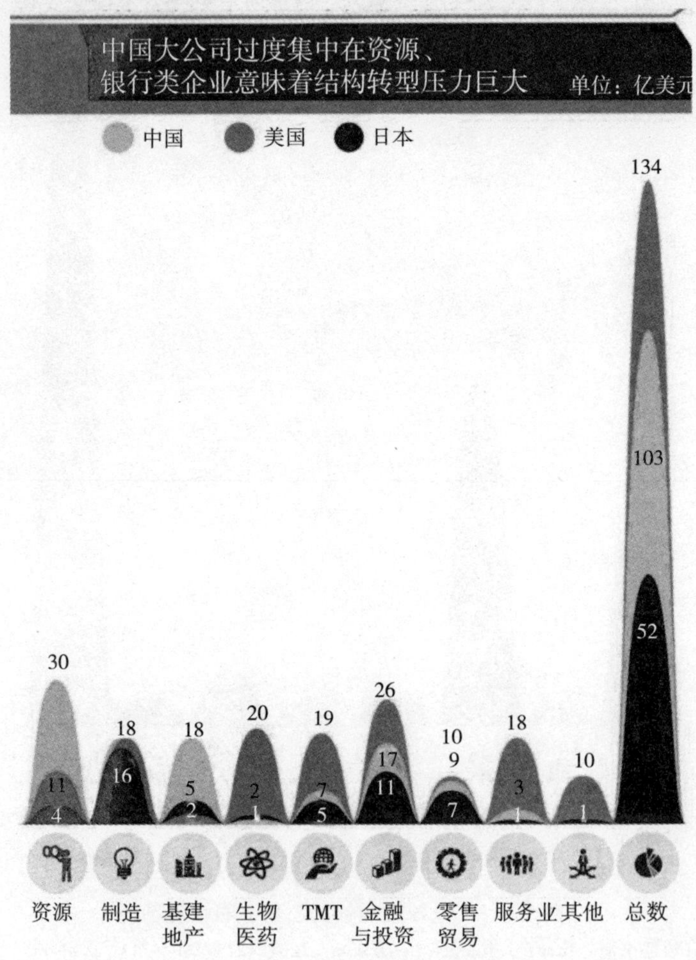

图 1-19　中美日企业结构分布图

（数据来源：http：//finance.ifeng.com/a/20161214/15076711_0.shtml）

总之，我国的世界 500 强上榜企业大多数是具有资源垄断性质的国企，这些"超级企业"享受着国家行政政策、经济政策的福利，做"大"（量）但是并未做"强"（质）。目前，我国的世界 500 强上榜企业面临着资源企业的陷落、大型金融机构面临收益拐点等问题，这些“超级企业”不可能永远依靠国家行政政策、经济政策的福利，必须积极实行自身改革，实现从“量”向“质”的转变。

因此，在宏观层面上，我国必须通过经济改革、行政改革等改革措施，对资源进行重新配置（练外功），通过资源优化重组，提升企业活力和核心竞争力；在微观层面上，企业必须积极实施“互联网+”“一带一路”等战略（练内功），合理配置供应链资源，实现企业的提质增效。

3. 资源配置方式的改革

见表 1-4，2016 年 8 月，中国企业联合会、中国企业家协会联合发布了“中国企业 500 强”名单（以 2015 年企业营业收入为入围标准），国家电网公司以 2.07 万亿营业收入排名第一，中石油以 1.88 万亿营业收入位列第二，2016 年我国企业 500 强中的前 15 强企业，几乎被国企垄断。

表 1-4　2015 年中国企业 500 强之前 15 位

名次	企业名称	营业收入（亿元）
1	国家电网公司	20 713
2	中国石油天然气集团公司	18 807
3	中国石油化工集团公司	18 497
4	中国工商银行股份有限公司	10 798
5	中国建设银行股份有限公司	9 258
6	中国建筑股份有限公司	8 805
7	中国农业银行股份有限公司	8 337
8	中国银行股份有限公司	7 692
9	中国平安保险（集团）股份有限公司	6 932
10	中国移动通信集团公司	6 709
11	上海汽车集团股份有限公司	6 704
12	中国人寿保险（集团）公司	6 364
13	中国铁路工程总公司	6 248
14	中国铁道建筑总公司	6 011
15	国家开发银行股份有限公司	5 653

（续表）

名次	企业名称	营业收入（亿元）
16	东风汽车公司	5 204
17	华润（集团）有限公司	4 812

（数据来源：http：//www. fengup. com/news/1441. html）

“超级企业”有着得天独厚的优势，它们获得资源垄断权，也获得垄断性收益。与“超级企业”形成鲜明对比的是私营经济的极度不景气，2015 年起，我国迎来了实体经济的低谷期，许多店面纷纷关门（见表 1-5：2016 年上半年主要零售企业关店统计表），我国实体经济的寒冬已经来临了。

表 1-5　2016 年上半年主要零售业关店统计表

业态	企业	城市	门店	面积	关店时间	开业时间
百货、购物中心	百盛	西安	东大街店	19 000m²	2016-06-11	1998-01-18
		重庆	大坪店	——	2016-03-31	1995
	摩尔百货	成都	天府店	30 000m²	2016-02-29	2002
	NOVO 百货	重庆	大融城店	3 500m²	2016-02-25	2012-09
	来雅百货	泉州	中骏世界城店	35 000m²	2016-03-31	2014-05-31
	友谊商店	广州	南宁店	20 000m²	2016-04-26	2007-07
	华联商厦	成都	成都店	——	2016-06-28	1994-05-18
	天虹商场	深圳	深南君尚百货	20 000m²	2016-02-07	2014-06-19
	哈韩百货	长春	桂林路店	——	2016-01-15	2014-09-26
	喜乐地购物中心	长沙	万家丽路	80 000m²	2016-03-10	2007
	西单商场	北京	十里堡店	14 000m²	2016-01-10	2010-04
	南京八佰伴	南京	南京店	25 000m²	2016-05-16	2008-09-28
	世纪金花	银川	银川店	10 000m²	2016-04	2010-10-23
	金鹰商贸	合肥	宿州路店	80 000m²	2016-01-01	2010
	新华百货	银川	东方红店	46 000m²	2016-02-28	2011-09-09

（续表）

业态	企业	城市	门店	面积	关店时间	开业时间
超市	沃尔玛	合肥	长江东路店	7 000m²	2016-01-12	2010-12-01
		无锡	青石路店	——	2016-03-30	2009-06-21
		巢湖	健康东路店	12 000m²	2016-04-13	2010-08-05
		淮北	人民路店	——	2016-05-11	2009
		滁州	明光路店	7 200m²	2016-05-25	2012-12-22
		合肥	合作化南路店	——	2016-06-15	——
		芜湖	花津中路店	——	2016-06-22	2011-09-23
		济南	阳光新路店	14 000m²	2016-05-18	2011
		烟台	海港路店	15 000m²	2016-06-15	2006-06-15
		烟台	天府街店	12 000m²	2016-06-15	2010-11-17
	百佳超市	广州	中旅店	10 000m²	2016-02-29	1999-11-17
		东莞	聚福豪苑店	——	2016-02-29	2004
		广州	康王路店	3 000m²	2016-02	2012-04-27
		广州	珠江俊园店	——	2016-03-07	2010-03
		成都	新城市广场店	13 000m²	2016-02-24	2005-08
		成都	来福士 Treat 店	——	2016-02-29	2012-09-26
		成都	国际金融中心店	4 000m²	2016-03-31	2014-01-14
	家乐福	广州	金沙店	10 000m²	2016-01-10	2005-11-15
		新乡	平原路店	8 000m²	2016-02-29	2012-05-15
		温州	汤家桥店	10 000m²	2016-04-04	2014-01-13
	永旺	青岛	延吉路店	6 000m²	2016-02-29	2009-11
		苏州	美思佰乐东环店	——	2016-06-30	2014-05
	华润万家	郑州	嵩山路店	——	2016-06-17	2005
	华润苏果	武汉	后湖大道店	20 000m²	2016-04-13	2014-04
	大商集团	抚顺	将军店	——	2016-02-29	2006
	亿佰家	成都	成都店	2 000m²	2016-01-17	2013
注：以上关店信息来自新闻报道和公司年报，如有遗漏，欢迎指正						

零售业是我国私营经济的缩影，内忧外患让我国私营经济举步维

艰，而"超级企业"面临"大"而不"强"的现状，我国企业现状要求顶层设计者必须改革资源配置方式，从"练外功"和"练内功"两个层面进行资源的优化配置。

（1）练外功——"供给侧改革"战略和"一带一路"倡议

① 供给侧改革战略

2015 年 11 月 10 日，习近平同志在中央财经领导小组会议上着重指出"在适度扩大总需求的同时，着力加强供给侧结构性改革，着力提高供给体系质量和效率，增强经济持续增长动力"，首次将"供给侧改革"确立为中央政府宏观调控的政策取向[①]。

供给侧改革主要包括要素端和生产端的改革，是指通过采取优化要素资源配置、鼓励企业创新、促进淘汰落后产能、降低税费负担和深化国有企业、战略性新兴产业和现代服务业等关键环节和重点领域改革等方式，使要素在市场力量配置下自由流动、产业在充分竞争中充满活力、创新在体制变革中蓬勃发展，实现经济社会的持续健康发展[②]。其中，要素端的改革措施主要是能促进土地、劳动力、技术、资本等要素合理配置，激发要素活力的措施，生产端改革主要是指能化解农业、工业、服务业和新兴产业领域发展的体制机制障碍，推动产业持续健康发展的政策措施[③]。

2015 年中央经济工作会议更加强调了供给侧结构性改革的重要意义，指出："推进供给侧结构性改革，是适应和引领经济发展新常态的重大创新，是适应国际金融危机发生后综合国力竞争新形势的主动选择，是适应我国经济发展新常态的必然要求。"[④] 可见，供给侧改革已经成为我国宏观经济管理的核心内容与主攻方向，供给侧改革将会是"十

① 李智，原锦凤．基于中国经济现实的供给侧改革方略［J］．价格理论与实践，2015（12）：12.

② 纪念改革开放 40 周年系列选题研究中心．重点领域改革节点研判：供给侧与需求侧．改革［J］．2016（1）：36.

③ 纪念改革开放 40 周年系列选题研究中心．重点领域改革节点研判：供给侧与需求侧．改革［J］．2016（1）：36.

④ 胡鞍钢，周绍杰，任皓．供给侧结构性改革——适应和引领中国经济新常态［J］．清华大学学报（哲学社会科学版），2016（2）：17.

三五”期间我国践行“创新、协调、绿色、开放、共享”发展理念的重要政策着力点①。

② 一带一路倡议

2013 年 9 月和 10 月，习近平主席在中亚和东南亚国家访问期间提出“丝绸之路经济带”和“21 世纪海上丝绸之路”倡议，两者合称“一带一路”。“一带一路”建设的基本目的，是促进经济要素有序自由流动、资源高效配置和市场深度融合，推动沿线各国实现经济政策协调，开展更大范围、更高水平、更深层次的区域合作，打造开放、包容、均衡、普惠的区域经济合作架构②。“一带一路”不是另起炉灶，而是充分利用现有的双边和多边等机制，搭建灵活开放的战略伙伴关系网络，打通我国与东亚、南亚、中亚、中东欧甚至非洲、拉美等地区之间的合作交流之路，使各方享有合作网络的体系红利③。

“供给侧改革”等国家战略和“一带一路”等倡议是我国政府对资源配置的新战略、新措施。建立模型如图 1 - 20 所示，区域配置资源的局限性越来越大，必须由区域市场走向国内市场配置资源，即①→②的过程；对某些企业来说，国内配置资源已经不能满足企业发展需求，企业要在更大市场（国际市场）进行资源配置，即②→③的过程。在经济全球化和科学技术日新月异的背景下，全球配置资源才能实现资源配置的合理化，它是企业提升竞争力的关键因素之一。

截至 2016 年底，我国企业新成立了 9 个新的海外研发中心，其中华为已经建立了 16 个国外研究所，分布在美、英、德、法、俄等国家。这些研究机构靠近德国电信、法国电信、沃达丰等运营商客户，可以充分了解其需求并开展联合创新，从而打造真正具有市场竞争力的产品；也可以充分配置当地的人才资源，利用欧洲的研发人才来开展这方面的研究④。

---

① 林卫斌，苏剑．理解供给侧改革：能源视角［J］．价格理论与实践．2015（12）：8.

② 程国强．共建“一带一路”：内涵、意义与智库使命［J］．中国发展观察．2015（04）：9.

③ 张茉楠．全面提升“一带一路”战略发展水平［J］．宏观经济管理．2015（02）：20.

④ 研发全球化再升级，华为已悄然布局 16 家海外研究所．http：//it. sohu. com/20161010/n469911286. shtml

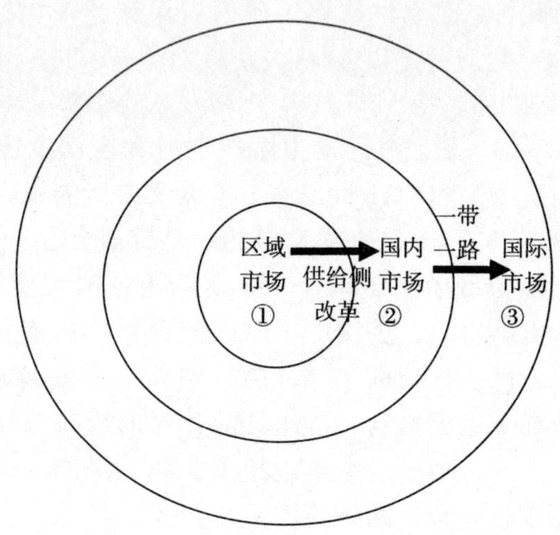

图 1－20　国家战略规划模型图

2016 年 9 月 20 日宝马集团中国研发中心新址正式落户北京顺义普洛斯·环普北京产业园，旨在基于中国本土市场技术研发并培育和孵化出属于中国的创新技术。2014 年 11 月，苹果在英国剑桥的 90 Hills Road 建立研发中心；2015 年 3 月，苹果公司在日本的研发中心落户横滨；2016 年 9 月，苹果研发（北京）有限公司在中关村朝阳园成立，它是苹果公司在中国第一家直接投资的研发中心，苹果第二家研发中心选址在深圳，目前正极力地筹备中。国内外企业都表明，资源全球化配置是合理利用资源的关键，这是我国企业突破技术壁垒进行技术创新的关键措施之一，也是我国突破政策壁垒和制度壁垒开拓国际市场的关键措施之一。

国家在战略层面为企业开辟“市场”，供给侧改革为企业在国内进行资源配置扫清了政策和制度障碍，是企业走向国内市场进行资源配置的有力保障。“一带一路”本质上是国家要求并鼓励越来越多的企业“走出去”，在国际市场将企业做“大”做“强”，特别是对“超级企业”来说更重要。

如图 1－21 所示，2016 年，我国在“一带一路”沿线国家（不含中国）申请专利 4 834 件，专利申请目的地国家为 18 个（2015 年为 15 个国家，增加了 3 个），申请专利同比增长 47.1％。“一带一路”倡议初步成果已经体现，我国企业资源配置地域扩大，未来我国企业将获得越来越多的资源，特别是具有先进技术的高级研发人员和高级管理人员，这是我国企业目前最为缺少的资源。在“一带一路”沿线国家进行技术创新和商业模式创新，不断提升产品质量和服务质量，这是我国企业能扎根的根本，这也是提升我国企业技术创新能力和管理创新能力的有效途径之一。

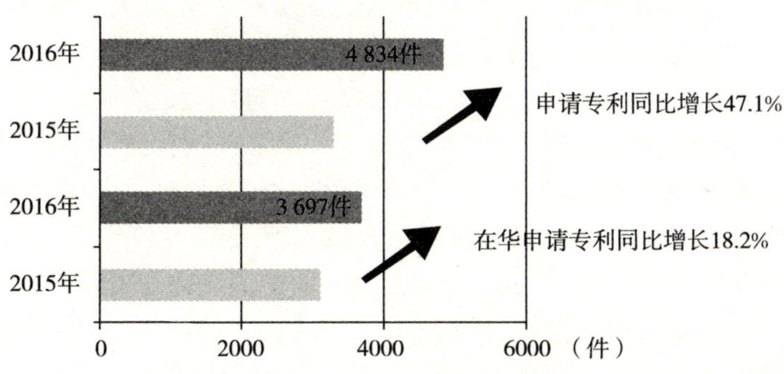

图 1－21　2016 年我国企业在“一带一路”沿线国家申请专利数量图

世界 500 强给我们的另一个启示是国内市场竞争不够充分，“超级企业”们躺在温床上太久了，他们靠着“国字”这棵大树，已经失去了改革的动力。企业要提升竞争力必须到竞争激烈的国际市场进行修炼，国际市场才是这些“超级航母”们的大舞台。竞争是一个优胜劣汰、自我改进、自我完善、不断进取的过程，通过红海市场的激烈竞争，提升我们的企业核心竞争力，这个过程就是“做大做强”的过程。同时，只有到更大的市场，获取更多的资源，企业才能获得更高的利润，我们的企业知名度、美誉度才能获得提升，企业国际化进程是我国未来企业发展的必然趋势。

（2）练内功——以互联网为载体配置资源

①“中国制造 2025”和“十三五”规划实现制造强国目标

制造业是我国国民经济的主体，具有举足轻重的地位，制造业是我国的立国之本、兴国之器、强国之基。我国是全球公认的制造大国，已经形成了独立、完整、齐全的工业系统，是许多中低端产品和 OEM 产品的主要生产基地，但是在高端制造领域我们的实力较弱。2015 年 3 月 5 日，李克强总理在政府工作报告中指出，要实施“中国制造 2025”，加快从“制造大国”向“制造强国”转变。

"中国制造 2025"的指导思想是：坚持走中国特色新型工业化道路，以促进制造业创新发展为主题，以提质增效为中心，以加快新一代信息技术与制造业深度融合为主线，以推进智能制造为主攻方向，以满足经济社会发展和国防建设对重大技术装备的需求为目标，强化工业基础能力，提高综合集成水平，完善多层次多类型人才培养体系，促进产业转型升级，培育有中国特色的制造文化，实现制造业由大变强的历史跨越[①]。"中国制造 2025"实际上是增长导向的传统制造业相关政策向创新导向的创新政策的一次变迁，而这样的政策调整不仅符合我国全面深化改革的内在要求，也顺应了 21 世纪以来出现的以创新政策为核心的全球产业政策调整潮流[②]。"十三五"规划中，围绕实现"中国制造 2025"等中长期国家战略目标而提出的制造业转型升级部署和要求，将全面推动我国制造业加速迈上新的台阶，逐步实现由"中国制造"向"中国智造"的质变，使制造业继续为国民经济和社会发展提供强大可靠的增长动力和产业支撑[③]。"中国制造 2025"旨在改变我们传统的生产方式，以科技创新为依托，以互联网为平台，以消费者为核心，实现了我国生产方式的根本性转变，实现产品质量的根本性提升，提升我国产品在国际市场的竞争力和口碑，促进我国经济结构的合理化调整。

② 实施"互联网＋"战略促使资源配置合理化

2016 年我国虚拟经济蓬勃发展，电商企业上升势头较好，在我国 500 强排名中京东第 31 名（去年第 45 名）、腾讯第 57 名、阿里第 62 名、百度第 87 名、唯品会第 146 名、网易第 246 名（去年第 370 名）、奇虎 360 第 421 名，乐视、携程首次上榜，分别排在第 389 名、第 430 名。

2009 年淘宝商城首次进行"11·11"活动，交易额为 5 000 万元，共有 27 个品牌参加，物流订单量 26 万件。从 2010 年起我国网上销售额逐年提升，如图 1-22 所示，2016 年"11·11"全网销售额达到

---

① 周济．智能制造——"中国制造 2025"的主攻方向［J］．中国机械工程，2015：2274.

② 吕铁，吴福象．"中国制造 2025"的六重玄机　改革传媒发行人、编辑总监王佳宁深度对话六位知名学者［J］．改革，2015（4）：7.

③ 罗仲伟，李先军．"十三五"时期制造业转型升级的路径与政策转向［J］．价格理论与实践，2015（11）：8.

1 695.4 亿，天猫“双 11”全天交易额最终成绩 1207 亿，增幅达到 32.25%，几乎所有品牌都参与活动，其中，有 4700 万用户购买了国际品牌商品，无线交易额占比 81.87%。

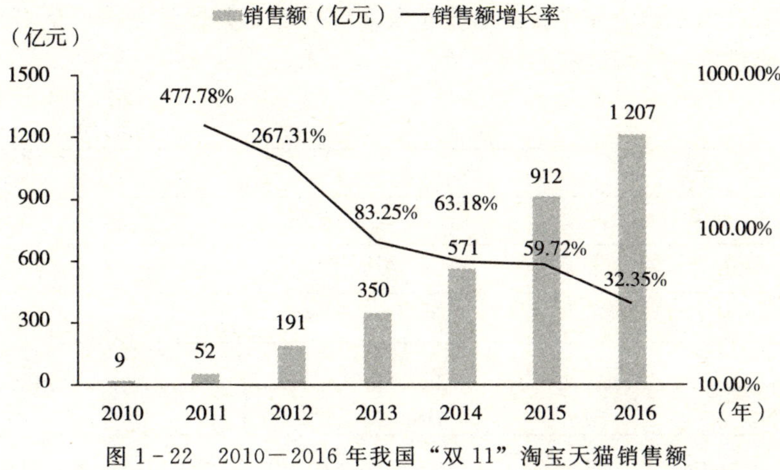

图 1-22　2010—2016 年我国“双 11”淘宝天猫销售额

我国的物流业与电商业同步迅速发展，物流业极大促进了电商的发展。物流业是支撑国民经济发展的基础性、战略性产业，近年来，我国在基础设施建设上投入重金，高速公路、高速铁路、国道、省道里程数不断增加；港口的吞吐能力大大地提高；新建、扩建了一批机场，增开了一批支线、国际航线。基础设施建设加速了我国物流业的发展，我国现代物流体系基本形成，物流服务能力明显提升，物流业在国家产业战略中的地位进一步得到提升。2015 年 8 月 13 日，国家发改委发布《关于加快实施现代物流重大工程的通知》，是对之前发布的《物流业发展中长期规划（2014—2020 年）》和《促进物流业发展三年行动计划（2014—2016 年）》实施进一步落实，现代物流重大工程要助力“一带一路”倡议的实施和京津冀协同发展、长江经济带、自贸区等国家战略的实施。加快发展现代物流业，对于促进产业结构调整、转变发展方式、提高国民经济竞争力和建设生态文明具有重要意义。物流业与电商业互助互利、协同发展，物流业提升了货物周转率，提升了电商企业的服务能力。

如图 1-23 所示，2009 年“双 11”当天累计物流订单量为 26 万件，2016 年“双 11”当天达到 6.57 亿件，创历史新高；消费者购买商品覆盖235个国家和地区，这意味着我国物流不仅覆盖国内各个区域，也承接国际物流业务。国际物流业务的快速发展意味着我国消费者购物国际化，消费者越来越追求品牌知名度高、产品质量更好、价格更合理的国外商品，海外购业务是我国电商业未来重要的业务增长点，也是未来电商企业拼杀的红海区域。

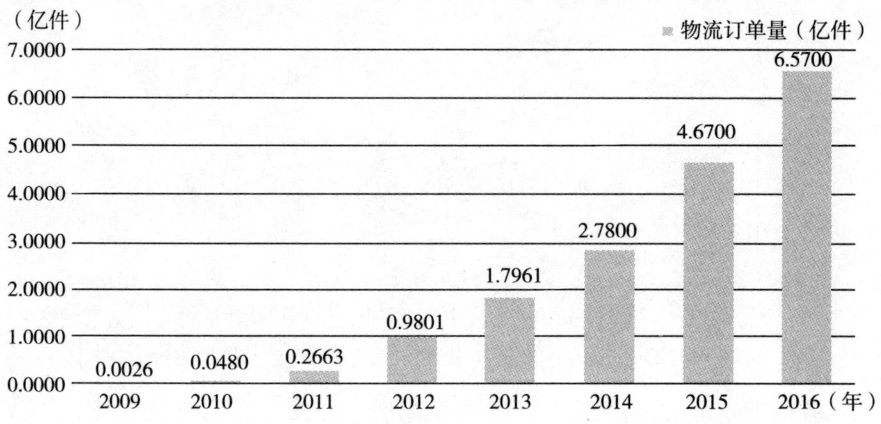

图1-23　2009—2016年阿里巴巴“双11”物流订单量图

虚拟经济快速发展让“6·18”和“11·11”成为每年电商企业的狂欢节，这已经被中国网民普遍接受，网民也对“淘宝”津津乐道。

2016年“11·11”网络购物主要有四个特征：市场全球化、消费娱乐化、基于大数据的个性化以及线上线下全渠道联动。这意味着电商企业越来越难抓住消费者，越来越难满足消费者需求，电商企业必须不断进行自我优化，否则就会被淘汰。见表1-7，2016年电商死亡名单，涉及行业有生鲜电商、跨界电商、在线旅游等领域。

表1-7　2016电商死亡名单表

名单	时间	关注度	关键词
云在指尖	2016年9月	★★★★★★★	微商、传销
美味七七	2016年4月	★★★★★★★	生鲜电商
蜜淘	2016年1月	★★★★★★	跨境电商
壹桌网	2016年9月	★★★★★★	生鲜电商

（续表）

名单	时间	关注度	关键词
神奇百货	2016 年 7 月	★★★★★★	“90 后”创业、二次元
品一照明	2016 年 7 月	★★★★★	照明电商
淘在路上	2016 年 6 月	★★★★★	在线旅游
大师之味	2016 年 4 月	★★★★★	餐饮 O2O
博湃养车	2016 年 4 月	★★★★★	汽车电商
最鲜到	2016 年 2 月	★★★★★	同城众包配送

近些年来，我国电商企业经过优胜劣汰、自我净化，涌现了如阿里巴巴、京东、苏宁易购等电商巨头，如图 1-24 所示，它们占据了大部分网络市场份额。随着“80 后”或“90 后”成为消费的主力军，网络购物是未来购物的主要形式，特别是未来 VR 技术的逐渐成熟，意味着虚拟经济的盛夏即将来临。京东与腾讯的结盟、阿里巴巴与苏宁易购的结盟意味着我国电商企业进入业务深度整合的阶段，我国电商企业将依靠技术创新、商业模式创新不断拓展业务范围，互联网巨头的格局已经形成。

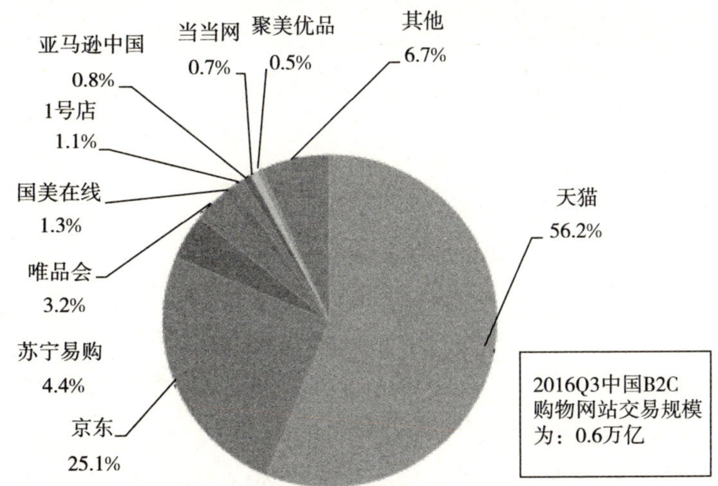

图 1-24　2016 年第三季度 B2C 市场份额图

（数据来源：http：//report. iresearch. cn/content/2016/11/265616. shtml＃a2）

我国实体经济与虚拟经济冰火两重天，这是我国经济发展不平衡造成的，其根本原因是实体经济不能快速、准确、便捷、经济地满足客户需求。虚拟经济的优势恰恰是实体经济的劣势，随着物流业的快速发展，虚拟经济的不足将被物流业逐步填补。实体经济与虚拟经济共生共荣是我国未来经济发展的方向，实体经济与互联网相融合是实体经济发展的必由之路。

"互联网+"配置资源的力度更大，配置的方式更灵活，配置的效果更好、效率更高，可以与行政方式配置资源形成互补。据中商产业研究院大数据库大数据显示，截至 2016 年 11 月 2 日，已上市的银行中，见表 1-8，市值第一的工商银行市值达到 2281 亿美元，第 2～10 位的是：建设银行、农业银行、中国银行、招商银行、交通银行、浦发银行、民生银行、兴业银行和邮储银行。

表 1-8　我国银行前十名排行榜

排名	银行	人民币/亿	美元/亿
1	工商银行	15 411	2 281
2	建设银行	12 301	1 821
3	农业银行	10 158	1 504
4	中国银行	9 633	1 426
5	招商银行	4 425	655
6	交通银行	4 000	592
7	浦发银行	2 502	518
8	民生银行	3 242	480
9	兴业银行	3 124	462
10	邮储银行	3 038	450

这些银行实力雄厚，为国企发展提供了很好的资金保证，为经济发展做出了重要的贡献，但是，国有银行对我国的中小企业的服务能力偏弱，在小额贷款等方面灵活性较差。我国的供给侧改革就是逐步打开资源配置门槛，其突破点是金融改革，金融改革的方式

之一是允许民营资本进入资本领域，传统银行覆盖未及的小微金融，由民营银行覆盖，形成差异化经营。截至 2016 年 12 月 27 日，中国银监会共批准了 16 家民营银行。第一批 5 家银行的批复时间在 2015 年 7 月至 9 月间。第二批民营银行中，重庆富民银行于 2016 年 5 月获批，四川新网银行于 6 月获批，湖南三湘银行于 7 月获批，安徽新安银行及福建华通银行于 11 月获批，剩余 6 家银行全部于 12 月获批。2016 年全年民营银行获批数目达到了 2015 年的两倍之多，被外界视作进一步放开银行牌照限制的信号，也是允许越来越多的民资进入金融领域的信号。

上述 16 家民营银行的股东均由知名或本土企业组成，“传统企业＋互联网企业”是该类银行的标配。其中，前海微众银行和浙江网商银行背靠互联网巨头腾讯和阿里巴巴。美团点评成为吉林亿联银行的第二发起人。此外，大部分民营银行的股东还是制造业巨头，比如三一重工。少部分股东属于金融行业或拥有金融背景，如快鹿投资、瀚华金控等。

民营银行股东类型各异，定位、业务特点不同，应凭借灵活的机制，加强与同业和其他企业进行跨界融合，在不同的领域进行探索。(见表 1－9) 民营银行的发展有助于实现我国金融服务的多元化、差异化、特色化，进一步激发金融市场的活力。

表 1－9　民营银行定位图

银行	定位	主要股东	发展特色	业务数据
深圳前海微众银行	服务个人消费者和小微企业客户	腾讯、百业源投资、立业集团	大存小贷；消费金融；财富管理	截至 2016 年 10 月初，放贷超过 1 200 亿元
上海华瑞银行	服务小微、科技创新、自贸改革	均瑶集团和美邦服饰	特定区域存贷款；投贷联动	目前资产规模在 300 亿元左右
温州民商银行	服务中小微企业、小区居民	正泰集团和华峰氨纶	特定区域存贷款；批量营销模式	截至 2016 年 9 月，资产总额 43.28 亿元

（续表）

银行	定位	主要股东	发展特色	业务数据
天津金城银行	服务实体经济和小微企业	天津华北集团等	公存公贷；对园区、核心企业开展营销获取客户	截至2016年6月末，资产总额150亿元
浙江网商银行	服务小微网商、个人创业者、消费者	蚂蚁金服、复星集团、万向集团	小存小贷；利用电商数据做风控	截至2015年末资产规模超过300亿
重庆富民银行	服务小微企业的普惠金融银行	瀚华金控、宗申集团等	扶微助创，实体互联，立足两江，辐射库区	—
四川希望银行	互联网特色银行	新希望集团、小米	既做传统业务，也做互联网银行	—
湖南三湘银行	产业链金融专业型银行	三一集团等	—	—
安徽新安银行	安徽金融服务体系完善的补充者	安徽南翔集团、合肥华泰集团等	供应链金融、消费金融	—
福建华通银行	科技金融企业	永辉超市、阳光控股	科技金融、普惠金融、创新支付和供应链金融	—

（数据来源 http：//www. sinotf. com/GB/News/1001/2016 — 12 — 08/zNMDAwMDIxNTUzNw. html）

随着金融领域与“互联网+”产业的融合，我国的民营资本进入资本市场，未来将覆盖和扶持我国中小企业的发展，对于创业者来说，创业将迎来非常好的机遇。

未来几年，我国将降低越来越多行业的准入门槛，让更多资源允许私营经济以“互联网+”方式准入，实现行业与“互联网+”相融合，覆盖“超级企业”难以覆盖的领域，对公有制经济形成有效的补充；同时，与“超级企业”进行激烈的竞争，在竞争中实现“共赢”，促进了公有制经济与私营经济的百花齐放、和谐共生。

总之，随着科技迅速发展，消费者需求多样化、个性化，企业生产的柔性要求越来越高，市场竞争的日趋激烈，计划调节的方式已经不能满足市场的快速变化的需要，国家依靠行政命令和计划配额来干预经济往往具有滞后性，因此，必须加大市场配置资源的比例，让资源在市场中实现合理化配置。国家将降低行业准入门槛，让私营经济以“互联网＋”形式准入，实现行业与“互联网＋”的深入融合，促进资源配置合理化和最大化。

（二）促使企业转型升级

腾讯研究院2015年的《“互联网＋”系列报告之一：愿景篇》将“互联网＋”理解为，利用互联网的平台，利用信息通信技术，把互联网和包括传统行业在内的各行各业结合起来，在新的领域创造一种新的生态；“互联网＋”代表的是一种利用外在资源和环境提升一个行业的能力[①]。“互联网＋”是一个技术、经济、社会、文化的跨界耦合系统，是一个借助新一代信息处理技术，构建覆盖经济和社会方方面面的复杂信息物理系统，是优化生产服务模式和资源配置方式的新战略，是一个推动经济创新发展和社会和谐发展的新范式[②]。传统产业升级必须提升资源配置能力和优化价值增值模式，推动传统产业由中低端向中高端移动，不断进行技术创新和商业模式创新，为客户提供惊喜的商品或服务。如果传统产业是第三产业可以通过电子商务驱动型升级模式，如果传统产业是第二产业可以通过工业4.0型升级模式，不管何种产业及基于何种模式，最终目标是实现产品和服务、技术和商业模式的升级。

“互联网＋”促使传统企业转型与升级的关键是树立以用户为核心和以互联网为载体的思维，这个思维必须贯穿于整个产业转型升级的过程。以消费者为核心就是依据KANO模型为消费者创造具有惊喜品质的商品或服务，只有这样才能提升客户满意度和用户黏性，在客户需求多样性和多变性的时代，这是任何企业的重心和灵魂。在互联网时代，

① 腾讯研究院．“互联网＋”系列报告之一：愿景篇［DB/OL］．［2015－03－29］．http：//www.tisi.org/Article/lists/id/3704.html

② 柳洲．“互联网＋”与产业集群互联网化升级研究［J］．科学学与科学技术管理，2015：76.

特别是即将进入的物联网时代，企业的内部和外部信息传输交换已经成为企业各个部门的基本工作，但是企业内部各部门之间的割裂、企业与各级供应链的割裂、企业与消费者的割裂依然没有解决，因此，企业必须构建信息平台，利用数据平台解决信息对称问题和进行大数据分析。

传统产业转型升级路径我们设计为“融合—改造—创新”，这是一种渐进式的升级路径，如图 1 - 25 所示，第一步是传统产业与互联网相互融合，利用互联网技术进行信息化改造（用于数据的搜集、存储、共享和分析），信息必须融入传统产业的内部供应链和外部供应链，实现内外部信息对称；构建大数据平台，对内外部供应链和消费者进行深入挖掘，对需求进行挖掘和预测。

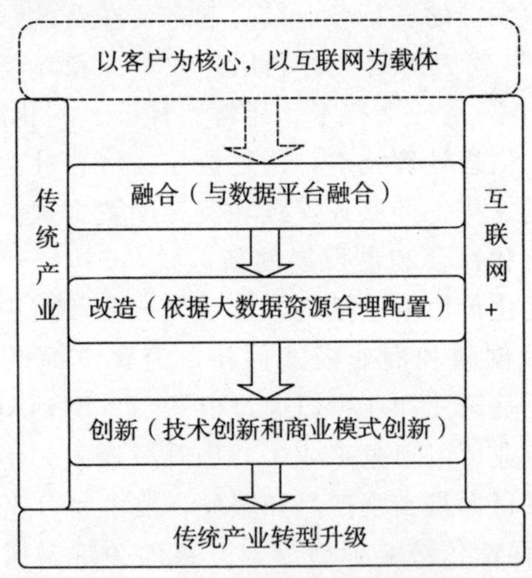

图 1 - 25　传统企业转型升级模型图

第二步是依据数据平台大数据进行资源配置，以供应链视角优化生产和服务流程，加快各种资源在供应链的配置速度，降低资源在供应链流动和配置过程中的成本，实现商品（服务）与客户需求之间的最佳匹配。

第三步是技术创新和商业模式创新，这是传统产业转型升级的终极目标。利用互联网技术和互联网思维再造关键业务流程，培育新的“产品＋服务”混合商业模式，谋划研发设计、生产制造和市场营销等方面创新战略，构建基于互联网的虚拟化、协同化的研发组织，提高生产制造的柔性化、敏捷化和智能化水平，提高市场营销的精准性、人性化水平，提高整个产业集群对全球创新网络和价值网络的掌控力①。

目前，我国实施的供给侧改革就是从国家战略层面改变资源配置比例，降低或扩大私营经济进入门槛，让私企分享国企的资源条件；同时，积极推进“互联网+”战略，倒逼传统企业进行转型升级，利用互联网技术实行精益生产、柔性生产，实行精细化管理、供应链管理，加大技术创新和商业模式创新，实现传统企业的提质增效。同时，国家积极推进“一带一路”倡议，旨在实现资源由国内配置扩大到区域配置（亚太地区），让企业“走出去”到亚太地区“练内功”，“饼”做大了才能实现企业收益最大化。

以手机产业为例，我国的手机产业与互联网进行融合、改造和创新，这几年实现了突飞猛进的发展，它们不断进行技术创新如华为自主研发麒麟 CPU、美颜拍照等，不断进行商业模式创新如小米模式、OPPO 模式、vivo 模式等，在国内市场与苹果、三星等国外企业进行激烈的红海竞争，市场占有率不断提升，品牌知名度、美誉度逐渐获得国内消费者的认可，并由中低端手机逐渐向中高端手机市场拓展；同时，我国手机业经过几年的“练内功”，市场竞争力逐步提升，正在积极拓展国际市场，小米、OPPO、vivo、中兴等企业正在向全球人口第二大国的印度进军；华为正逐步拓展日本、欧洲市场，美国市场是华为未来主要攻坚阵地，在高端领域占据一席之地是华为未来的战略重心。

在高端手机领域，苹果和华为是美、中两国最耀眼的科技明星企业，两家公司均在 2016 年保持了高速增长，成为中美两国在世界 500 强榜单上最赚钱的科技公司，也是 iOS 系统手机和 Android 系统手机最赚钱的企业，但是，无论从营收、利润还是利润率的角度来看，华为目前仍落后苹果。近些年，华为在研发上的投入不断增加，2015 年研发投入超过了苹果。在美国，微软、谷歌、亚马逊等可与英特尔一起归属于研发投入“第一梯队”，如图 1-26 所示，研发投入是科技类公司抢占未

① 柳洲．“互联网+”与产业集群互联网化升级研究［J］．科学学与科学技术管理，2015：78.

来高地的一项先行指标，华为研发投入在中国“一枝独秀”，与英特尔一起归属于研发投入“第一梯队”。

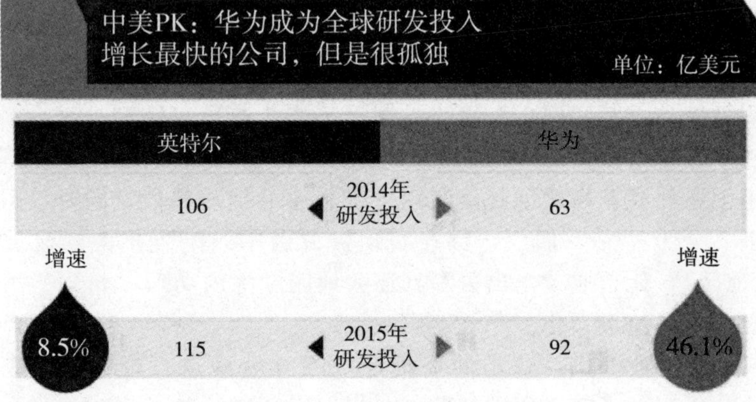

图 1-26 华为研发投入图

见表 1-10，2016 年发明专利申请受理量（不含港澳台）前十位排行榜，华为以 4 906 件高居第一，乐视 4 197 件位列第三，中兴 3 941件位列第四，OPPO3 378 件位居第五，小米 3 280 件位列第八，努比亚 2 912 件位列第九。可见，我国的手机业（或与之相关产业，如京东方）都在加强技术研发和技术创新，这是它们增强市场竞争力的关键措施之一，也是突破手机业技术壁垒的关键，是开拓国际市场的有力武器。

表 1-10 2016 年我国国内（不含港澳台）发明专利申请受理量图

排名	申请人名称	发明专利申请受理量（件）
1	华为技术有限公司	4 906
2	中国石油化工股份有限公司	4 405
3	乐视控股（北京）有限公司	4 197
4	中兴通讯股份有限公司	3 941
5	广东欧珀移动通信有限公司	3 778
6	京东方科技集团股份有限公司	3 569

（续表）

排名	申请人名称	发明专利申请受理量（件）
7	珠海格力电器股份有限公司	3 299
8	北京小米移动软件有限公司	3 280
9	努比亚技术有限公司	2 912
10	国家电网公司	2 784
注：以上数据排名不含港澳台地区		

（数据来源：http：//www. sipo－reexam. gov. cn/zxzx/mtbd/20679. html）

国内外消费者对华为品牌认知度逐年提升，华为海外消费者对华为手机品牌的偏好度较 2015 年提升 100%，31%海外用户为全球各国 TOP30%的高收入人群，华为手机首次海外市场增速超越国内，这为华为的高端品牌形象打下良好的基础。华为 2016 年销售收入达到 5 200 亿元人民币，同比增长 32%；华为手机发货量预计为 1. 39 亿台，整体提升 29%；华为目前在全球手机市场位居第三，前两位分别是三星和苹果。华为在高端旗舰机出货量上与三星还有较大的差距，三星每款旗舰机销量都有 2 000 万～3 000 万部；华为与苹果的差距更大，苹果手机依然占据高端手机大部分市场。2016 年三季度，手机行业总利润 94 亿美金，其中苹果手机利润高达 85 亿美元，华为手机利润为 2 亿美元，华为首次成为全球利润最高的 Android 智能机厂商，见表 1－11，手机利润的 91%被苹果占据，其他上榜企业没有一家的利润超过 2. 5%。

表 1－11 全球智能手机的利润份额（2016 年第 3 季度）

Global Smartphone Operating Profit Share in Q3 2016

Global Smartphone Peofit by Vendor （全球智能手机厂商获利）	Operating Profit 营业利润 （US $ ，Billions） （美元，百万）	Operating Profit Share （%） 营业利润比重（%）
Apple	$ 5. 5	91. 0%
Huawei	$ 0. 2	2. 4%
vivo	$ 0. 2	2. 2%

（续表）

Global Smartphone Peofit by Vendor（全球智能手机厂商获利）	Operating Profit 营业利润（US＄，Billions）（美元，百万）	Operating Profit Share（%）营业利润比重（%）
OPPO	＄0.2	2.2%
Others	＄0.2	2.2%
Total	＄9.4	100.0%

数据来源：http：//digi.163.com/16/1123/06/C6HNUALM001687H3.html

在日益严峻的市场形势中，华为深耕中高端市场，不断实现科技创新与自我突破。IDC公布了2016年全球智能手机的整体销量，见表1-12，三星和苹果分别是冠军和亚军，与2015年相比分别下降3.0%、7.0%；中国手机厂商全面崛起，第三到第五全部拿下，分别为Huawei、OPPO、vivo，增幅分别为30.20%、132.90%、103.20%，OPPO和vivo成为最大的赢家。

表1-12　2016年全球手机销售量排行榜（单位：百万台）

Vendor 供应商	2016 Shipment Volume 出货量	2016 Market Share 市场份额	2015 Shipment Volume 出货量	2015 Market Share 市场份额	Year-Over-Year Change 逐年变化率
Samsung	311.4	21.20%	320.9	22.30%	－3.00%
Apple	215.4	14.60%	231.5	16.10%	－7.00%
Huawei	139.3	9.50%	107	7.50%	30.20%
OPPO	99.4	6.70%	42.7	3.00%	132.90%
vivo	77.3	5.30%	38	2.60%	130.20%
Others	627.8	42.70%	697.1	48.50%	－9.90%
Total	1470.6	100.00%	1437.2	100.00%	2.30%

（数据来源：http：//www.dvbcn.com/2017/02/03－138031.html）

见表 1－13，2016 年联想和小米手机销售量未进入全球前五，被 OPPO 和 vivo 取代，小米引以为傲的“小米模式”神话被打破。

表 1－13　2015 年与 2016 年手机前五强

	1	2	3	4	5
2015 年	三星	苹果	华为	联想	小米
2016 年	三星	苹果	华为	OPPO	vivo

见表 1－14，2016 年中国智能手机厂商出货量排行榜，小米与 OPPO 和 vivo 差距较大，联想已经跌出排行榜前五位。华为 P9 或 P9 Plus 凭借着徕卡双摄出色的拍照体验广受好评，2016 年全球出货量超过 1000 万台，这也是华为首款出货量突破千万的高端旗舰产品。这预示着未来华为凭借着强大的研发能力在全球市场的占有率将逐步提升，高端品牌价值受到认可，品牌知名度和美誉度逐步提升。

手机行业的竞争日趋激烈，优胜劣汰、大浪淘金，许多小品牌已经被淘汰，五年前我国手机品牌三四百个，目前只剩下三四十个，未来我国手机业将进一步整合，资源进一步倾斜化配置，将出现几个手机业的“超级企业”。

表 1－14　2016 年中国十大智能机厂商

排名	品牌	2016 年智能机出货量（含海外）百万台
1	华为	139
2	OPPO	95
3	vivo	82
4	小米	58
5	中兴	57
6	联想	50
7	TCL	34
8	金立	28

（续表）

排名	品牌	2016 年智能机出货量（含海外）百万台
9	魅族	22
10	乐视	19
Source：IHS Technology Jan. 25th		

（数据来源：http：//mobile. qudong. com/article/392423. shtml）

目前，激烈的红海竞争让中国手机业懂得只有开辟蓝海市场才能获得更高的收益，我国手机业的这种战略既符合国家战略要求，也是企业发展壮大的必然之路。如图 1－27 所示，截至 2016 年第四季度，印度的智能手机用户群已超过 3 亿人（印度总人口 13 亿，印度市场是蓝海市场，是未来手机业的必争之地），中国品牌智能手机市场份额已从 2015 年第 4 季度的 14％上升至 46％。

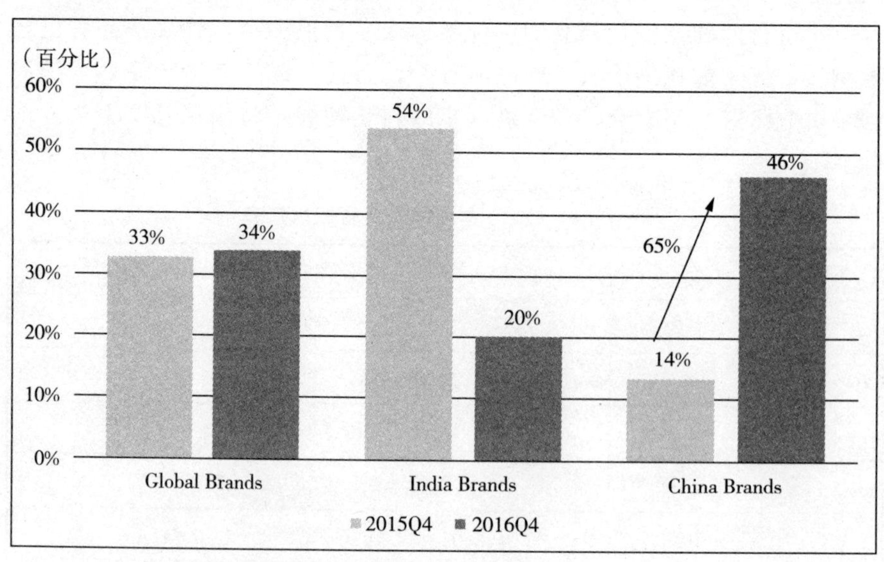

图 1－27　我国手机在印度市场增长率图

（数据来源：http：//www. guancha. cn/economy/2017－01－24＿391210. shtml）

如图 1－28 所示，在印度市场三星位居第一，市场份额为 24％；vivo 排名第二，市场份额为 10％；小米排名第三，市场份额为 9％；联想占

9%，OPPO 占 8%位列第 5。OPPO、vivo、联想和小米等凭借着价格优势，以及强大的营销渠道推动，在印度市场份额不断扩大，从而占据了印度近 50%的份额。随着我国手机业对技术创新的投入越来越多，手机制造工艺越来越发达，我国手机业在不断整合中变得越发强大。

2016年印度智能手机市场品牌占有率排名

India Smartphoene Shipments Market Share(%)	2016
Samsung	25%
Micromax	11%
Lenovo	9%
Intex	7%
Reliance Jio	6%
Others	42%
Total	100%

2016年第4季印度智能手机市场品牌占有率

India Smartphoene Shipments Market Share(%)	2016Q4
Samsung	24%
vivo	10%
Xiaomi	9%
Lenovo	9%
OPPO	8%
Others	40%
Total	100.0%

图 1-28　我国手机在印度市场占有率

（数据来源：http：//www.guancha.cn/economy/2017-01-24_391210.shtml）

建立手机产业升级模型图，如我国手机产业转型升级模式模型图（图 1-29），我国手机业不断与互联网相融合作用于国内市场，实现手机产业升级 1（第一步升级）；随着国内手机企业实力的不断增强，手机业与互联网不断深度融合，从国内市场拓展到国际市场，资源配置实现全球化，实现产业升级 2（第二步升级）。升级过程是循环式上升的闭合回路，这个过程也是优胜劣汰的过程，技术创新与商业模式创新是基础，产业融合是关键，资源配置全球化是突破。

我国手机业对我国传统产业转型升级的启示是：坚持供给侧改革战略，资源分配领域让更多的私人资本进入，让市场分配资源的比例扩大，在资源层面解决企业转型升级问题；坚持“互联网＋”战略，传统产业与互联网不断融合，实现技术创业和商业模式创新，从根本上实现产业的转型升级；坚持“一带一路”倡议，资源配置全球化，市场竞争全球化，实现传统企业的“彻底性”升级。

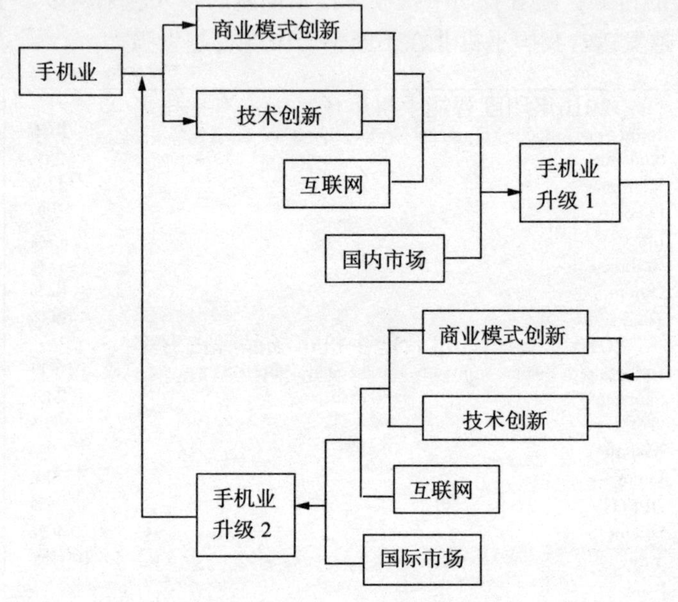

图 1－29　手机产业升级模型图

第三节　“互联网+”与创业

一、“互联网+”创业的先决条件——互联网思维

互联网思维，就是在（移动）互联网+、大数据、云计算等科技不断发展的背景下，对市场、用户、产品、企业价值链乃至对整个商业生态进行重新审视的思考方式①。如图 1－30 所示，互联网思维精髓总结为：①用户思维；②简约思维；③极致思维；④迭代思维；⑤流量思

① 丁莹，张媛．基于互联网思维的财务管理新思考［J］．经贸实践，2015（08）：129.

维；⑥社会化思维；⑦大数据思维；⑧平台思维；⑨跨界思维[①]。

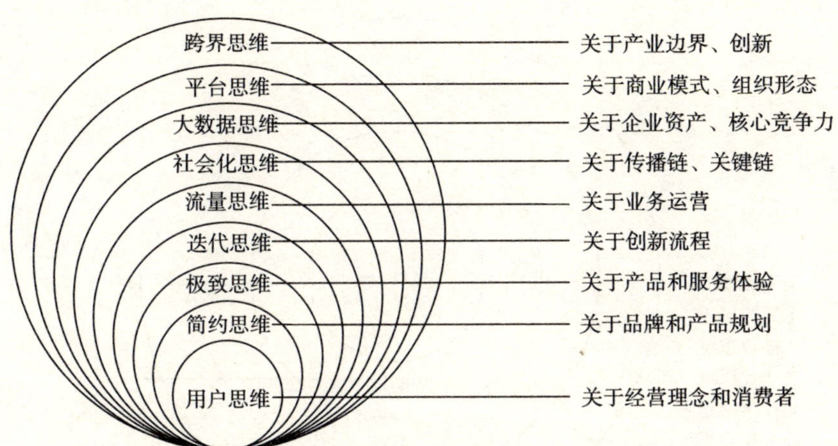

图 1-30 互联网思维图

构建互联网思维模型图，如图 1-31 所示，互联网思维以用户为中心，战略制定和商业模式设计要以用户为中心，业务开展、组织设计和企业文化建设都要以用户为中心，战略层、业务层和组织层都围绕着用户需求和用户体验进行设计，即价值链的各个环节都要“以用户为中心”去思考问题。“以用户为中心”是“深度”理解用户，对用户“深度”挖掘，给用户创造惊喜的价值。

构建外部供应链投射模型图，如图 1-32 所示，企业的业务层（包括采购、研发、生产或制造、销售和售后服务五大模块）与外部供应链相链接，精确地定位了用户需求。企业业务层开始形成供应链闭环，不断地实现价值动态的传递，将用户需求反馈至研发和生产模块，再传递到销售端，最终又传递到用户，形成二次闭环，整个过程是不断优化、螺旋上升的。真正的以用户为核心就是做到：对用户需求持续不断地关注，不断地聆听用户需求，并将用户需求及时准确地反馈给业务层，业务层快速反应并及时实施。

① 互联网思维到底是什么？看完就知道 http：//mt. sohu. com/20151005/n422601993. shtml

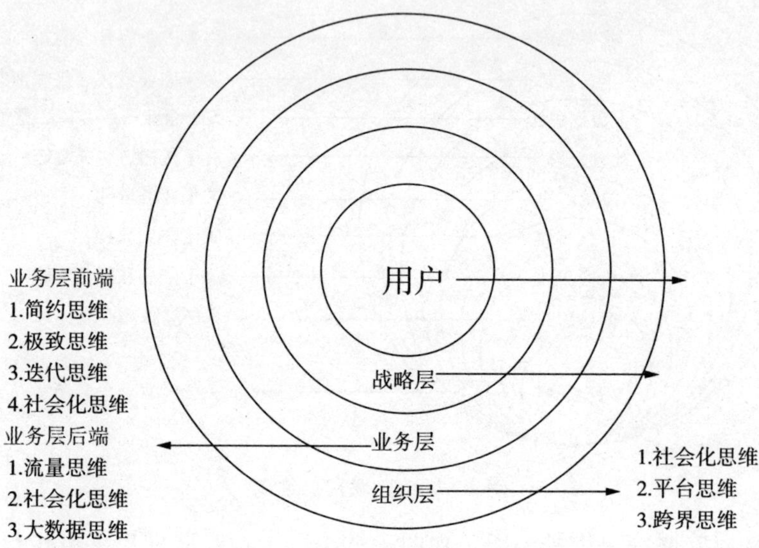

图 1－31　互联网思维构建模型图

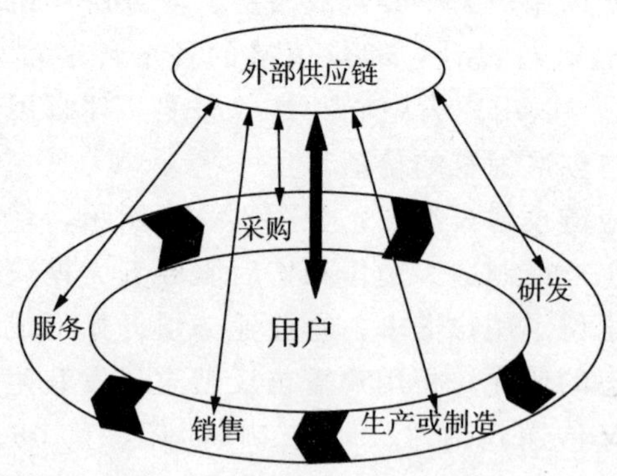

图 1－32　外部供应链投射模型图

互联网思维不仅局限在企业中，政府机构、医院、卫生部门等都在积极拥抱互联网，基于互联网思维的应用服务已经成为惠及民生的创新举措。

二、"互联网+"创业的基础——基于分享经济

1. 分享经济的起源及发展

在美国，Facebook 是全球最大的媒体公司，但是不制造内容；Uber 是全球最大的出租车公司，但是自己却没有出租车；Airbnb 是全球最大的酒店，但是没有自己的酒店。这些企业的成功不是偶然，它们抓住了买卖双方的需求点与痛点，提供了资源共享的第三方平台，实现了买方、卖方、平台的三者"共赢"，这些企业是美国共享经济成功的典型代表。

如图 1-33 所示，2000—2006 年是共享经济发展的萌芽期，共享经济发展较为缓慢。2007 年全球经济危机爆发，促使人们对资源配置进行更加深入的思考，越来越多的人接受"资源共享"的理念，越来越多的基于共享经济的初创企业开始诞生。2007—2014 年是共享经济的高速成长期，Uber（2009）、Airbnb（2008）、TaskRabbit（2008）、Postmates（2011）、GrubWithUs（2010）等各领域快速发展。同时，2011—2014 这四年间，每年新增初创企业四十多家。2015 年至今是共享经济进入发展的平稳期，保持稳定增长态势。

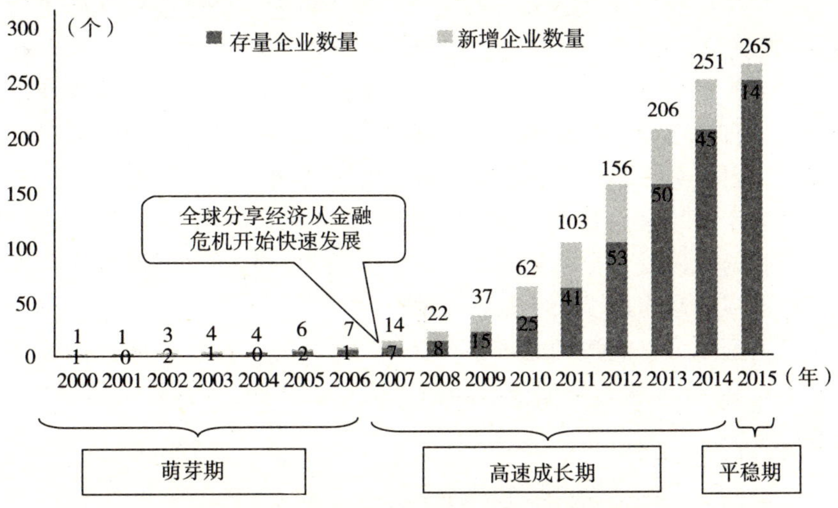

图 1-33 全球分享经济初创企业数量图

（数据来源：2016 年腾讯研究院《中国分享经济全景解读报告》）

共享经济在美国的蓬勃发展，促使了越来越多的美国人对“分享”有着越来越深刻的认识，如图 1-34 所示，81%的美国人认为分享比占用更值钱，57%的人认为使用是一种新的占有，76%的人认为分享有利于环保，这些思想的解放和进步，促进了分享经济的迅速发展。

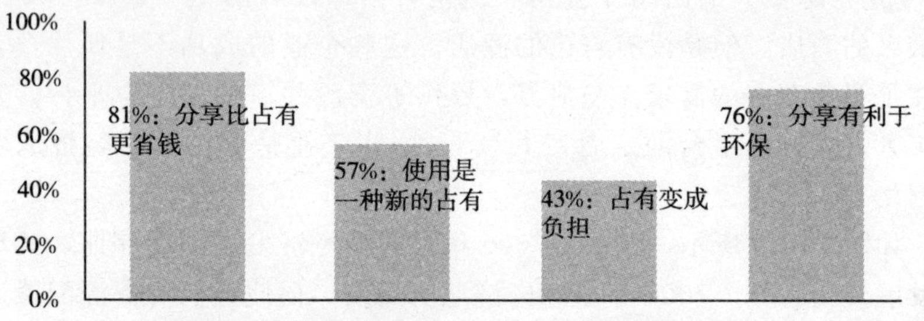

图 1-34　美国分享经济下社会观念的转变图

（数据来源：中国分享经济发展报告—2016）

分享行为能够规模化到成为一种改变既有经济秩序的现象，主要有三个原因：一是价值观的变化，环境质量、社会关系的地位显著上升；二是环保意识的增强；三是新平台的蓬勃发展，互联网技术大大降低了人们进行分享的成本，LBS（位置服务）+SNS（社交平台）让分享的渠道更加实时准确，依靠人与人之间的信任机制，分享经济开始快速发展①。在我国，随着互联网的生活化，互联网思维的普及化，分享经济的土壤开始诞生越来越多的初创企业。如图 1-35 所示，2012 年现象级企业滴滴打车诞生，最近两年呈现爆发式的增长，快速成为互联网行业的翘楚，引发分享经济模式在各行业中的创业潮。2014 年起，我国分享经济在多个领域全面开火，新增初创企业 44 家，分享经济进入井喷期。总之，目前我国处于分享经济发展的黄金阶段，随着“互联网+”战略的深入开展，越来越多的初创企业将产生。

目前全球分享经济的总产值约为 90 亿英镑，普华永道会计师事务所预测，到 2025 年，全球分享经济产值可以达到 2300 亿英镑②。见表

① 吴晓隽，沈嘉斌．分享经济内涵及其引申［J］．改革，2015（12）：53-54.

② 张孝德，牟维勇．分享经济：一场人类生活方式的革命［J］．学术前沿，2015.06.06.

1-15，2015年分享经济的独角兽企业崛起，在全球估值最高的独角兽TOP20中，分享经济企业占据七席，其中美国的Uber估值达到510亿美金，中国的滴滴快的估值达到150亿美金。

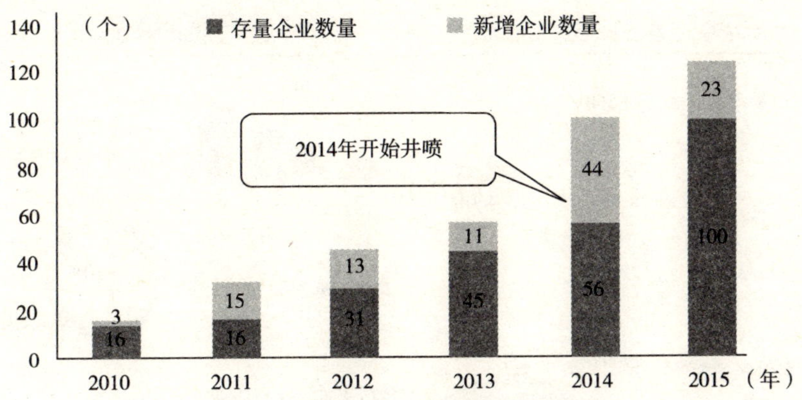

图1-35 中国典型分享经济初创企业数量图

（数据来源：2016年腾讯研究院《中国分享经济全景解读报告》）

表1-15 2015年全球分享经济独角兽企业

独角兽	最新估值	独角兽	最新估值
Uber（出行）	510亿美元	Pinterest	110亿美元
小米	460亿美元	Drophox	100亿美元
Airbnb（短租）	255亿美元	Wework（办公共享）	100亿美元
Palanrir Technologies	200亿美元	DJI Innovations	100亿美元
新美大	180亿美元	Theranos	90亿美元
Lufax（P2P金融）	180亿美元	Spotify	85.3亿美元
Snapchat	160亿美元	Snaldeal	65亿美元
Flipkart	150亿美元	Lyft（出行）	55亿美元
滴滴快的（出行）	150亿美元	Intarcia Therapeutics	55亿美元
SpaceX	120亿美元	Olacabs（出行）	50亿美元

（数据来源：http：//it.sohu.com/20160318/n440972706.shtml）

如图 1－36 所示，2015 年中国分享经济市场规模约为 19 560 亿元，占 GDP 的 1.59%，预计未来五年分享经济年均增长速度在 40%左右，到 2020 年市场规模占 GDP 的比重将达到 10%以上①。

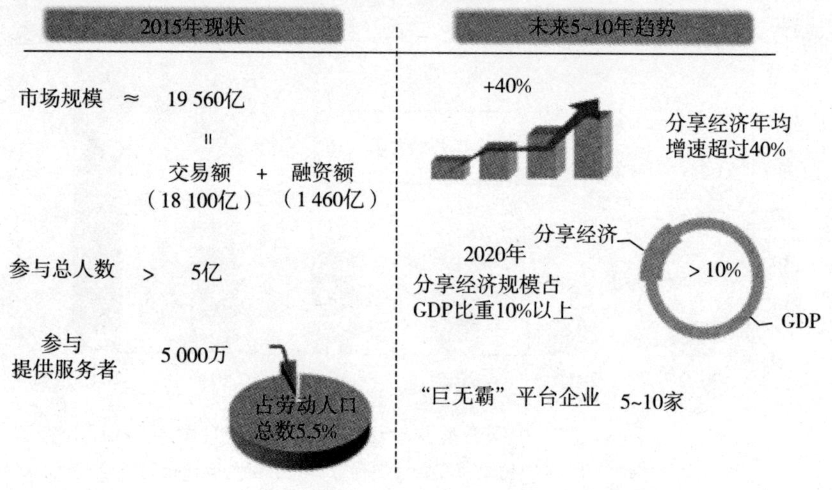

图 1－36 中国分享经济发展现状及未来趋势图

（数据来源：中国分享经济发展报告－2016）

如图 1－37 所示，从分享经济参与人口及比重分析，中国虽然绝对数量最多，达到 3 亿人口，但是相对比重只有 22%，低于英国（25%）和美国（33%），远低于加拿大的 39%。在我国随着中产阶级消费升级，闲置物品的品种和数量越来越多，分享经济也是未来大趋势，基于分享经济的创业也是未来创业的一种趋势。分享经济使个人参与到社会化大生产中，促进了以创业者为主体的个体经济崛起，形成对大众创业、万众创新的有效推动②。

如图 1－38 所示，美国共享经济参与者年龄层分布主要集中在 18～24 岁和 25～34 岁，即 18～34 岁参与者的比重超过 50%，年龄结构偏向年轻化。18～34 岁群体是伴随着互联网成长的，他们已经接受互联网思

① 中国分享经济发展报告 2016，第 1 页。

② 2016 年腾讯研究院《中国分享经济全景解读报告》第 12 页。

维和分享经济模式，也乐于从事分享经济工作，可见，分享经济让就业年龄范围扩大化。

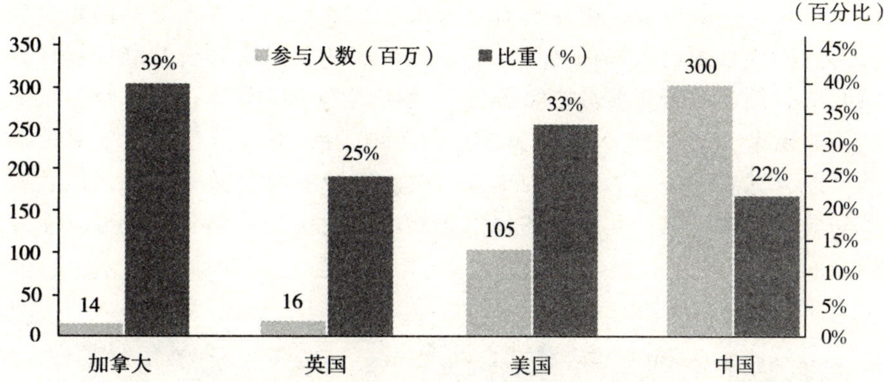

图 1－37　分享经济参与人口及比重

（数据来源：2016 年腾讯研究院《中国分享经济全景解读报告》）

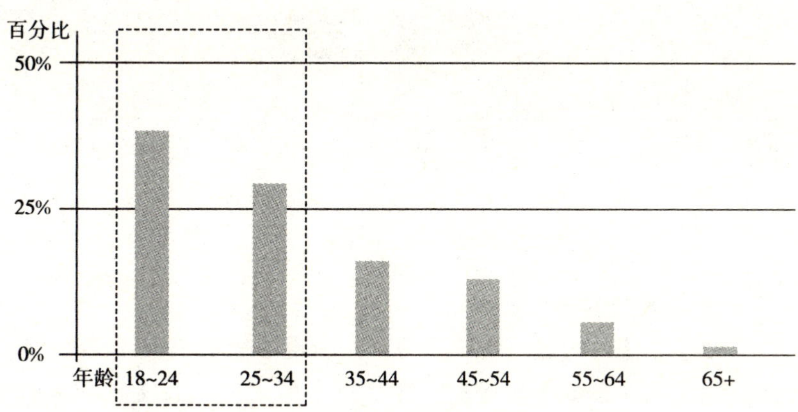

图 1－38　美国共享经济参与者年龄层分布

（数据来源：http：//www. tmtpost. com/1445783. html）

在我国 18～34 岁群体已经接受了互联网和移动互联网的好处，它们乐于接受与互联网相关的工作，更乐于基于互联网进行创业，这是我国分享经济未来发展的动力。

如图 1－39 所示，目前分享经济处于个人闲置资源分享阶段，是以个体为基本单位，个人通过平台进行闲置资源的分享。在 3～5 年内，会全面进入企业闲置资源分享阶段，以企业为基本单位，整合企业之间的闲置资源进行分享。再往后看，未来 5～10 年，会进入公共闲置资源分享阶段，目前已在局部萌芽，它是由政府牵头，主导公共服务资源开放共享。例如政府采购分享型服务，政府闲置资源分享，分享型公共交通等。未来 10～20 年，会进入整个城市的闲置资源分享阶段，目前海外已经有试点出现。以城市为单位，由政府统筹整合整个城市的闲置资源和分享主体。除公共服务的分享之外，还会统一规划各行业分享企业的布局。

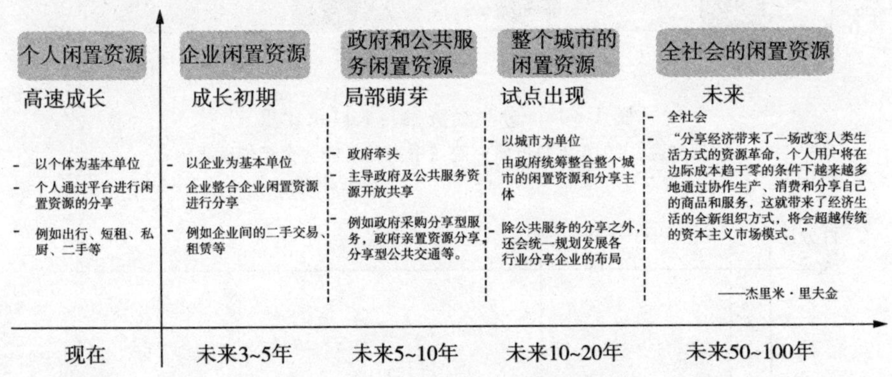

图 1－39　分享经济发展趋势图

（数据来源：2016 年腾讯研究院《中国分享经济全景解读报告》第 39 页）

2. 分享经济的内涵及特征

（1）分享经济的内涵。Schor，J. B. 确定了三种特征来帮助定义分享经济：陌生人共享能力的促进，数字技术的依赖，高文化资本消费者的参与[①]。分享经济是指利用互联网等现代信息技术整合、分享海量的

① Schor J. B.，Fitzmaurice C. J. Collaborating and Connecting：the Emergence of the Sharing Economy [J]. Handbook of Research on Sustainable Consumption，2014（26）：410.

分散化闲置资源，满足多样化需求的经济活动总和[①]。雷切尔·波茨曼（Rachel Botsman）将分享经济划分为三类：第一类是产品服务，Airbnb 和 Uber 均属此类；第二类是基于二手物品转让的产品再流通市场，如 Swaptree；第三类是基于资产、技能、时间的协同生活方式，如 Kickstarter、TaskRabbit。分享经济是利用供需双方的信息不对称，通过平台将资源买方和卖方链接在一起完成交易，便利、参与感和信任是推动分享经济发展的主要原因。在传统商业时代，生产资料因其私有性并不能很好地实现共享，社会存量资源的使用效率相对是比较低的，于是在互联网经济模式的发酵和推动下，分享经济主张通过调整社会存量资源来最大限度地利用产品和服务，完全颠覆了以往不断通过新投入刺激经济增长的传统思路，是一种资源利用效率更高的全新商业模式[②]。

（2）分享经济的特点。如图 1-40 所示，分享经济具有六大特征。

技术特征：基于互联网平台。正是因为有了互联网尤其是智能终端的迅速普及，海量的供给方与需求方得以迅速建立联系。互联网平台并不直接提供产品或服务，而是将参与者连接起来，提供即时、便捷、高效的技术支持、信息服务和信用保障。离开互联网，现代意义上的分享经济将不复存在。

主体特征：大众参与。足够多的供方和足够多的需方共同参与是分享经济得以发展的前提条件。互联网平台的开放性使得普通个体只要拥有一定的资源和一技之长，就可以很方便地参与到分享经济中来。同时，分享经济属于典型的双边市场，即供需双方通过平台进行交易，一方参与者越多，另一方得到的收益越大，两个群体相互吸引，相互促进，网络效应得到进一步放大。在分享经济中，参与者往往既是生产者又是消费者，个体潜能与价值能得到最大限度的发挥。

客体特征：资源要素的快速流动与高效配置。现实世界的资源是有限的，但闲置与浪费也普遍存在，如空闲的车座、房间、设备、时间等。分享经济就是要将这些海量的、分散的各类资源通过网络整合起

① 分享经济发展报告课题组．认识分享经济：内涵特征、驱动力、影响力、认识误区与发展趋势［J］．电子政务，2016（4）：3.

② 分享经济，到底在分享什么？http：//gujia. baijia. baidu. com/article/291908.

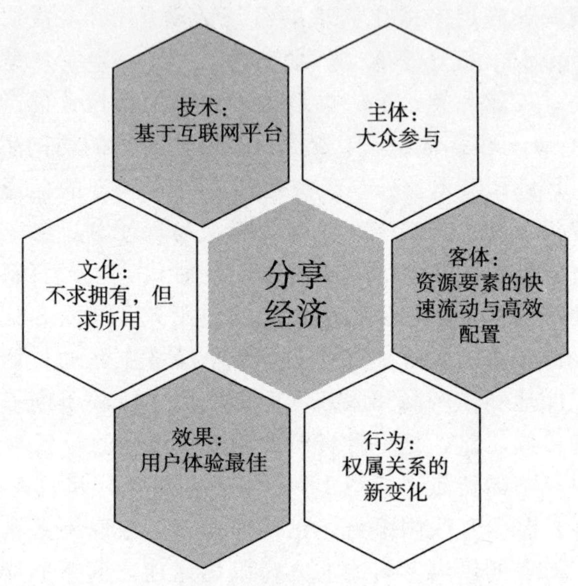

图 1 - 40　分享经济的六大特征图

来，让其发挥最大效用，满足日益增长的多样化需求，实现“稀缺中的富足”。

行为特征：权属关系的新变化。一般而言，分享经济主要通过所有权与使用权的分离，采用以租代买、以租代售等方式让渡产品或服务的部分使用权，实现资源利用效率的最大化。从实践发展看，分享经济将渗透更多的领域，股权众筹等业态的出现已经涉及所有权的分享。

效果特征：用户体验最佳。在信息技术的作用下，分享经济极大地降低了交易成本，能够以快速、便捷、低成本、多样化的方式满足消费者的个性化需求。用户评价能够得到及时、公开、透明的反馈，会对其他消费者的选择产生直接影响，这将推动平台与供给方努力改进服务，注重提升用户体验。

文化特征：“不求拥有，但求所用。”分享经济较好地满足了人性中固有的社会化交往、分享和自我实现的需求，也顺应了当前人类环保意识的觉醒。

如图 1 - 41 所示，从分享经济发展的内在需要来看，闲置资源是前提，用户体验是核心，信任是基础，安全是保障，大众参与是条件，信息技术是支撑，资源利用效率最大化是目标[①]。

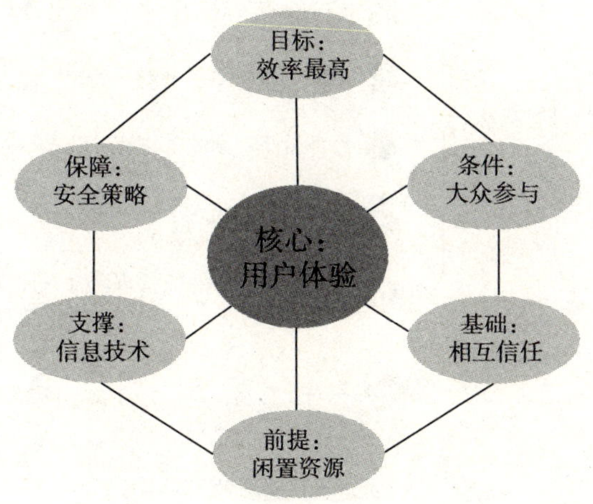

图 1-41　分享经济的关键要素

分享经济具有“致命的破坏性”，因为它能够在许多经济领域削弱本就已经严重不足的利润空间，这将导致某些行业必须转型，否则就会被淘汰[②]。

3. 创业领域及可行性分析

(1) 分享经济已经涉及的经济领域。如图 1-42 所示，分享经济按照分享划分主要包括：产品分享（汽车、设备、服装等）、空间分享（办公室、停车位等）、知识技能分享（知识、能力、经验等）、劳务分享（家政、物流等）、资金分享（众筹、P2P 借贷等）、生产能力分享（工厂、信息等基础设施）。按照用户需求划分主要包括：出行、住宿、学习、就医等。

在我国，基于以上领域成功创业的企业，涉及房屋租赁、交通出行、家政、酒店、餐饮等领域，见表 1-16。

① 中国分享经济发展报告——2016：第 6 页.

② 杰里米·里夫金. 零边际成本社会［M］. 中信出版社，2014：16-24.

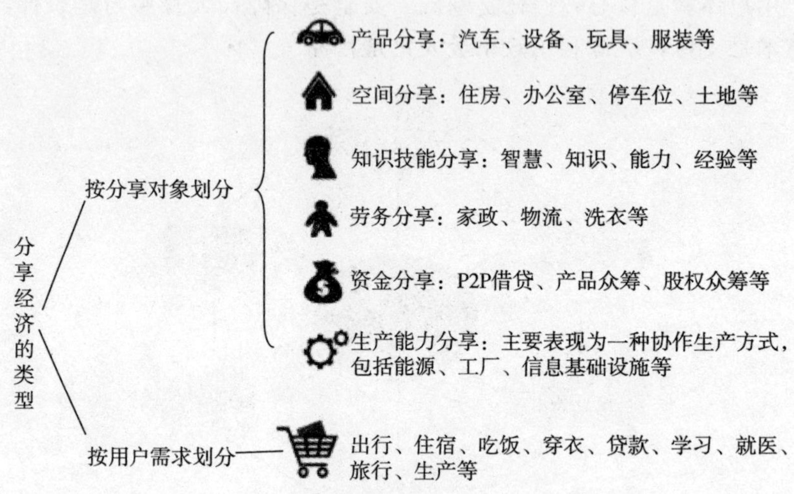

图 1－42　分享经济的类型图

（数据来源：中国分享经济发展报告－2016）

表 1－16　国内主要分享经济领域

应用领域	部分代表性分享平台
交通出行	滴滴出行、易到用车、PP 租车、友友租车、AA 拼车
房屋短租	游天下、蚂蚁短租、小猪短租、途家网
P2P 网贷	陆金所、红岭创投、宜信、人人贷、点融网
资金众筹	京东众筹、天使汇、众筹网、点名时间、淘宝众筹
物流快递	达达物流、e 快送、人人快递
生活服务	58 到家、功夫熊、e 代驾、爱大厨、我有饭、河狸家
技能共享	猪八戒、在行、K68、时间财富、做到网
知识共享	百度百科、知乎网、豆瓣网
生产能力	沈阳机床厂 I5 智能平台、阿里巴巴淘工厂、易科学

（数据来源：中国分享经济发展报告－2016）

（2）创业模式和创业机会分析。构建创业机会分析模型图，如图 1-43 所示，我们对分享经济的创业进行可行性分析，横坐标表示创业门槛（竞争程度和政府导向），纵坐标表示创业前景（市场空间和用户痛点程度），划分为四个区域：挑战区、风险区、潜力区、优势区。

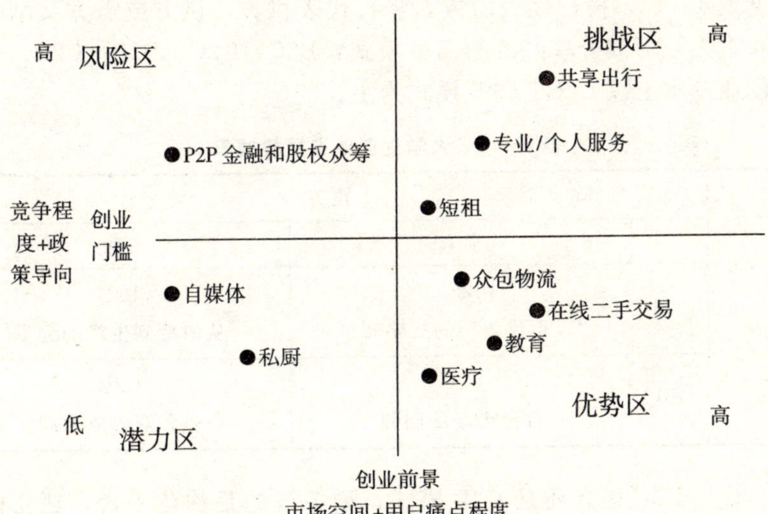

图 1-43　创业机会分析模型图

优势区：优势区的特点是市场空间大、用户痛点程度高，政府导向明确，但是创业门槛较低。创业门槛较低意味着创业壁垒小，创业者进入该行业相对比较容易；市场空间大、用户痛点程度高，市场竞争激烈程度不高，营销成本大幅度降低，产品或服务可以在较短的时间内覆盖市场；“政策红利＋科技进步＋用户需求转变”为创业创造了更好的环境，这意味着创业可能性大幅提升，医疗领域、教育领域、众包物流领域等均是创业较好的突破点。

潜力区：潜力区的特点是创业门槛不高，市场空间、用户痛点程度不高。创业门槛不高意味着创业的可能性大幅度提升，如果自身具备核心能力，则创业成功的概率较高。私厨、自媒体等是不错的创业突破点。

风险区：风险区的特点是创业门槛高，市场空间较小，因此，进入该区域风险较高，P2P 金融和众筹等是不错的创业突破点，但是，国家政策导向不够明确，创业前景不太明朗，不太适合个人创业。

挑战区：挑战区的特点是创业门槛高，创业前景大，专业或个人服务、短租是不错的创业突破点。

见表 1－17，横行代表需方，竖行代表供方，供方或需方又细分为企业和个人，形成分享经济的四种模式：B2C、C2C、B2B、C2B。大学生的创业基本上以 C2C、C2B 模式为主。

表 1－17　大学生创业选择模式表

		需方	
		个人	企业
供方	企业	B2C “以租代售”的战略转型	B2B 从消费到生产的分享
	个人	C2C 自由市场的回归	C2B 众包和众筹成为潮流

不管是 C2C 模式还是 C2B 模式，最关键的是构建平台，建立模型如图 1－44 所示，平台使买卖双方实现链接，使闲置的资源实现共享，再将闲置的资源进行合理的分配，通过商业模式创新和技术创新构建利益分配机制和利益共享机制，实现买方、卖方和平台的共赢，同时，实现平台收益的爆发式增长。

构建分享经济的平台模型图，平台构建的难点在于商业模式创新和技术或服务创新，技术或服务创新保证了技术壁垒的难以逾越性，商业模式创新保证了核心利益的分配和共享的难以复制性。

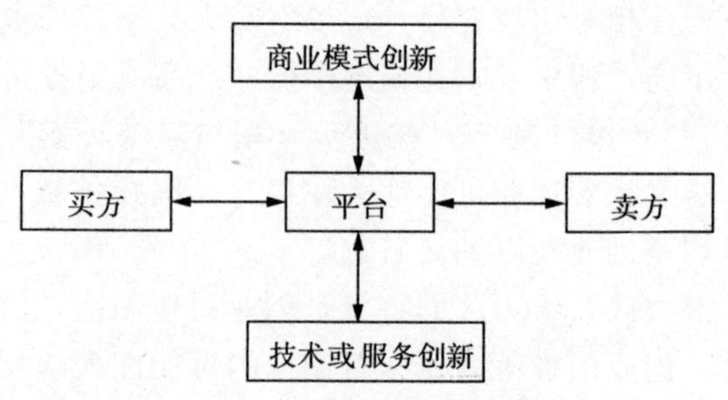

图 1－44　分享经济的平台构建模型图

平台实现了业绩“爆发式”增长，这是平台设计的科学性、合理性及独特性的评价标准，Uber、滴滴打车在美国及中国的爆发式增长说明了平台构建是分享经济成功的关键；可延伸性也是平台构建的必然要求，随着平台的逐步完善及收益不断增加，以平台为核心构建生态圈是必然趋势；弹性也是平台构建的必然要求，随着平台规模效应的凸显，整个行业将迎来供应链重构和业务重组，平台必须具有一定的弹性以适应外部环境的剧烈改变。

4. 大学生创新创业

（1）我国大学生创业现状。我国大学生毕业后自主创业的比例从2009年起基本呈逐年上升的趋势，如图1－45所示，2007年1.2%、2008年1%、2009年1.2%、2010年1.5%、2011年1.6%、2012年2%、2013年2.3%、2014年2.9%、2015年3.0%、2016年2.93%，从2014年起至今基本稳定在2.9%左右。

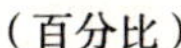

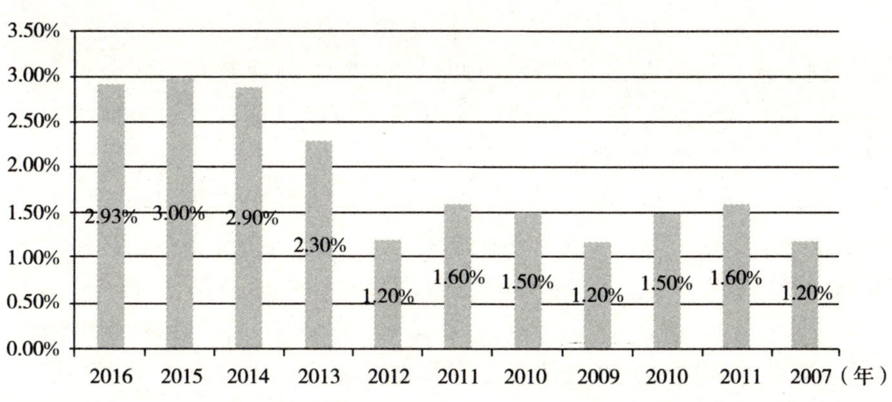

图1－45　历年大学生创业比例图

中国大学生创业成功率平均为2%，与美国等发达国家相比，他们的大学生创业率在20%～30%，双方之间的差距异常明显。在欧美有着完善的高等教育体系和成熟的资本主义市场机制，催化了欧美创新创业教育体制成为全球最为完善的体制。美国政府还制定了专门为特定群体

（如女性、少数族裔、残疾人、高校毕业生等）创办小企业提供小额贷款、信息咨询服务及创业培训的政策措施；除小型企业管理局直接提供的贷款或贷款担保支持较大商业潜力的项目外，美国政府还通过政策引导，拓宽了创业型企业资金来源渠道（如鼓励银行加大对小企业的贷款额度并减免利息）、创建并提供多种投资渠道（如天使投资、风险投资、种子资本等）①。欧美高校通过创业教育基金和种子基金的形式为大学生创业提供资金支持，这些资金为尚未走出校园的大学生提供了实现创业梦想的机会。

在欧美国家，众多高校开设创业课程，同时还有专业的教授传授创业理论知识，并指导学生创业。美国创业教育在课程方面除拥有完备的教学计划以及教学框架之外，创业教育的课程还有公选课程以便非专业学生了解学习，创业教育成为美国一个专业领域，并在研究方向上增添了这一选项②。欧美高校在教学管理方面制定了诸多制度措施，支持大学生创业，鼓励教师创业带动大学生创业，积极发展高校衍生公司，高校内部也对知识产权进行保护。

我国高校双创教育的产生与发展历程，大致经历了四个阶段，即：创新创业教育的引入试点阶段（1998－2002）；创业教育与职业发展的对接阶段（2002－2008）；支持国家双创战略、双创教育的全面实践阶段（2008－2012）；扎实推进双创教育深度发展的实践阶段（2012 年至今）。可见，我国创业教育真正发力是从 2012 年以后，我国政府在大学生创业层面给予了制度支持和资金支持。2014 年人力资源社会保障部等九部门联合发布《关于实施大学生创业引领计划的通知》（人社部发〔2014〕38 号），提出 2014—2017 年实施新一轮“大学生创业引领计划”，即通过提升大学生的创业意识和创业能力，完善政策制度和服务体系以及促进创业良好机制的形成，力争实现 2014—2017 年引领 80 万

① 周海涛，董志霞．美国大学生创业支持政策及其启示［J］．高等教育研究，2014：101.

② 丁喜旺．中美创业教育比较与启示［J］．武汉冶金管理干部学院学报，2016：37.

大学生创业的预期目标[①]。2017 年 2 月教育部颁发《普通高等学校学生管理规定》指出“为大学生创新创业提供制度支持”，新生可以申请保留入学资格开展创新创业实践，入学后也可以申请休学开展创业。大学生创业网在 2015 年 4 月 29 日发布的“2015 年各地大学生创业最新优惠政策”中指出，大学毕业生在毕业后 2 年内自主创业，到创业实体所在地的工商部门办理营业执照，注册资金（本）在 50 万元以下的，允许分期到位，首期到位资金不低于注册资本的 10%（出资额不低于 3 万元），1 年内实缴注册资本追加到 50%以上，余款可在 3 年内分期到位[②]。

如图 1－46 所示，2015 届大学本专科毕业生自主创业比例是 3.0%，高职高专毕业生自主创业的比例（3.9%）高于本科毕业生（2.1%）。

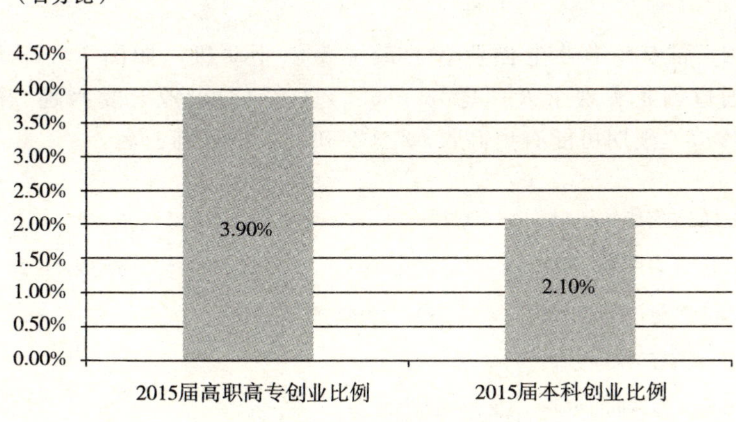

图 1－46 2015 届毕业生创业比例图

2015 届专科毕业生创业者人数分布图，如图 1－47 所示，财经大类

① 刘军．我国大学生创业政策：演进逻辑及其趋向［J］．山东大学学报，2015（3）：48.

② 大学生创业网．2015 年各地大学生创业最新优惠政策．http：//chuangye. yjbys. com/zhengce/543158. html

(19.8%)、土建大类（18.8%）、制造大类（13.1%）进入前三名。

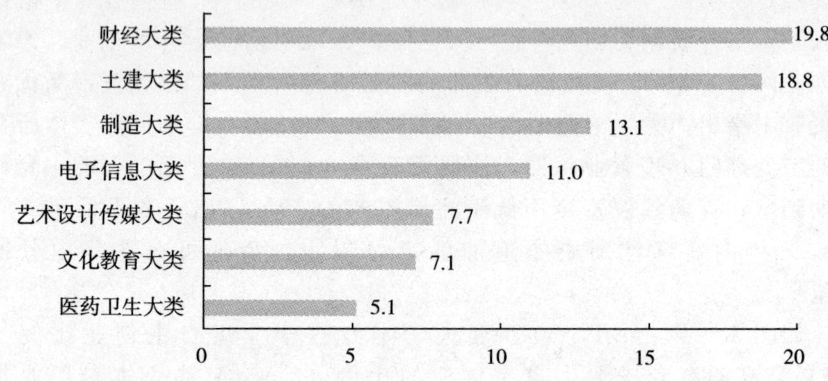

图 1-47　2015 届专科毕业生创业者专业大类分布（单位：%）

（数据来源：http：//career. eol. cn/news/201605/t20160512 _ 1397154 _ 2. shtml）

2015 届专科毕业生创业者的最主要创业动机，如图 1-48 所示，"希望通过创业实现个人理想"（56.5%）、"对创业充满兴趣、激情"（49.2%）、"预期可能有更高收入"（24.0%）进入前三名。

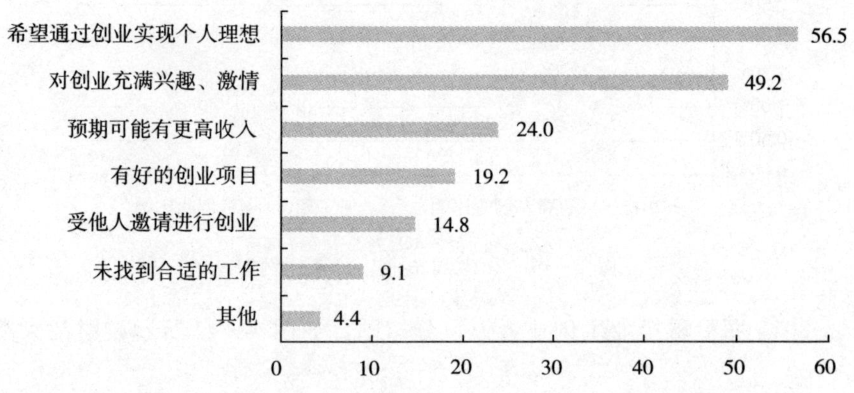

图 1-48　2015 届专科毕业生创业者的创业动机（单位：%）

（数据来源：http：//career. eol. cn/news/201605/t20160512 _ 1397154 _ 2. shtml）

2015 届专科毕业生创业者的最主要创业意向，如图 1 - 49 所示，制造大类（80.9%）、农林牧渔大类（80.9%）、艺术设计传媒大类（80.9%）进入前三名，可见，专科毕业生创业以技术创业为主。

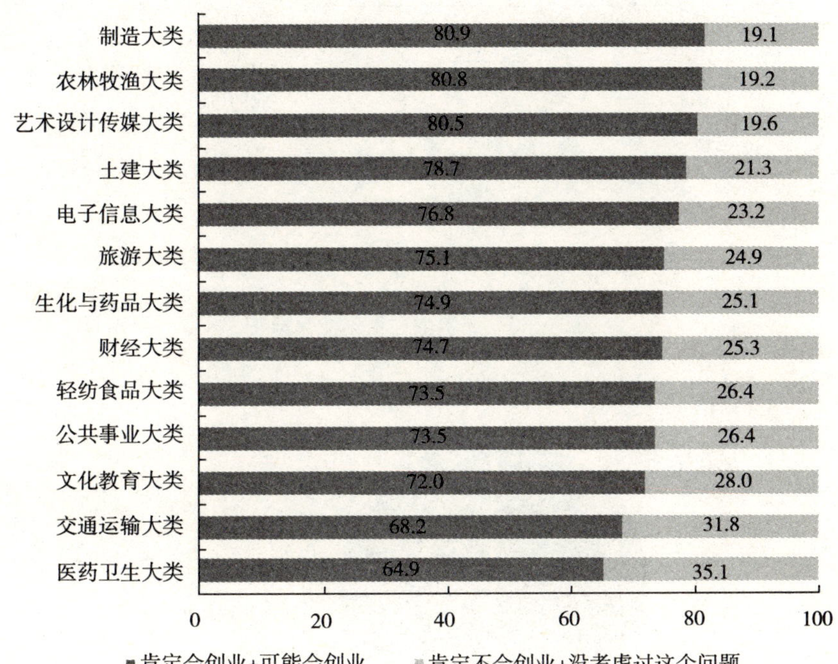

图 1 - 49　可能创业涉及行业图

（数据来源：http：//free. chinabaogao. com/wenti/201609/09525032H016. html）

如图 1 - 50 所示，中国应届大学毕业生自主创业的风险存在以下因素：缺少资金（31%）、市场推广困难（25%）、缺乏企业管理经验（20%）分别列为前三位。

如图 1 - 51 所示，2012 届大学生创业 3 年企业存活率为 47.8%，比 2010 届创业存活率增加了 5.6%，可见，大学生创业存活比例呈上升趋势，随着我国对大学生创业的政策支持、财政支持、技术支持等逐步完善，未来将有越来越多的大学生投入创业大潮中。

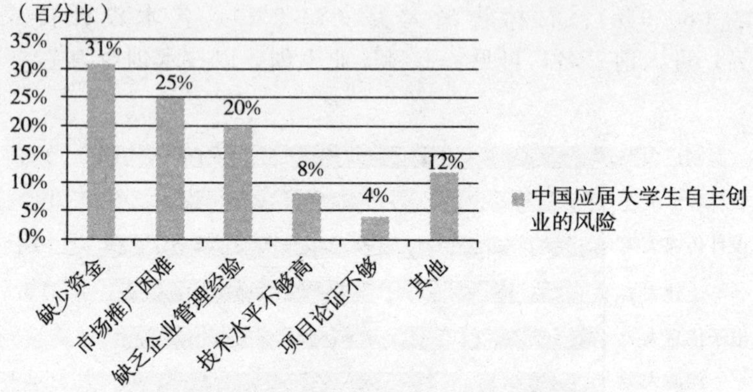

图 1－50　大学生自主创业风险图

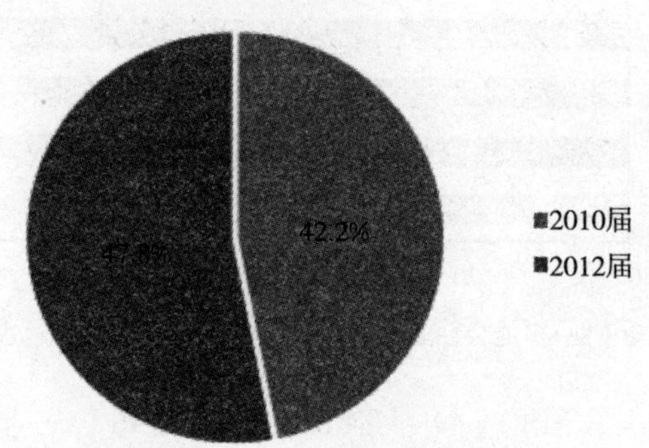

图 1－51　大学生创业存活率

（数据来源：http：//www. eol. cn/html/c/16dxsjybg/index. shtml）

（2）基于知识分享进行创业是大学生创业趋势。目前，我国分享经济最火的 10 个行业：出行业；旅馆业；快递业；家居服务业；个人服务业（理发、按摩、美甲等）；餐饮服务；旅行服务；汽车服务业；健康业；物流服务业。分享经济正不动声色却浩浩荡荡地撼动着传统行业的经济结构根基，它从底层经济关系上瓦解原有的经济秩序和商业逻辑，直击传统企业供与需不对称等死穴。互联网不再是虚拟经济、流量为王，而是回归到实体经济，实现对传统产业的改造，互联网经济和实体经济对接成为未来互联网发展的主流方向，也是我国实施“互联网＋”的根本原因，也是基于分享经济能够进行创业的主要原因。

分享经济给大学生创业一个全新的平台和渠道，给大学生可以发挥自身长处与优势的机会，大学生最大的优势在于知识，因此，基于知识分享是大学生创业的一个极好的突破点。如图 1－52 所示，构建大学生创业的“冰山模型”：基于知识分享做产品创新或商业模式创新，通过产品和流量变现实现初步创业，再将创业大数据进行深度挖掘，实现大数据变现，实现深度创业。冰山露出水平面部分 A 该部分是可见冰山，我们可以基于知识进行技术创新，创造出领先的产品，设计合适的商业模式，通过网络渠道销售给特定人群；冰山未露出水面部分 B 是不可知部分，占据了冰山绝大部分，我们针对痛点设计商业模式并构建平台，让越来越多的流量涌入我们的平台，我们通过流量变现实现创业；技术创新和商业模式创新比较适合初创公司，当越来越多的知识和数据形成沉淀，将大数据变现实现创业，这是深度创业模式，是生态圈构建和商业模式拓展的必然结果。

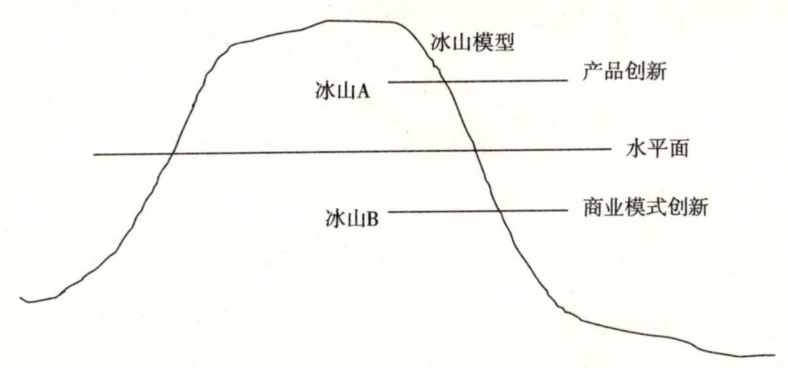

图 1－52 基于知识分享的创业“冰山模型图”

技术创新成果是一种新知识，它与经济没有直接的相关性[①]，知识只有得到运用时，才具有经济效果，作为知识的技术创新成果只能是一种潜在的可获利机会，这种可获利的机会需要通过企业家识别、评估和开发，把一般性的知识转化为经济知识后，技术创新成果才能为企业带来经济效益[②]。企业家识别新技术机会，利用新技术生产新产品、创造市场新价值和追逐市场利润的活动就是技术创业[③]。这里的企业家可以指大学生，大学生具备知识储备的优势、创新的精神和创业的思维，他们是技术创新的活跃群体之一，也是创业成功率比较高的群体之一。

① Arrow KJ. The Economic Implications of Learning by Doing [J] . Review of Economic Studies, 1962, 29 (3): 63 - 78.

② Acs Z J, PlumerL A. Penetrating the Knowledge Filter in Regional Economies [J] . Annals of Regional Science, 2005, 39 (2): 439 - 456.

③ Lumpkin G T, DESS G G. Clarifying the Entrepreneurial Orientation Construct and Linking it to Performance [J] . Academy of management Review, 1996, 21 (1): 135 - 172.

第二章 创新、创业型人才培养模式

第一节 高职创新创业人才培养痛点分析

一、高职学生普遍存在的问题

（一）文化课基础薄弱

高职学生普遍存在文化课基础薄弱，特别是数学、英语等基础学科更为严重，基础学科的薄弱影响了学生深入学习的能力；作业完成的深度、广度较差；某些较难的课程的出勤率偏低，上课的配合度较低；也影响了教师授课的深度、广度，案例讲解的全景度等。

（二）主动学习能力差

高职学生普遍存在积极主动的学习能力较差，求知欲非常薄弱，不愿意对问题进行深入研究，浅尝辄止、敷衍了事，有些学生学习仅仅是为了应付考试；学习的情绪化较强，对感兴趣的东西学习积极性较高，对不感兴趣的东西不愿意学习，表现为学习动力不足，甚至翘课、翘考。

（三）团队合作精神匮乏，沟通能力较差

高职学生基本上是“95后”，这个群体独生子女较多，他们普遍存在着缺少尊重意识，表现为没大没小；他们的个人主义、自我意识比较严重，普遍缺乏团队合作的精神、团队奉献精神；由于互联网的影响，他们的网络沟通能力较强，但是实际沟通能力较差，沟通技巧匮乏。

（四）怀疑精神和创新能力较强

“95后”学生伴随着互联网成长，互联网已经全面嵌入他们社会生活的方方面面，对他们获取知识和人际交往有着重要的影响，他们对外界事物的认知开放性更高、怀疑性更强、好奇心和求知欲更浓烈，这些特性导致他们更有主见、更不受束缚、更喜欢创新。

高职学生的特点决定了传统的“填鸭式”教育是行不通的，纯理论教学收效甚微，必须转变知识传递方式，创造一种我们所谓的“懒人模式”即：高深的知识通俗化、易懂化、易记化，甚至带有一些娱乐化；教学过程学与做相结合，学与思相结合，学与问相结合，实现抽象的知识形象化、可操作化。

二、高职院校存在的问题

（一）偏重于理论教学

高职院校的教学模式大部分仍然是理论教学为主，“理论课＋实训课”是日常教学的主要模式，部分院校开设企业实训课，但是实训时间较短；“填鸭式”教育仍然是主要教育方式，被动式学习导致了学生的学习主动性较差。

（二）实习实训不完善

部分高职院校的实训设备较少，实训课时比例偏低，不能满足实习实训需求；实训课程设计内容陈旧，不能与时俱进；实训内容可操作性差，不能满足学生的操作技能需求；实训内容与实际工作情景不符合，导致理论与实际脱节。

（三）企业实训内容偏少

校企合作单位较少，校企合作单位在“质”和“量”层面都不能满足高职院校对校外实训和顶岗实习的需求；企业实训时间较短，不能做到学生的全覆盖；实训内容偏少，不能涵盖主要技能要点。

（四）课程建设水平较低

课程内容较为陈旧，“新知识、新技术、新工艺、新方法”尚未涉及，特别是案例部分不能及时更新；课程内容实用性不强，理论部分过深、过难，容量过大，缺少对应的职业技能训练内容；课程结构不合理，理论与实践衔接不够紧密，实践教学得不到有效落实；精品资源课程建设远远不能满足学院的发展要求，亟待建设一批符合行业发展趋势的精品资源课程；在面对“互联网＋”“供给侧改革”等背景下，课程改革要紧跟时代步伐，做到与时俱进，适应新形势、新业态的发展。

（五）高职院校就业渠道较少

高职学生就业渠道基本是企业招聘或学生自己找工作，类似企业“订单班”“校企合作班”只能满足部分学生群体就业需求，导致了高职学生就业对口率较低。高职院校学生的就业平台偏低，基本上是中小企业，大部分从事一线技术工作，工作强度较大，薪资起点较低。

高职院校应该加大基础设施建设力度，加强实训室建设，完善精品课程建设。在创业领域，学校在制度、资金等层面要积极引导和鼓励学生和老师创业，学校将成为学生和老师创业的“孵化器”和“助推器”。

三、高职教师存在的问题

（一）“双师型”教师比例不高

高职教育人才培养目标是培养高端技能型人才，要求高职院校老师必须持有职业资格证书，具备“双师”资格，目前高职院校“双师型”教师比例不高。高级职业资格证书如高级电子商务师、高级物流师、高级人力资源管理师等的持有率偏低，“高级双师”比例偏低，提升高职院校“双师型”教师比例是今后高职院校发展的重要任务。

（二）教师实践能力较差

大部分高职教师没有企业工作经历或工作年限较短，青年教师的学历水平和理论水平高，但是缺乏企业工作经验、管理经验，实验操作能力和实践能力较差，他们对企业的运作流程和岗位职责并不熟悉，导致了在实训教学设计上与企业实际工作流程（情景）不吻合，技能训练的专业化深度上欠缺，实训内容创新几乎为零。

（三）知识储备陈旧

大部分高职教师知识储备陈旧，不能做到与时俱进。当今科技迅猛发展，新技术、新知识、新理论、新设备日新月异，新的商业模式不断涌现，高职教师要适应时代发展的需要，掌握本行业、本专业的前沿知识、学术动态、管理动态等，知识储备保持实时更新，不断完善自身的知识结构，将最新的内容体现在教学课件和精品课程中。

（四）科研能力较弱

高职教师的精品课程开发能力较弱，很多院校国家级精品课程为零。教师的科研水平相对较弱，科研氛围不浓、科研观念不强，导致了科研项目（国家级）、科研成果偏少，特别是高水平的科研论文偏少；教师的发明专利偏少，科研成果转化率低。

（五）创新能力不足

知识储备陈旧，不能做到与时俱进，与国内外前沿知识能力结合较弱；科研能力较弱，导致了高职院校教师创新意识较弱、创新手段匮乏、创新能力不足。

总之，基于高职学生、高职院校、高职教师的现状，“互联网＋”背景下创新创业人才培养必须将三者当作一个系统工程统筹考虑、共同改变。

第二节 “互联网＋”背景下创新创业型人才培养模式

一、构建“互联网＋”背景下创新创业型人才培养模式

如图 2-1 所示，基于“互联网＋”创新创业人才培养模式模型图设计为：以互联网为载体，以创新创业为目的，以高职学生为培养对象和核心，将高职院校、高职老师、高职学生形成“一体”，将职业态度、心智模式、行为方式形成“三位”，构建“三位一体”模型，全面系统培养具有创新创业知识、素质、能力的综合性人才。

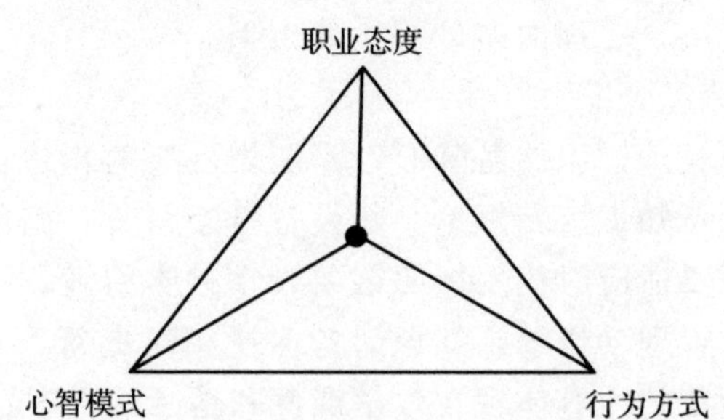

图 2-1 基于“互联网＋”创新创业人才培养模式模型图

基于“互联网＋”创新创业人才培养模式是一个系统工程，要求把

高职院校、高职老师、高职学生当作“一体”，三者相辅相成，缺一不可，其中，学生是人才培养模式的主体和核心，高职院校是辅助力量，高校老师是基础力量。

创新创业型人才培养的切入点是从塑造高职院校学生的心智模式开始，改变心智模式是创新创业人才培养的关键；通过心智模式的改变引导他们的行为方式改变，改变行为方式是创新创业人才培养的核心；培养学生良好的职业态度是创新创业人才培养的保障，三者同等重要且互相作用，形成“三位”关系。

基于“互联网＋”创新创业人才培养模式下人才培养的最终目标是培养具有创新创业知识、创新创业素质、创新创业能力的综合性人才。如图 2－2 所示，知识、素质、能力也是“三位一体”的关系，三者之间相互作用、相互影响，这是人才培养模式的系统性决定的，也是创新创业的必然要求。

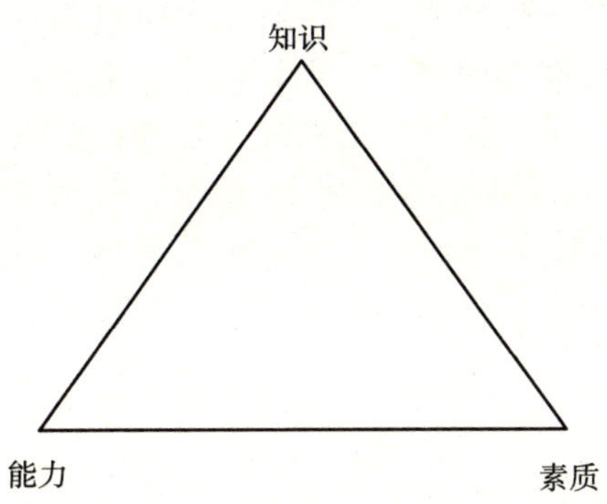

图 2－2　三位一体图

（一）改变心智模式是创新创业人才培养的关键

1. 高职学生心智特点

高职学生在校期间还处于心智不成熟阶段，特别是“95 后”群体呈现特点如下：

（1）知识面较宽，但是缺少深度。“95 后”学生从网络等媒体获得各种信息，扩大了他们的知识面，也开阔了他们的视野，他们心智是早熟的。但是他们并没有对问题进行深入分析与研究，更没有进一步学习和借鉴。

(2) 情感丰富，但是心理素质比较脆弱。“95后”学生思想开放，情感丰富，易于表达自己的情感；他们更喜欢生活在虚构的世界里，更喜欢通过网络进行沟通交流，现实的人际交往能力较差；他们的心理素质比较脆弱，容易出现内心的空虚和无助情况；抗压能力差，遇到挫折往往感觉孤立无助。

(3) 合作意识较差，自我意识较强。“95后”学生大部分是独生子女，特别是城市出生的学生，家庭经济情况较好，被家长娇惯着长大，他们思想独立，自我意识较强，合作意识淡薄，责任感较差，做事的功利心较强。

(4) 思想独立，反叛意识较强。“95后”学生思想独立，不是盲目地接受某种思想和理念，而是具有一定的选择性和自我性；他们敢于反抗、敢于质疑，表现欲和反叛意识较强，不愿意接受别人管束。

(5) 自信激情，目标明确。“95后”学生自信心强，充满激情，易于接受新事物，他们有着明确的人生目标，对自己的未来有着独特的认识和理解。但是他们的目标易于受到外界影响，呈现更加务实的倾向。

(6) 缺乏理想和信仰。在思想多样化、价值观多元化的冲击下，“95后”学生人生目标更加物质化，追求品牌效应，道德品质滑坡，缺乏感恩意识，缺乏理想和信仰，部分大学生把物质和金钱作为衡量自我价值的标准。

2. 心智模式培养

基于高职学生心智模式现状，培养高职学生创新创业型心智模式是人才培养的关键，我们将通过以下三个方面去培养。

(1) 从知识层面塑造创新创业心智模式。知识层面包括基础知识、专业知识、创新创业知识等，扎实的知识是大学生进行创新创业的基础。以物流管理专业为例，见表2-1，高职课程主要分为综合素质课程、职业基础课、职业技能课、职业拓展课四个方面。综合素质课程主要包括数学、外语、计算机等基础课程；职业基础课是该专业的基础性课程，主要为日后专业课做铺垫的；职业技能课是专业的核心课程，是提升技能的关键；职业拓展课主要包括与专业相关的课程，对专业课起到丰满的作用。

表 2－1 课程设置表

课程性质	课程类型	课程名称	考核方式	课程编码	学期周学时及周数分配									
					总学时	理论	实践	一		二	三	四	五	六
								2	14	18	18	18	18	18
职业综合素质课	B	国防教育与军事理论	查											顶岗实习 毕业实习
	B	心理健康教育	查											
	B	创业与就业指导课	查											
	B	实用英语	试											
	A	经济数学基础	试											
	B	计算机应用基础	试											
	B	思想道德修养与法律基础	试											
	B	形势与政策课	查											
	B	体　育	查											
	B	数据库基础与应用	试											
	B	毛泽东思想和中国特色社会主义理论体系概论	试											
总课时														
职业基础课	B	管理学基础	试											
	B	基础会计	试											
	B	统计学基础	试											
	B	经济学基础	试											
	B	电子商务基础	查											
	B	市场营销学基础	查											
	B	物流英语	查											

（续表）

课程性质	课程类型	课程名称	考核方式	课程编码	学期周学时及周数分配									
					总学时	理论	实践	一		二	三	四	五	六
								2	14	18	18	18	18	18
总课时														
职业技能课	B	物流基础	试											顶岗实习 毕业实习
	B	仓储管理	试											
	B	配送管理	试											
	C	ERP 沙盘模拟	查											
	B	物流运输管理	试											
	B	物流信息管理	试											
	C	物流沙盘模拟对抗	查											
	B	物流设施与设备	试											
	B	采购管理	试											
	B	物流经济地理	试											
	B	国际物流导论	试											
	B	物流成本管理	试											
	B	供应链管理	试											
	B	物流案例与实践	试											
	C	顶岗实习	查											
	C	毕业设计	查											
	C	毕业实习	查											
总课时														
职业拓展课	B	商务沟通	查											
	B	财经写作	查											
	B	国学课	试											
总课时														
计划内学时总计														

① 对职业基础课程进行课程改革，夯实基础知识

职业基础课程为职业技能课程的先导，为后续学习和发展奠定基础。创新创业人才培养必须将管理学、市场营销学、经济学、会计基础四门课设定为各个专业必须开设的职业基础课程。职业拓展课程必须设置商务沟通这门课，在商业运作中80%的问题是沟通问题，沟通技能是每一个创业者必须具备的基本能力。

这五门课程教学尽可能采用多媒体教学和实训教学相结合的方法，多媒体教学的优势是生动、形象、易于接受、便于理解，拉近了学生与老师的距离，拉近了课堂与现实的距离；案例分析法是重要的教学方法，特别是创新创业案例的引入，让枯燥的知识更加形象化和人性化；头脑风暴法也是最常用的教学方法，头脑风暴法最能激发学生的创意与激情，好的创意往往是一起相互切磋的结果。

② 对职业技能课程进行课程改革，夯实专业知识

每个专业不同开设的职业技能课程也不同，创新创业要求职业技能课程做到理实一体化，实训课程占到总课程的一半及以上，校内实训与校外实训相结合，提升学生的实际操作技能。高职院校的人才培养目标是培养高端技能型人才，在理论够用的前提下，提升学生的专业技能。

创新创业也是一项技能，而且是更高的一项技能，除了必须具备市场开拓能力、商务谈判能力、沟通能力、财务分析能力等，资源整合能力是不可或缺的一项重要技能，也是优秀管理者必须具备的一项管理技能。许多创业者早期所能获取与利用的资源都相当匮乏，而优秀的创业者在创业过程中所体现出的卓越创业技能之一，就是创造性地整合和运用资源，尤其是那种能够创造竞争优势，并带来持续竞争优势的战略资源①。

高端技能的培养是一个系统工程，首先要将创新创业涉及的技能实现“系统化”，这是提升大学生技能的基础工作。其次，将“系统化”技能分解为“模块化”技能，将“模块化”细化和量化为“标准化”技能、“通用化”技能和“个性化”技能，建立技能分解模型图，如图2-

① 创业者如何整合资源．2012－03－17. http：//jingyan. baidu. com/article/3f16e003aebb222591c10303. html

3 所示。“模块化”就是将理论分解为一个个可以操作的技能模块，这是大学生提升技能的关键；“标准化”包括技能培养标准化和技能考核标准化，这是提升大学生技能的核心；“通用化”适用于每个该专业学生，是每个该专业的学生必须掌握的技能。“个性化”，就是结合学生的不同特点，因材施教培养学生掌握不同的技能；再次，技能培养“综合化”，“综合化”不是“模块化”的简单累积，它是要求学生具备灵活运用的能力和综合解决复杂问题的能力。

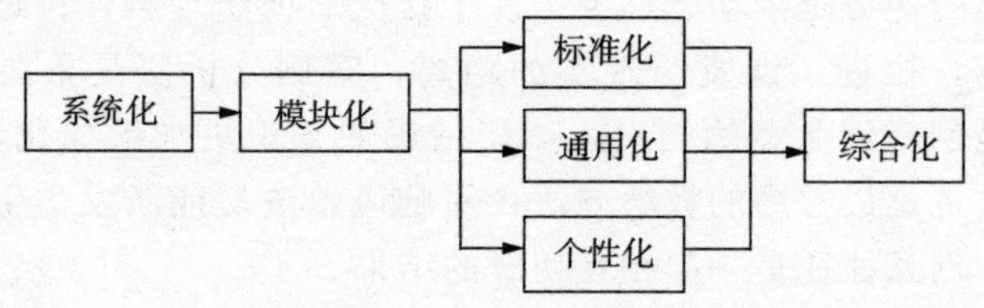

图 2-3　技能分解模型图

③ 转变思维模式是创业能否成功的关键

a）西式教育优缺点分析：西方国家经过近两三百年的发展，形成了完备的社会保障体系和法制系统，人们都自觉遵守法制精神、契约精神和宗教精神，这是西方社会生存和发展的基础。西式教育造就了西式思维，西式思维是以演绎法为核心，主张以细分的方式深入研究问题，强调学科的细分和知识的模块化，学科不断被细分和量化，科学研究不断被推向极致化，科研成果被工业化，这极大地促进了工业的发展，工业 1.0、2.0、3.0 及未来的工业 4.0 都表明科学技术是工业发展的“推进剂”。科学技术促进生产力的大幅度提升，人们的物质文化生活极大地丰富，推动了社会的民主进程，以独立、民主、自由、平等、法制为核心的西式民主强化了人们的法制精神、契约精神，整个西方社会就是在这个模式下运作的。

西式教育鼓励创新精神和创新思维，在创业领域，各级高校鼓励大学生自主创业，特别是利用高科技创业，欧美国家大学生创业成功率达到 20％以上，是我国的十倍之多。

西式教育促进了科学管理的发展，西方企业已经形成了相对完善的规章制度和科学管理体系，西式管理制度化、规范化、流程化早已经形成，精细化管理、供应链管理已经贯穿企业管理过程中，一系列新的管理理论不断涌现。

如图 2-4 所示，实际工作发生事件中按照 80/20 原则划分，80%工作是例行事件（基层员工和部分中层干部处理的且经常发生的事件），20%工作是例外事件（中高层干部处理的且偶然发生的事件）。例行事件的处理方法是通过规章制度形式实现规范化、流程化、制度化，这种处理方式的优点是科学管理、权责明晰，既简化了管理程序，也提升了工作效率。

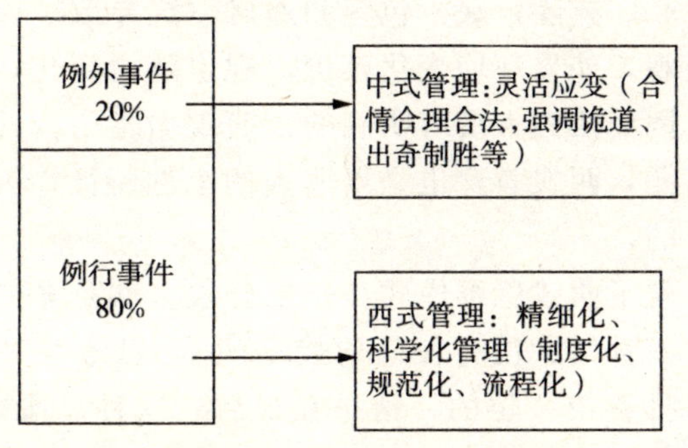

图 2-4 中西式管理匹配图

科学管理是培养基层员工和中层干部的利器，如图 2-5 所示，基层员工只用专注于技术技能，人际技能和概念技能涉及较少，基层员工的技术能力直接影响产品或服务质量，提升技术能力是基础员工最核心的工作。

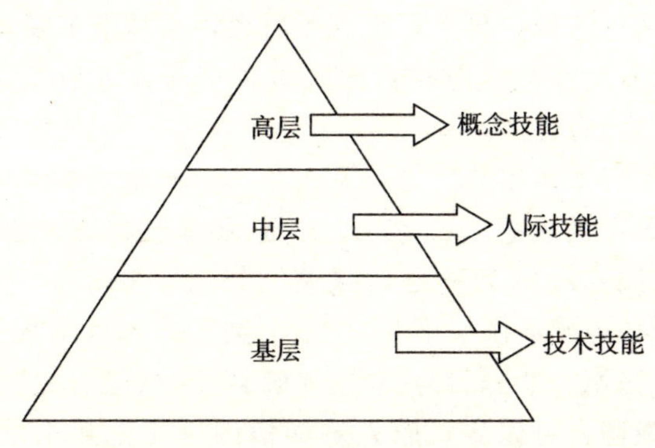

图 2-5 各阶技能分布图

科学管理为基础员工技能的提升创造了良好的环境，同时，简单的人际关系也有助于基层员工人际技能的培养。因此，西式教育培养了大量的高端技术人员和合格的中层干部，而这恰恰是我国目前最为匮乏的，也是我国高职教育未来的努力方向——培养高端技能型人才。

西式教育培养了西方人严谨的科学态度及一丝不苟的科学精神，强调个人主义（利己主义）和竞争机制，注重人的全面发展，鼓励独立创新的人性化与个性化教育，这极大促进了西方人的个体发展，造就了西方人有棱有角的个性特点。西式教育强调个性化与人性化教育的弊端是培养的人往往自私、狭隘，缺少包容和通融，这导致了西方人至今还未形成稳固的价值观，外界环境变化其价值观也随之变化；西方人没有明确的处世态度，因为西方人没有明确的价值观做指引。西方社会是以个人作为社会的单元，西式教育也是培养人的个性特征，因此，西方社会是没有"伦理"的。

西式教育铸就了西式思维模式——二分法（就是非错即对、非对即错的方法，简单、直接、没有任何回旋空间），思考顺序为法→理→情依次展开（法是排在第一位的，情排在最后）这种思维模式是片面的，单一的，缺乏弹性的，容易走进死胡同的，导致了西式教育必须融入宗教教育，通过宗教对人进行价值观的指引，通过宗教对人们的思想、道德加以抚慰和束缚。

西式思维让法制精神深深烙印在每一个西方人心中，西方社会必须依靠法律、法规约束人们的行为，道德和伦理在西方社会普遍缺失，人与人之间缺少情感纽带，导致了民族矛盾和种族歧视不断发生。

b）中式教育的优缺点分析：西式教育培养人才价值主张与中国文化传统是矛盾的、有悖的。

中国经历了五千多年的历史，见表2-2，形成了以"家"为主体的"家文化"，中国人的思想是儒家思想、道家思想和佛家思想的综合体。儒家思想体系以"仁"为核心，强调"修身、齐家、治国、平天下""穷则独善其身，达则兼济天下""仁孝治国"等入世思想；道家思想的核心是"道"，强调"清静无为""返璞归真""顺应自然""贵柔"等出世思想；佛家强调自身修养，教人要深信因果、正知正见、度己度人，佛家以超世为核心理念。经过几千年的文化融合，道家、儒家、佛家已经三位一体融入中国人的日常思想和行为中，以道行、儒礼、佛法为灵魂构成中国人的核心思想，这种价值观和人生观是相对稳固的。

表2-2 儒释道核心价值观

	文化主旨	做人标准	人生观	世界观	价值观
儒家	进取文化	仁、义、礼、智、信	积极进取、建功立业	世界是展现才华的舞台	在创造物质财富的过程中实现自我价值
道家	规律文化	求自然、守本分、淡名利	顺其自然、自我完善	人与自然和谐相处的天人合一境界	以完善的自我带动和谐的社会
佛家	奉献文化	诸恶莫做、众善奉行、遵守十戒、心灵安定、运用智慧	慈爱众生、无私奉献	相由心生，世界就在自己心中；一念之差便可创造地狱、极乐	在为他人献爱心、为社会做贡献的过程中实现个人价值最大化

道家、儒家、佛家三位一体思想使得中国人的思想是复杂的、矛盾的，我们的思维模式是多级的、三分法（“三分法”即没有明显的对错，存在灰色地带，可以周旋，万事追求合情合理就好），遵循情→理→法的思维模式，而这种模式与西方思维模式是相反的。两种模式相反的原因是中国人是以“家”为单元，西方人以“个人”为单元，经过五千年的传承“家文化”已经根深蒂固到中国人血液中，《周易·坤·文言》：“积善之家，必有余庆；积不善之家，必有余殃。”“家文化”决定了我们必须孝敬父母、尊敬长辈、爱护小辈等诸多“善行”，我们必须承担“家”的责任感和使命感。可见，中国人的“情”是对“家”的，西方人的“情”是对自己的，“情”是中西方文化区别的标签。

“情”决定了中华文化的另一个核心“敬”，老祖宗教导我们敬天、敬地、敬祖宗，心生畏惧，懂得因果，自我约束，我们做人做事必须“不逾矩”，这是自我修养的体现。《礼记·大学》：“古之欲明明德于天下者，先治其国；欲治其国者，先齐其家；欲齐其家者，先修其身；欲修其身者，先正其心；欲正其心者，先诚其意；欲诚其意者，先致其知，致知在格物。物格而后知至，知至而后意诚，意诚而后心正，心正而后身修，身修而后家齐，家齐而后国治，国治而后天下平。"几千年来我们遵循着"修身、齐家、治国、平天下"理念一代一代传承。中式教育的根基在于"修身"，强调自我的修身养性，然后再强调管理好家族并成为宗族的楷模，我国的"家文化"就是这样绵延不断地传承的。

如图2-6所示，道家做人、儒家做事、佛家修心，三位一体、和谐共生，我国的宗教是开放的、包容的，每个宗教都有自己的经典学说，与人生的不同阶段、不同情境适应，这是中国宗教最伟大之处。

我国的宗教本质上是教育学，它不仅仅是宗教信仰，更是起到了教育和引导的作用，指明了人们做人和处世的方式，从根本上提升了人们做事的境界，从思想和灵魂升华了做人的境界，这是我国宗教和国外宗教的本质区别。

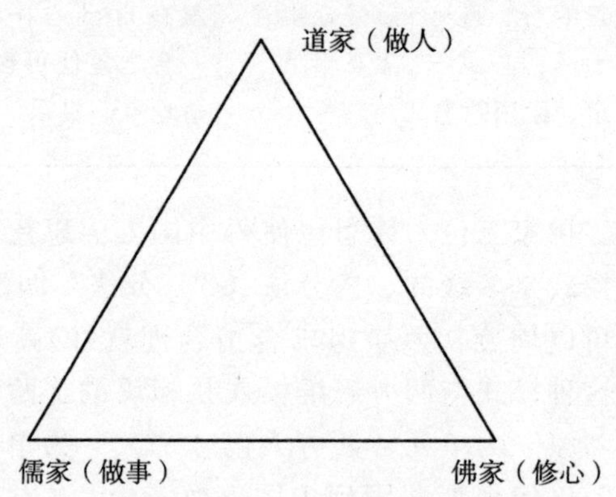

图2-6　中国宗教融合图

老祖宗教会我们的不仅仅是"不逾矩"，更厉害的是教会我们在"不逾矩"范围内要学会融通，所谓融通即是"外圆内方"，如图2-7所示，西方文化是"外方内圆"强调培养"有棱有角"的个性化教育，我们的传统文化强调"柔、顺、忍"的融通教育，老祖宗教导我们先做人再做事，做人做事讲究合情、合理、合法，强调解决问题的途径是化解问题，解决问题的方式是强调"诡道"，经过几千年证明了这种方式是智慧的、可行的。

《孙子兵法·始计篇》："兵者，诡道也。故能而示之不能，用而示

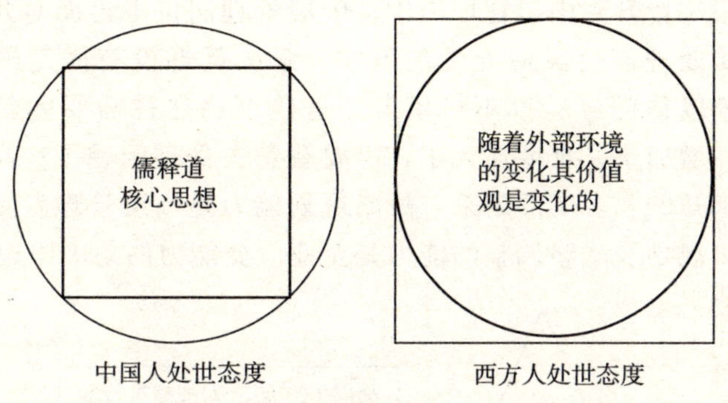

图 2-7 中西出世态度对比图

之不用，近而示之远，远而示之近，利而诱之，乱而取之，实而备之，强而避之，怒而挠之，卑而骄之，佚而劳之，亲而离之。”可见，老祖宗告诉我们例外事件的处理没有固定的方式，处理例外事件的原则是灵活应变，处理方式是合情合理合法、强调诡道、强调剑走偏锋等，体现了中式思维的精髓。西式处理问题的方式是解决问题，虽然解决了问题，但是往往伴随后遗症的产生，人们一直在不断地解决问题，可见，我们需要一种从根本上彻底解决问题的途径，这种途径就是化解问题，将问题化解为无形，真正解决问题，才能实现和谐与共荣，这需要的是智慧而不是能力；同时，化解问题最大好处在于能带来融通的人际关系，这与中国的文化传统是完全契合的。因此，我们须将中式思维与西式思维结合起来进行思考问题、处理问题，走“道”（中式）与“术”（西式）相结合的路。

c）创业教育要求中西文化相融合：改革开放几十年来，我们从小到大接受的教育模式是西式教育，我国的“儒释道”传统文化教育在中国的教育过程中是缺失的，我国教育提倡的素质教育、能力教育培养的是西式人才，因为我们用的教材是西式教材、案例是西式案例、解决问题的方式也是西式方式，我们的思维方式也自然是西式思维。

在创业过程中，我们要吸收西式教育的精髓，大力发展科学技术和实施科学管理，如图 2-8 所示，科学管理的优点是权责利清晰，能帮助管理者制定制度且制度具有可执行性，基层员工只要按照规章制度去好好工作，就一定是一个好员工，员工的知识、素质和能力都得到极大的提升，能很快晋升到中层管理岗位；中层管理岗位不再面对几乎不变的事情，开始处理需要灵活处理的事物，解决问题没有固定模式可以遵循，甚至连以往的经验都不可借鉴，这些事物往往需要创新去解决问题，灵活性增加了、难度加大了，需要智慧去处理问题了；高层管理岗位要面对未知的、多变的未来，战略规划能力是高层管理者重要的能力之一，战略规划及战略调整的能力是企业应变能力的集中体现。

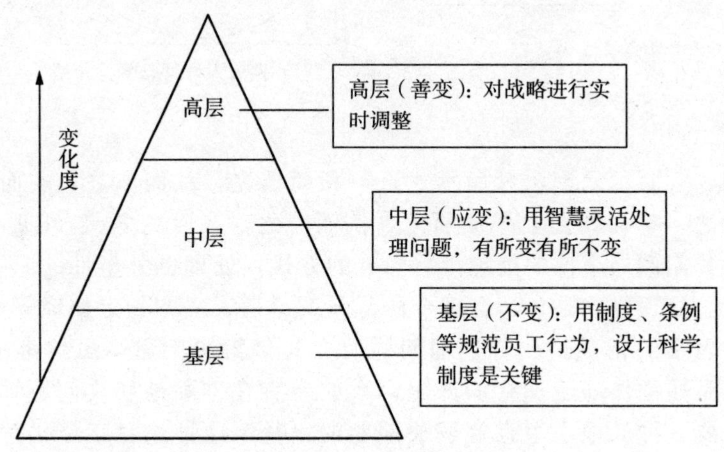

图 2-8　企业各个阶层变化度图

西式教育对创业的最大贡献在于能促进高端技能型人才的培养，特别适用于基层员工和研发人员，我们要营造相对稳定的基层和中层环境，促进员工技术能力的提升。

在创业过程中，我们还要面对变化莫测的外部环境，此时仅仅依靠能力我们无法解决问题，我们必须依靠智慧去化解问题。因此，我们需要将人才培养模型进行升级，如图 2-9 所示，创新创业型人才培养必须培养“智慧型”的创新创业人才。

智慧型创新创业人才模式分为三个部分：融通教育、科学教育、品格教育，这三个部分互相作用、缺一不可。品格教育是创新创业人才培养的基础，品格教育必须实施道德教育、伦理教育及因果教育，塑造创新创业人才的品格；科学教育是创新创业人才培养的核心，从知识、素质、能力三个层面培养高端技能；融通教育是创新创业人才培养的关

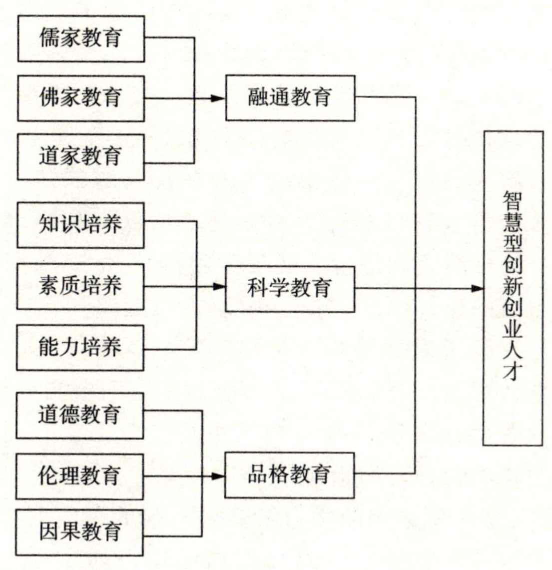

图 2-9　创新创业人人才培养模式图

键，我们引入儒家教育、道家教育、佛家教育，从做事、做人、修心三个方面培养人性的融通性。

智慧型创新创业人才培养必须引入一门课程——国学课，我国的国学经典著作非常多，但是高职教育的学时有限，考虑到目前的国情、民情、学情，本人觉得国学课引入《群书治要》这本书作为大学生的职业能力拓展课是非常合适的。《群书治要》是唐初著名谏官魏徵、虞世南及褚亮等遍览六经、四史，诸子百家，上始五帝，下迄晋代，从 14 000 多部、89 000 多卷古籍中精选 65 部，计 50 余万字，以务乎政术、本乎治要为原则，删繁择精，于贞观五年（631）编辑成书。书中既有明君治国的经验，也有昏庸败政的教训；既有忠良辅国的故事，也有奸臣欺主的实录。2001 年，习仲勋曾为此书亲笔题词：古镜今鉴。《群书治要》已经列为中央党校读物，我们将其引入课堂旨在培养大学生健全的道德品格，塑造高尚的人格，提升修身处事的能力，提高大学生人文素养和精神境界，这是创新创业的必然要求。

（2）深度学习能力，完善心智模式。仅仅具备扎实的专业知识是不够的，创业能力的培养需要高职学生具备深度学习的能力，这是目前高职教育欠缺的，也是今后发展和拓展的重点方向。所谓深度学习，是指在理解学习的基础上，学习者能够批判性地学习新的思想和事实，并将它们融入原有的认知结构中，能够在众多思想间进行联系，并能够将已有的知识迁移到新的情境中，做出决策和解决问题的学习①。布鲁姆等人在认知学习领域将教育目标分为六大类，从低级到高级依次为识记、理解、应用、分析、综合和评价，浅层学习的认知水平停留在第一、第二层，而深层学习的认知水平对应着后面的四层②。Ramsden 等对浅层学习和深度学习进行了对比分析，提出了实现深度学习的多样化策略，如广泛阅读、整合资源、交流思想、能把知识应用于真实世界等，以达到对学习材料的理解，而这正好与我国古代把学习看作是学、思、习、行、情的总称的说法相符，即指示了学习、练习、情绪、思维之间的关系③。不同层次的学习所采用的学习策略是不同的，浅层学习采用识记、巩固、强化的手段；深度学习强调反思和对知识的建构、迁移、应用，强调解决实际问题④。深度学习具有反思性、主动性的特点，强调较高的认知目标层次，强调高阶思维能力的培养，强调学习过程中的反思与元认知，并且注重学习行为的高情感投入和高行为投入，注重概念转变，强调复杂认知结构⑤。大学生的深度学习是指在理解学习的基础上，能够批判性地学习新的思想和事实，并纳入原有的认知结构中，能将已有的知识迁移到新的情境中，做出决策和解决问题⑥。创新创业教育涉及产品、技术、营销、财务、运营、客户等各个层面，需要对每个层面进行深度分析，融会贯通地掌握相关知识，我们可以从以下几个方面培养学生深度分析问题的能力，通过深度学习能力的培养完善学生的心智

---

① 何玲，黎加厚．促进学生深度学习［J］．计算机教与学，2005（5）：29－30.

② 王珏．杜威的教育思想与深度学习［J］．教育技术导刊，2005（9）：6－8.

③ 基思·索耶．剑桥学习科学手册［M］．北京：教育科学出版社，2010：1－543.

④ 刘兆君．促进深度学习的数字化游戏研究与设计［D］．长沙：中南大学，2008：8－9.

⑤ 段金菊，余胜泉．学习科学视域下的 e－Learning 深度学习研究［J］，远程教育杂志，2013，（8）：43－51.

⑥ 焦建利，贾义敏．学习科学研究领域及其新进展［J］．开放教育研究，2011，（2）：33－41.

模式。

①计算机能力。学习科学认为计算机技术可以让学习者以可视化、言语化的方式建构和展示知识，能支持视觉、听觉相结合的反思模式，让学生有更多的机会去选择学习的任务和探索任务的方式，能帮助学生维持兴趣，极大增加学生的自主感和认知投入；能让学习者分享、整合他们的理解，并从协作学习中获益，从而支持深层学习的发生[①]。

②创设真实的创新创业学习环境。学习科学原则用以督促学习者对内容进行深入思考及理解，一般包含真实性、探究、协作与技术来理解关键概念[②]。真实性能激起学生的认知投入，刺激学生的主动学习行为，通过把真实世界、学生的日常生活、学科实践三者联系起来，完成知识的转化；有效的探究主题能促使学生的认知投入，学生在学习过程中扮演多种角色，探究真实世界，学生为了成功会采取多种措施、实践多种行为，促使学生形成多种能力；与学习同伴在课堂内外的协作、分享并讨论观点等行为，可以激发学生的学习动机与认知投入，构建学习共同体，提升学生的存在感和价值感。

③教与学并重。创新创业教育应注重教和学，教师角色的转变是关键。教师所扮演的角色，一方面是理论的权威拥有者，具有远超学生的大量理论知识，为“传道授业解惑”提供基础条件；另一方面是理论的传授者，他们通过探索、尝试各种教学方法、手段，以实现理论知识的复制与转移，使得他们的传授对象——学生能够和他们一样，拥有丰富的理论知识[③]。教师的作用在于，一方面，帮助学生创设轻松和谐的创新创业环境及融洽的实践气氛，及时组织各学习小组之间的汇报和交流；另一方面，鉴于学生的个体能力差异及各小组表现水平存在差异，容易导致各组的管理和活动质量有较大的不同，在小组中学生还会发生

① 基思·索耶．剑桥学习科学手册［M］．北京：教育科学出版社，2010：1-543.

② 基思·索耶．剑桥学习科学手册［M］．北京：教育科学出版社，2010：1-543.

③ 黎赔肆，李利霞．基于“问题式学习”的创业教育课程模式研究［J］．当代教育理论与实践，2013（2）：134.

各种意见、分歧和情绪波动等，这就需要教师做好学生的组织协调工作[①]。为了能够与学生共同解决创新创业的问题，教师必须从“教学者”变成“学习者”，因为教师想要具备多学科的、丰富的、渊博的知识，就必须不断学习，以满足创新创业教育对教师知识储备相对宽泛的要求[②]。

美国西尔伯曼教授认为，课堂教学的转型取决于两个要素：一是班级氛围的变革，二是教学方式的变革[③]。教学方式的变革要保证学生对于创新创业知识的易接受性，也要提升学生的学习兴趣及学习的主动性，针对学生的个体差异性设计个性化的解决方案，实施因材施教的个性化教育。

④ 培养反思精神。Moon 在 Dewey、King 以及 Kitchener 等的基础上，对“反思”进行了重新的界定，认为“反思”是“一种应用于缺乏明显解决策略的相对复杂或劣构思想且具有一定目的或预期结果的心理加工过程”[④]。David Socha 等人在 Teaching Reflective Skills in an Engineering Course 一文中认为反思是保证学习者终身学习最有效的技能之一，是学习者从经验中学习的一种能力[⑤]。反思能使学生更容易完成真实实践，建立新旧知识联系，获得策略性知识和解决实际问题的能力，而反思可以通过预先计划、实时监控、过程评价来实现[⑥]。

（3）丰富的想象力拓展心智模式。康德认为：想象力是一种创造的能力；马克思认为：想象力是十分强烈地促进人类发展的伟大天赋；亚里士多德认为：想象力是发现、发明等一切创造活动的源泉。想象力不

---

① 张诚．创新创业教育中引入 PBL 模式：教师的角色分析［J］．科教文汇，2016 年 7 月，39.

② Hanke R，Kisenwether E，Warren A. A Scalable Problem－based Learning System for Entrepreneurship Education［C］//Academy of Management Best Conference Paper，2005，ENT：1－6.

③ 钟启泉．“有效教学”研究的价值［J］．教育研究，2007（6）：31－35.

④ Paul Wellington. Reflective essays：a tool for learning，course improvement and assessment［J］. Proceedings of the 2007 AaeE Conference.

⑤ 李运福，傅钢善．网络学习中反思性学习及模型研究［J］．现代教育技术，2012（2）：99.

⑥ 基思·索耶．剑桥学习科学手册［M］．北京：教育科学出版社，2010：1－543.

单是孕育直觉灵感的心理之宫，更是发展知性的动力平台，对此爱因斯坦说："想象力比知识更重要，因为知识是有限的，而想象力则概括着世界上的一切，推动着进步，并且是知识进化的源泉，严格地说，想象力是科学研究中的实在因素。"[①] 想象力是创新的催生剂，想象中蕴含了许多可能性，其中有些可能性是现实中尚未实现的，符合客观规律的想象是一种超前反映现实的形式；而创新也是对现实的超越，创新思维的产生离不开适宜的感情环境的激发和催化[②]。想象能提供创新思维所赖以产生的热情，想象可以直接激发并转化为个体的创新性思维；想象一旦深入思维，想象的发展必然促进形象思维的发展，形成完整的创造性思维[③]。

想象力和好奇心是人与生俱来的[④]，好奇心和兴趣是一个人有没有创新能力最基础的条件[⑤]，创新能力最本质的要素，恰好是我们长期以来所忽略的东西，第一是好奇心和兴趣；第二是想象力；第三是洞察力[⑥]。丰富的知识和经验将使想象力成为有源头丰沛之水，但是，如果不善于对现有的丰富知识和经验加以加工和重新组合，以产生新的知识和经验，那么，现有的丰富知识和经验将难以发挥应有的效益，人们难免成为"移动的书橱"[⑦]。

好奇心和兴趣怎么培养？老师讲课是培养好奇心和兴趣的重要手段，老师们在课堂和教学中应把培养学生的好奇心和兴趣作为重点。好奇心和兴趣能激发学生的求知欲，求知欲是学生主动观察事物、反复思考问题的内在动力，求知欲促使学生进行深度学习，深度学习促进了学生探究知识的深度性、广度性和交叉性，这又强化了学生的好奇心和兴

① A. 爱因斯坦．爱因斯坦文集（第三卷）［M］．许良英，译．北京：商务印书馆，1982：113－114.

② 胡万里．略谈想象力在创新性素质教育中的重要性［J］．黄河之声，2012（15）：18.

③ 李秀珊．想象力在个体发展中的作用［J］．安徽文学，2011（2）.

④ 朱清时．缺乏好奇心想象力难成创新人才［J］．中国教育报，2009：1－2.

⑤ 朱清时．缺乏好奇心想象力难成创新人才［J］．中国教育报，2009：1－2.

⑥ 朱清时．缺乏好奇心想象力难成创新人才［J］．中国教育报，2009：1－2.

⑦ 子行．想象力——创新能力培养的"切入口"［M］//"十一五"与青少年发展研究报告——第二届中国青少年发展论坛暨中国青少年研究会优秀论文集（2006），2006：289.

趣。建立创新过程模型图，如图 2-10 所示，整个过程是螺旋上升、不断强化的过程。

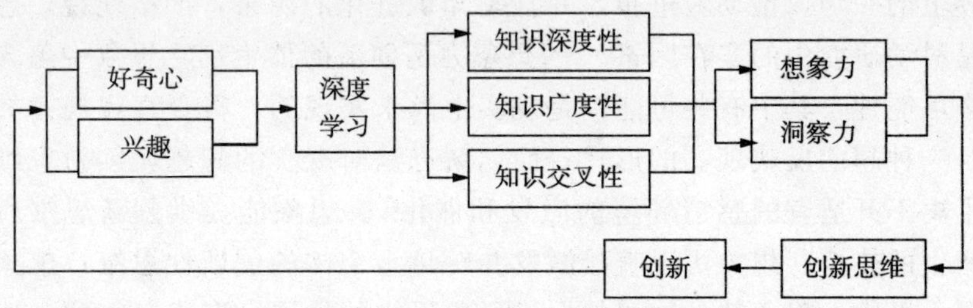

图 2-10　创新产生过程模型图

老师要多组织课堂讨论，鼓励学生发挥他们的想象力，让学生通过"头脑风暴法"积极主动地发表自己的见解，引导他们从不同的角度去寻求问题的答案；老师要多组织一些创造性的活动，创造性活动是培养学生创造想象的主要途径，让学生在实践中培养其创新能力。教师要多设计一些理论联系实际的题目，甚至鼓励学生自己动手设计题目。为了提升学生的想象力及培养学生深度学习的能力，我们对技能提升培养模型图进行升级，建立技能模型构建改进模型图，如图 2-11 所示，综合性提升了学生的深度学习能力和实际动手能力，交叉性提升了学生的想象力，教育教学这个过程最终实现了创新性。

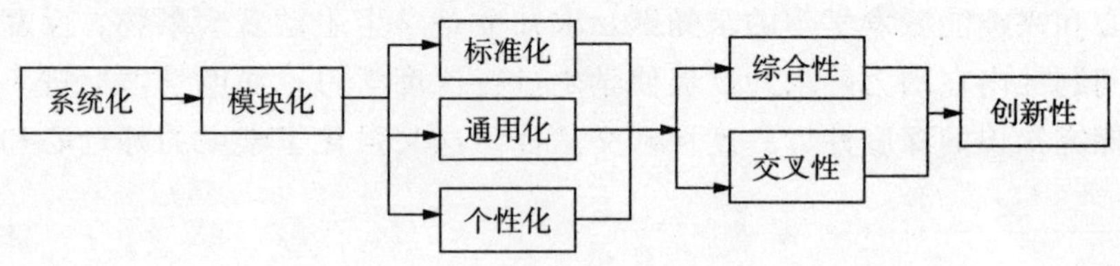

图 2-11　技能训练升级模型图

总之，创业需要学生具备丰富的想象力，扎实的基础知识、深度学习的能力为丰富的想象力埋下的种子，通过小组头脑风暴法将一个个天马行空的想象转换为无限的创意，将不同的创意进行融合形成创新。

（二）行为塑造是创新创业人才培养的核心

行为塑造旨在让人掌握新的行为方式，破除旧的、习惯的行为方式，消除不良的习惯行为，形成良好的习惯行为，形成新的正面的行为方式，并固化成为个体生活风格的一部分①。随着大学生心智模式的改变，我们需要通过行为塑造与之相契合，使得心智模式与行为方式相通融。如果说心智模式是“顶天”，那么行为塑造是“立地”，这是一个“落地”的过程。因此，我们必须对学生在创新创业过程中的行为进行再塑造，行为塑造要实现通用化、标准化、职业化、个性化、本土化。如图 2－12 所示，大学生行为再塑造模型图，该模型分为两个阶段：阶段Ⅰ是行为塑造过程，这个阶段的重点是对大学生创新创业行为进行塑造，塑造的方式首先要实现通用化（适由于各个专业大学生）、标准化（行为方式符合规范化、标准化）、职业化（行为方式适应职场需求），这是行为塑造的最基本要求，此时培养塑造的行为方式如同流水线生产的产品不具有差异性；其次，由于大学生具有不同的性格特点、知识、能力、素质等，我们将进行差异化行为塑造，实施个性化的行为塑造，实现行为塑造的差异性。

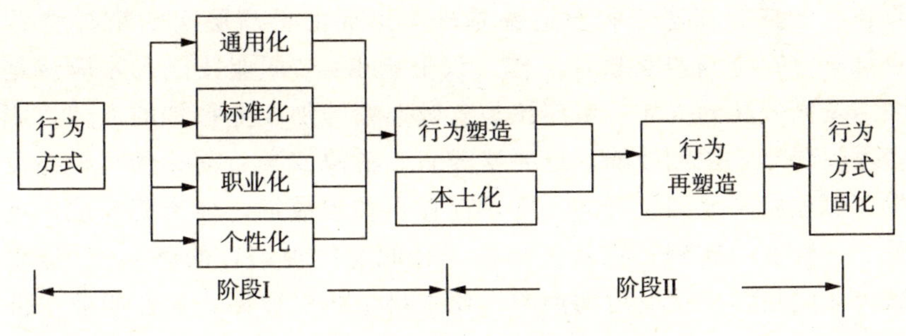

图 2－12　大学生行为再塑造模型图

阶段 II：行为再塑造阶段，实现行为方式的固化。在阶段Ⅰ的基础上实现行为塑造的本土化，所谓本土化就是塑造符合中国人自身特性的行为，即：本土化就是进行通融性行为塑造。五千年来我们悠久的历史文化传统塑造了我们通融性的性格特征和行为特征，但是近年来我们实施以西式教育为主的教育模式，学生的自我意识较为严重、融通性较

① 冯艳丹．行为塑造法在心理健康教育课教学中的探索［J］．职业，2012（2）：154.

差，因此，我们必须将融通性教育引入教学体系，培养学生融通性的性格和行为，这是行为再塑造的关键，也是决定学生能否创业成功的关键之一。

行为塑造有积极强化、消极强化、惩罚和忽视四种方法，前两种属于正强化，后两种属于负强化。积极强化是指当一种行为能达到目的或得到回报，达到目的的满足和获得的回报就对这种行为起到了积极鼓励的强化作用[①]。在创新创业实施过程中，积极强化是最重要的方式，教师要通过这种方式积极引导、不断强化，最后形成固化。当学生成功解决了某些创新创业难题，并从中获得强烈的成就感，这种成就感就强化了他们的行为方式和心智模式，使他们再次使用该行为方式的可能性增加，如此不断地循环强化，学生的行为方式将实现固化。

（三）职业精神的培养是创新创业人才培养的保障

职业精神是人们在长期的职业活动中形成并为人们所认可的一种持续、稳定且具有职业特征的价值观、态度和精神风貌的总和，是职业人在具备职业技能和遵守职业道德基础上形成的更高层次的精神境界[②]。李克强总理在全国职业教育工作会议上指出："职业技能人才应该是高素质、全面发展的人才，更应该是有敬业精神加职业精神的人才。职业教育不仅要培养职业技能，更要培养职业精神。"[③] 目前一些院校还没有将培育职业精神放到应有的高度，存在重知识灌输，轻道德养成；重理论教学，轻实习实践；重技能培养，轻职业精神培育的弊端[④]。这直接导致高职院校学生就业后的离职率比本科生相对要高，存在职业生涯模糊、吃苦耐劳精神缺乏、敬业爱岗意识薄弱、团结协作能力偏差等问

① 郭磊．浅析行为塑造法在大学生法制教育中的作用［J］．吉林广播电视大学学报，2009（1）：29.

② 葛志亮．论高职学生职业精神培养的三个维度［J］．继续教育研究，2014（4）：18－19.

③ 李克强．让"中国制造"升级为"优质制造"［EB/OL］．（2014－06－28）［2014－08－09］. http：//www.gov.cn/guowuyuan/2014－06/23/content＿2706734.htm.

④ 阙明坤．打造制造强国需填补职业精神短板［N］．经济日报，2014－07－17（09）．

题[①]。因此，明确的职业指向决定了高职教育必须坚持“职业技能与职业精神并重”的理念，在教授学生职业技能时，同样注重对学生进行职业精神的培养[②]。这两项任务在高职院校的人才培养过程中是相辅相成的，一方面职业精神为学生掌握职业技术提供动力支持；另一方面职业技术应用能力的提高又能够增强学生对职业认可的信心，从而为学生树立职业理想奠定基础[③]。

建立大学生职业精神塑造模型图，如图 2 - 13 所示，我们可以从爱岗敬业精神、吃苦耐劳精神、团结协作精神、诚信精神、责任意识五个方面对大学生进行塑造。

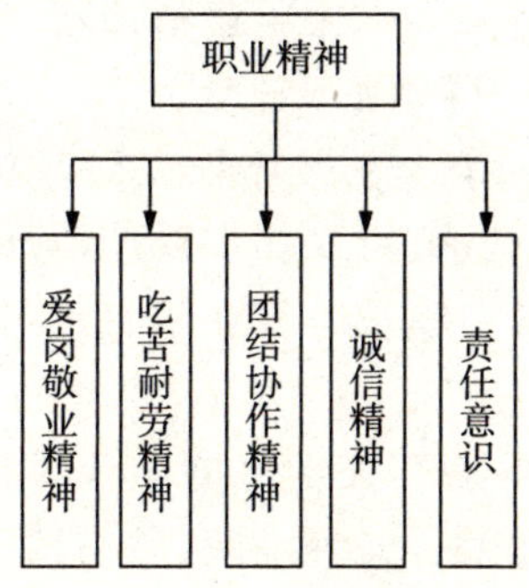

图 2 - 13　大学生职业精神塑造模型图

在职业精神塑造过程中首先要塑造的是爱岗敬业精神，爱岗敬业精神是职业精神的集中体现，作为一名员工首先要热爱工作岗位，只有热爱岗位才能投入工作热情和激情，才能真正做到敬业。敬业精神能够使人们在职业活动中对各种规范和要求不再感觉是一种负担，而把它视为自我发展、自我完善的必要手段和迫切需要，从而在本职工作中创造出

① 王金娟．高职学生职业精神培养路径探索［J］．江苏建筑职业技术学院学报，2014 年 12 月：48.

② 徐勇．加强高职院校学生职业精神培养的思考［J］．天津职业大学学报，2010 年 2 月：85.

③ 刘彦斌．培育学生职业精神与建设高职校园文化［J］．改革与战略，2006（6）：83.

更加辉煌的业绩[①]。

市场经济本质上是诚信经济，市场经济赖以生存的根基是信用体系，我国著名经济学家吴敬链指出，“信用危机是阻碍中国经济发展的第二大因素”；党的十大八报告提出“倡导爱国、敬业、诚信、友善，积极培育和践行社会主义核心价值观”[②]，诚信被列入社会主义核心价值观。诚信是当今社会最基本的价值取向和行为准则，诚信是一个人最重要的道德品质，是思想道德素质最核心的外在表现。大学生是践行社会主义核心价值观的重要力量，大学生诚信教育就是培养大学生诚实、守信用的品格，加强大学生自身的道德修养。

团结协作精神的培养是大学生职业精神塑造的非常重要的模块，特别是针对“95 后”大学生群体尤其重要。“95 后”大学生群体团结协作意识不强，纪律性较差，个人主义比较突出，功利主义色彩比较严重。在创新创业实践过程中，我们可以在实践教学环节、实习实训环节引入考核学生团队协作完成任务模块，旨在教育、引导、强化学生之间的团队精神。

责任意识薄弱是“95 后”大学生群体较为普遍的现象，校园暴力、考试舞弊、沉迷于网络游戏、爱好虚荣、盲目攀比、极端个人主义等频繁出现在校园，“95 后”大学生责任意识现状令人担忧。《国家中长期教育改革和发展规划纲要》明确提出：要着力培养提高学生“服务国家、服务人民”的社会责任感[③]。因此，我们将责任意识培养作为大学生职业精神塑造的模块是时代的要求，也是趋势的要求。

“95 后”大学生群体普遍存在意志力薄弱、忍耐性较差、不能吃苦耐劳等问题，他们经不起挫折、受不得委屈，他们做工作讲条件、图实惠，因此，培养大学生吃苦耐劳的精神是职业精神塑造的关键模块

---

① 徐勇．加强高职院校学生职业精神培养的思考［J］．天津职业大学学报，2010 年 2 月：86.

② 胡锦涛．坚定不移沿着中国特色社会主义道路前进为全面建成小康社会而奋斗［EB/OL］．［2012－11－1］．人民网，http：//cpc. people. com. cn/18/n/2012/1109/c350821－19529916. html.

③ 国家中长期改革和发展规划纲要：2010 — 2020 ［EB/OL］．http：//politics. people. com. cn/GB/12292525. html. ［2010－07－30］．人民网．

之一。

在职业精神塑造环节，指导老师的角色非常重要，指导教师在提升学生专业知识和技能的同时，还应注意自身在学生面前言行、举止、衣着等的规范性和标准性，以一种严谨、专业的态度影响学生，在职业精神塑造上起到引领和示范作用。

二、创新创业人才培养模式的考核设计

创新创业人才培养模式的落实必须对人才培养模式的考核进行再设计，建立考核方式模型图，如图 2－14 所示，创新创业人才培养模式的考核方式为：技术考核标准化，考核内容流程化和理实一体化，考核方式情景化，考核形式案例导向化，考核结果综合化。在考核改革环节，我们也可以采用更为灵活的方式，如以赛代考，特别是与职业技能竞赛相结合，将竞赛内容引入考核环节，将竞赛评分标准作为我们考核评分标准，实现课程内容与竞赛内容无缝衔接。

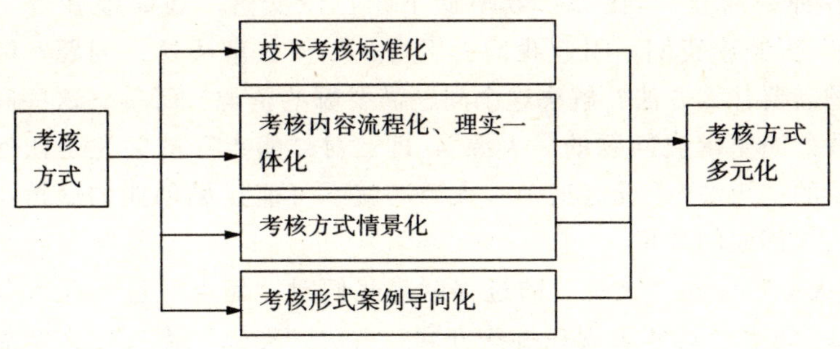

图 2－14　考核环节改革模型图

总之，创新创业人才培养模式的考核设计的核心是让学生掌握核心知识要点的同时具备“会做”和“灵活去做”的能力，即采用理论与实践高度融合的考核方式，只有这样才能培养出真正的创新创业型人才。

第三章 创新创业项目计划书制作

第一节 创新创业项目计划书制作思路剖析

一、创意、创新产生的过程

我们生活中会遇到各种费时、费力、费财的事情，这些事情给我们带来各种“痛点”，比如：效率低下、心情低落、钱财浪费等。这些“痛点”折磨着我们，引起我们去思考：如何去解决这个问题？解决这个问题需要什么方法？解决这个问题需要哪些资源？等等。这些问题萌发了我们渴望解决问题的“火源”，即：对“痛点”的关注是任何创业最原始的“火源”，没有这个“火源”就不可能点燃创业的激情，更不可能实现创业的梦想。

“火源”变成“火星”的过程就是我们对“痛点”进行深入分析的过程：“痛点”具体表现在哪些方面？解决“痛点”需要什么产品或服务？这个产品或服务需要具备哪些功能？这个功能需要哪些技术才能实现？这些技术研发过程需要哪些创意？因此，深入分析“痛点”的过程就是萌发创意产生的过程。创意的产生是一个从无到有的过程，创意具有实效性的特点，因为它解决了“痛点”问题，为创业奠定了坚实的基础。同时，创意是天马行空的、新奇的，甚至是惊人的、震撼的，依据创意制作的产品或提供的服务给消费者带来惊喜的感觉。

“火星”变成“火苗”的过程就是我们将创意转换为创新的过程：如果我们要将创意进行落实需要哪些技术？这些技术是成熟的技术吗？如果没有这项技术能否进行研发？研发的难度大吗？研发过程需要哪些

创新？创新需要哪些资源匹配？我们是否具有这些资源优势？我们如何合理利用现有资源？我们如何开辟新资源？因此，必须合理利用资源，将创意落实为创新。

二、创业产生的过程

“火苗”变成“火焰”的过程就是我们将创新转换为创业的过程：将创意创新落实为实实在在的产品或服务，并将产品或服务投放到目标市场，为目标人群提供服务并获取收益，这个过程就是创业过程。

“痛点”让我们萌发了创新的“火苗”，让“火苗”变成“火焰”我们必须找到“切入点”和“爆破点”，这是成功创业的前提条件。“切入点”是市场定位、产品定位和消费者定位综合作用的结果，建立切入点生成模型图，如图 3－1 所示，切入点 P 就是精确定位点，这意味着我们的产品或服务找准了目标市场和目标客户，且能够满足目标客户需求和目标市场需求。

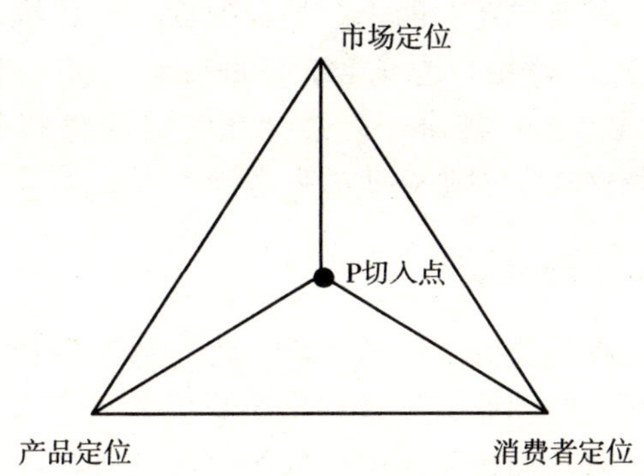

图 3－1　切入点生成模型图

建立爆破点生成模型图，如图 3－2 所示，“切入点”只说明了我们能够满足目标市场和目标客户的需求，要实现创业梦想我们必须在“切入点”上找到“爆破点”。“爆破点”是用户需求、产品的 UPS、营销战略共同作用的结果，三者之间的关系是相辅相成、缺一不可的，“爆破点”意味着我们将创新产品（UPS）通过一定的营销战略卖给目标客户。

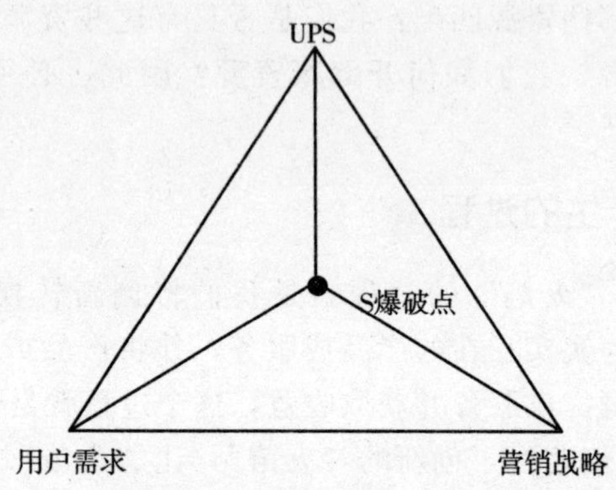

图 3-2　爆破点生成模型图

基于"互联网＋"平台的创业其优势在于网络资源丰富、病毒式营销的辐射范围广、传播速度快，口碑营销让消费者在短时间内对产品或服务认可，企业或品牌形象在短期内树立，以低成本挖掘营销渠道，且消费者黏性较强。基于"互联网＋"平台的创业与传统创业相比其核心优势在于"爆破点"，以用户为核心、不断强化产品或服务的 UPS，以速度为核心快速满足用户需求，以柔性化、定制化满足客户多变的需求，这些是"互联网＋"创业企业的强心剂。

三、创业实施的过程

创业实施的过程是资源分配的过程，将合适的资源按照商业模式的设计进行资源匹配。在创业实施过程中，我们需要人力、物力、财力方面的资源，人力资源我们按照组织结构的设计招聘岗位需要的人员，物力资源包括生产经营所需的土地、厂房、机器设备等生产资料，财力资源指我们在创业过程中需要的资金来源。

随着科学技术快速发展，互联网技术日新月异，物联网技术突飞猛进，我们的创业平台变得越来越广阔，我们可以利用的资源越来越多，利用"互联网＋"进行创业是未来创业的一种趋势。

建立创新创业思维模型图，如图 3-3 所示，基于"互联网＋"创新创业，其创新创业流程图是：痛点→创意点→切入点→创新点→爆破点→资源配备→创业。

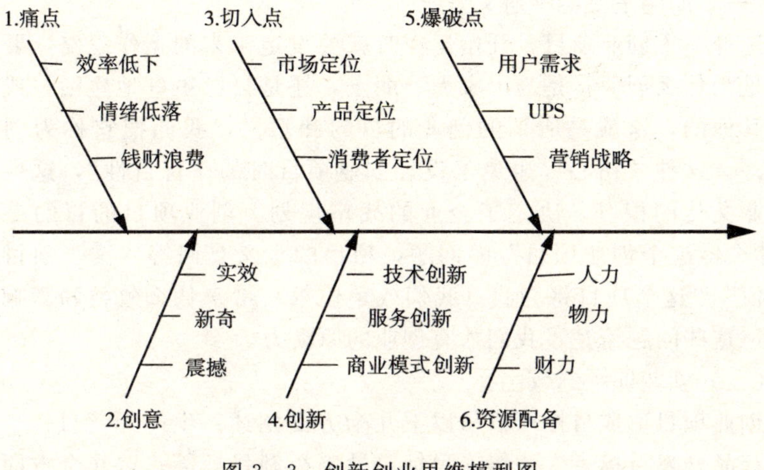

图 3-3 创新创业思维模型图

第二节 创新创业项目计划书制作

创新创业计划书制作分为五个部分：创业项目简介（创业项目主要意义、创业项目达成目标、创业项目主要内容、创业项目特色）、创业项目分析（项目市场需求分析、项目目标客户分析、项目产品市场定位、项目竞争对手分析、项目可行性分析）、项目设计（项目产品设计、项目经营设计、项目技术设计、项目管理设计、项目财务设计、项目风险设计）、创业项目建设（项目组织建设、项目技术建设、项目营销推广）、创业项目运行与维护（创业项目运行与维护过程、创业项目运行与维护效果）。

一、创业项目简介

创业项目简介主要设计以下四个部分：创业项目主要目的和意义、创业项目达成目标、创业项目主要内容、创业项目特色，这样设计的主要目的是让项目评审人（专家、投资人等）对创业项目概况有着清晰明了的认知，对创业项目的可行性做初步预判断。

(一) 项目主要目的意义

选择一个创业项目，开始运作时就要设定未来的运作思路，要清楚自己是为什么创业，是为了家人、朋友，还是自己更好地生活，或者是一些其他的，这就是所谓的创业的目的和意义，我们把它称为创业的"初心"，这种"初心"避免了设计创业项目时的"盲目性"，这也是培养企业文化的根基，决定了企业的战略规划。创业项目的目的是回答"为什么做这个创业项目"的问题，项目的意义是回答"这个项目有什么价值""这个项目将为我（我们或单位等）带来什么效益和影响"等问题，这些问题清楚了我们才有创业的原动力。

(二) 创业项目达成目标

创业项目达成目标可以从以下几个方面阐述：生产经营目标、科研和新产品开发目标、人才培养目标、员工福利目标等；这几个方面是评审人和投资人最为关注的关键点之一，是项目评审人判断可行性的重要指标，也是投资人评估是否投资的重要标准之一。

撰写创业项目达成目标时要遵循 SMART 原则：S（Specific）明确性、M（Measurable）衡量性、A（Attainable）可接受性、R（Relevant）实际性、T（Time－based）时限性。

撰写创业项目达成目标时注意事项有以下三点：第一，将创业项目的长期、中期和短期目标衔接起来；第二，创业项目目标的个数不宜过多，3～5 个为宜；第三，创业项目目标要分清主次，逐层展开。

(三) 创业项目主要内容

创业项目主要内容是概述本创业项目通过某种技术创新或某种产品创新将提供某种产品或服务，通过某种销售渠道（特别强调网络渠道）提供给某类客户群体，实现经济效益和社会效益。

(四) 项目技术路线

项目技术路线通过某种技术创新或某种产品创新将创造某种产品或提供服务，该技术或产品与国内外比较其成熟度、先进性、创新性如何，这是评审人和投资人最为关注的关键点之一，也是投资人评估是否投资的重要标准之一，因为技术创新特别是高端技术创新往往填补市场空缺，其蓝海战略能保证创业者和投资人获取极高的利润率和投资回报率。

（五）创业项目特色

通过某种技术创新或某种产品创新将创造某种产品或提供服务，该技术或产品与国内外比较其成熟度、先进性、创新性是项目特色之一；由其衍生出来的关联性产品和服务也是项目特色之一，衍生品保证产品和服务能获得生态圈的滋养；产品和技术创新必须设计与之匹配的商业模式，商业模式创新也是项目特色。

二、创业项目分析

创业项目分析包括市场需求分析、目标客户分析、产品市场定位、竞争对手分析、可行性分析等。

（一）市场需求分析

做创业市场需求分析前我们要明确以下关于市场的问题：①要明确我们的市场在哪里，该行业现在发展程度如何、未来的发展动态如何；②我们要找到进入该行业的障碍是什么，我们将如何克服障碍；③我们要充分认识政府是如何影响该行业的发展；④我们要明确是什么因素决定它的发展，我们将采取什么样的战略匹配。分析了以上问题，我们就明确了市场各个要素，为市场需求分析奠定基础。

创业意味着我们提供创新性的产品或服务并定位于某个细分市场，该市场容量如何是我们最关注的问题，这直接影响到我们未来的战略规划。如果我们的产品或服务提供给小众市场，这类潜在客户偏少，往往只针对某些特定客户群体，虽然小众市场是蓝海，但是小众市场对创业者来说是非常艰难的，我们必须在某些平台采用特殊的营销方式才能拓展市场，定制化、口碑营销是常用的营销策略；如果我们的细分市场规模较大，我们的潜在客户群体较大，我们可以制定有效的战略规划来拓展市场、提升市场占有率，随着我们的知名度和美誉度不断提升，我们将获得越来越多的市场效益。

1. 目标客户分析

目标客户分析要明确哪些是核心消费层客户、直接消费层客户和潜在消费层客户，这些客户具有哪些特征（如年龄、性别、消费习惯、爱好等），我们如何去挖掘这些客户。回答这些问题很难，因为外界环境不断改变，我们的客户需求也在不断改变，以客户为中心是任何企业的重心工作，满足客户需求、增强客户黏度需要我们不断进行创新，通过创新黏住老客户、挖掘新客户。

2. 产品市场定位

通过某种技术创新或某种产品创新将创造某种产品或提供服务，这造就了产品和服务独特的 UPS（卖点），树立了企业的品牌形象，也树立了与竞争对手的差异化形象。市场定位决定了在未来潜在顾客心目中占有的位置，也影响了产品线的长度、宽度和深度，决定了 4P 营销策略。因此，我们在进行创新时必须考虑未来的市场定位。

3. 竞争对手分析

市场定位决定了我们在市场上面对的主要竞争对手，我们必须了解主要竞争对手所占的市场份额和市场策略，分析竞争对手的优势、劣势和未来发展的目标，我们不仅要知道现有竞争对手的情况也要洞悉未来潜在竞争对手的动态。

同时，也要明确我们的产品或服务的价格、性能、质量在市场竞争中所具备的优势及劣势，我们的核心技术和产品研发的进展情况及现实物质基础。

4. 可行性分析

(1) 可行性分析。可行性分析旨在分析项目的有益性、必要性和可能性，避免投资的盲目性，减少不必要的损失。

① 技术可行性。通过某种技术创新或某种产品创新将创造某种产品或提供服务，我们的技术或产品（服务）成熟性如何、与竞赛对手相比技术或产品（服务）是否先进、技术创新能否适应产品的生命周期，这些是技术可行性论证的关键问题，也是创业者和投资人最关注的核心问题之一，也是追加投资的重要依据。

② 经济可行性。经济可行性主要从资源配置的角度衡量创业项目的价值，在创业过程中有效配置经济资源能力是经济可行性的重要评价指标，实现区域经济发展目标、创造就业、改善环境、提高人民生活等也是衡量经济可行性的重要指标，特别是政府招商高新企业的重要参考指标。

③ 社会可行性。社会可行性主要分析创业项目对社会的影响，创业项目是否对该地区的经济结构调整起到积极作用，是否对方针政策产生

影响，是否对妇女儿童及社会稳定性起到促进作用等，这些是政府对创业企业中的高新技术企业的社会可行性论证的重要选项。

④ 环境可行性。环境可行性主要分析创业项目的产业政策、政府规划、企业选址、土地利用等方面，产业政策和政府规划是创业最为关注的问题，往往起到导向性作用，特别是创业产业是高新技术产业往往会提供土地利用、减免税收等方面的利好。

（二）SWOT 分析

见表 3－1，SWOT 分析是企业内部分析方法，根据企业自身的既定内在条件确定企业的优势 S（strengths）、劣势 W（weaknesses）、机会 O（opportunities）和威胁 T（threats），SW 主要分析企业内部条件，OT 主要分析企业外部条件，这是任何创业项目不可或缺的分析模块，以图的形式呈现出来。SW 分析主要是用于企业自身的实力及其与竞争对手的比较，必须定期检查自己的优势与劣势，深刻认识自身的资源和能力，采用适当的措施维持我们的竞争优势；OT 分析主要用于外部环境的变化及对企业的可能影响上，随着经济、社会、科技等的迅速发展，特别是经济全球化、一体化进程的加快，企业的外部环境变得更为开放和动荡，我们要分清哪些是环境威胁哪些是环境机会，然后采取适当的战略措施。总之，在做 SWOT 分析时应把所有的内部因素（SW）集中在一起，用外部力量（OT）来对内部因素（SW）进行评估。

表 3－1　SWOT 分析表

内部因素 外部因素	优势 S（strengths）	劣势 W（weaknesses）
	·技术优势 ·研发优势 ·人力优势 ·无形资产优势	·资金 ·品牌知名度 ·营销渠道少
机会 O（opportunities）	SO 战略	WO 战略
·政策利好 ·市场需求强劲		

（续表）

内部因素 / 外部因素	优势 S（strengths）	劣势 W（weaknesses）
	·技术优势 ·研发优势 ·人力优势 ·无形资产优势	·资金 ·品牌知名度 ·营销渠道少
威胁 T（threats）	ST 战略	WT 战略
·新竞争对手进入 ·汇率变动		

SWOT 分析形成四种不同类型的组合：优势机会组合（SO）、弱点机会组合（WO）、优势威胁组合（ST）和弱点威胁组合（WT）。

① 优势机会组合（SO）是企业内部优势与利用外部机会相结合的战略，创业企业往往具有特定方面的优势（比如技术优势、研发优势等），而外部环境（政策、法律等）又为这种优势提供有利机会（资金、土地等），这是创业企业最常采用的战略。

② 弱点机会战略（WO）是利用外部机会来弥补企业内部劣势，创业过程中我们可能会遇到资金问题、技术问题等，我们可以引入风险投资解决这些问题。

③ 优势威胁战略（ST）是利用企业自身优势，回避或减轻外部威胁所造成的影响，在创业过程中，我们的技术优势、研发优势等可以减轻技术更替对我们的影响。

④ 弱点威胁组合（WT）旨在减少内部弱点，规避外部环境威胁的防御性战略。在创业时我们往往采取目标市场聚集战略或差异化战略，以避免资金、成本等方面的劣势，并规避资金、成本等原因带来的威胁。

（三）项目设计

项目设计包括产品设计、经营设计、技术设计、组织管理设计、商业模式设计、财务设计、风险设计。

1. 产品设计

我们在制作项目计划书时为了给项目评审人（专家、投资人等）传递清晰的创新思想和创业理念，必须用页面图将产品设计展示出来。页面图展示了我们的产品设计的核心思想、创新点，也展示了我们的盈利模式，突出了我们商业模式的不可复制性。

为了凸显我们的商业模式的不可复制性，产品在概念开发与规划过程中，必须将市场机会、产品竞争力、技术可行性、消费者需求等信息综合考虑，确定新产品的框架。

2. 经营设计

经营设计时要设计经营规划表，见表 3-2，经营规划表是围绕企业战略目标编制的，是战略规划的行动实施，将产品开发、整体运营、运营中期/后期及长远规划一一展示出来，从时间和空间上做统筹安排，每个阶段都有其运营目标、运营重点和市场定位。经营规划表向项目评审人（专家、投资人等）从战略和战术两个方面展示了企业运营的长期战略、中期规划和短期经营，这是项目评审人最关注的模块之一。

表 3-2 经营规划表

阶段	APP 建设阶段	整体运营阶段	运营中期阶段	运营后期阶段	长远规划阶段
时间	2016.7 —2016.10	2016.11 —2018.11	2018.11 —2020.11	2020.11 —2022.11	2022.11—
定位		·合肥市场作为突破点 ·合肥市场运营稳定后向黄山市场拓展	向部分一线、二线城市，部分省会、旅游发达城市进军	实现一线、二线、部分省会城市、旅游发达城市全覆盖	部分发达三线、四线城市覆盖
目标	·APP 开发 ·数据库管理优化	·提升市场占有率 ·提高知名度、美誉度 ·提升营业额	·提升市场覆盖率 ·提升知名度、美誉度 ·更加个性化、人性化 ·更加特色化 ·提升营业额	·稳固性战略扩张 ·提高盈利性	·树立领军地位 ·力争做到全国性覆盖

（续表）

阶段	APP 建设阶段	整体运营阶段	运营中期阶段	运营后期阶段	长远规划阶段
重点	·平台的构建； ·数据优化	·平台维护 ·大数据、云计算的引入 ·展开营销策略 ·扩大影响力 ·树立知名度	·平台维护 ·平台拓展 ·密集式营销 ·个性化业务拓展 ·扩大影响力 ·树立知名度	·业务模式创新 ·多元化营销	·占据稳定的市场份额

3. 技术设计

如果我们产品是网页，我们将提供网址、二维码等；如果我们产品是手机 APP，根据用户的使用习惯我们将研发安卓版和苹果版两款，我们的 APP 分为用户版和商家版。

4. 组织管理设计

设计组织结构，如图 3－4 所示，组织管理设计是运营规划的落实，必须与运营规划相契合，运营规划不同企业的业务部门不同，其组织管理设计不同。

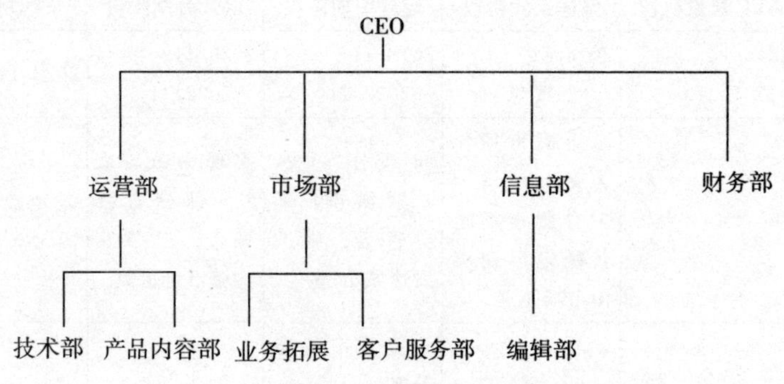

图 3－4　组织结构图

5. 商业模式设计

商业模式由以下九个部分组成：价值主张、消费者目标群体、分销渠道、客户关系、价值配置、核心能力、合作伙伴网络、成本结构、收入模型，我们按照九宫格的形式设计，见表 3－3：

表 3－3　商业模式模块表

合作伙伴	价值主张	价值配置	客户关系	销售渠道
在校大学生群体（毕业或未毕业均可） 1. 高校社团 2. 高校老师 3. 各种培训机构	价值主张概述为：以兴趣为桥梁，以活动为手段，以大学生社交为目的，引领兴趣消费 **核心资源** 创造一个好平台（硬件平台、软件平台），维持一种好关系，提供一种好的服务	1. 我们和培训机构（或个人）之间的利益分配是我们将从中收入 10%～30% 的费用 2. 为了保证大学生的利益，培训机构（或个人）订购或预定大学生进行服务，首先必须缴纳总数的 50%，学生完成服务后将缴纳剩余的 50% 3. 学生完成服务后，培训机构（或个人）完成支付后 7 日我们将支付给学生 4. 线下组织活动时候的线下消费，我们将从商家获取 5%～20%的提成	1. 我们和大学生的关系：我们和大学生是利益共同体，利益实现共享，我们提供沟通交流的兴趣平台，大学生使用这个平台，大学生的活跃度越高、黏性越强，则我们的平台构建得越成功 2. 我们和培训机构（或个人）之间的关系：我们是平台的构建者和生态系统的维护者，培训机构（或个人）是平台的使用者，我们之间是利益共享的关系，利益分配按协议进行 **目标客户** 1. 核心消费层：在校大学生群体（毕业或未毕业均可）、高校社团、高校老师、各种培训机构 2. 直接消费层：有共同兴趣爱好的人群均可作为直接消费层 3. 潜在人群：想开发某些兴趣爱好的大学生群体	线上消费，培训机构或个人通过 APP 直接订购或预订，网上支付

（续表）

成本结构	收入来源
1. 研发费用估计 50 万元，以后每年递增 2. 营销费用第一年 30 万，以后每年递增 3. 软件维护费用每年 20 万	1. 业务收入：培训机构或个人签约大学生提成 10%～30% 2. 广告收入：培训机构或个人发布商业性广告每条 5～15 元不等收取 3. 商城收入：购买商城的相关物品我们将获得一定的收入 4. 服务收入：为某些机构举办活动我们将获得收入 5. 融资性收入：7 天的到账周期我们可以做一个融资性平台，获取融资性收益

（1）价值主张（Value Proposition）：企业通过其产品和服务，所能向消费者（用户）提供的价值。价值主张是创业企业的“初心”，我们创造的产品或提供的服务给用户提供何种实实在在的价值，用户获得何种实实在在的好处。

（2）消费者目标群体（Target Customer Segments）：企业所定位的用户群体。通过市场细分确定目标客户群体，目标客户群体是企业的服务对象，通过向目标群体提供产品或服务获取价值。

（3）分销渠道（Distribution Channels）：企业接触消费者的各种直接或间接的途径。分销渠道涉及企业使用何种分销策略，如何开拓目标市场，分销渠道包括企业代理商（内部代理商和外部代理商）和经销商（批发商和零售商），不断开拓分销渠道，使其越多、越广是企业市场营销的重要任务。

（4）客户关系（Customer Relationships）：企业主动与消费者（客户）群体之间建立的某种联系。客户关系可以为交易双方提供方便、节约交易成本，也可以为企业深入理解客户需求、双方信息交流提供机会。客户关系具有以下五种特征：多样性、差异性、持续性、竞争性、双赢性，因此，开发新客户、留住老客户的客户关系管理是任何企业的工作重心之一。

（5）价值配置（Value Configurations）：即资源和活动的配置。企业战略决定了商品（服务）的定位，定位决定了企业必须集中力量按照商业模式的要求进行资源的合理配置，即价值配置必须与商业模式相契合。

（6）核心能力（Core Capabilities）：企业执行其商业模式所需的能力和资格。核心能力是竞争对手很难达到或者无法具备的一种能力，核心能力可能是技术、服务、研发、制作等，具有价值性、独特性、延展性、长期性、不可替代性等特征，维持和增强企业核心能力是保持竞争优势的关键。

（7）合作伙伴网络（Partner Network）：即企业同其他企业之间为有效地提供价值并实现其商业化，而形成合作关系网络。要实现商业模式的价值配置需要来自不同行业、不同层次的企业合作，这些合作企业基于共同的利益诉求形成所谓的商业联盟（Business Alliances），商业联盟保证价值配置的可得性。

（8）成本结构（Cost Structure）：产品成本中各项费用（如：人力、原料、土地、机器设备、信息、技术等）所占的比例。创业过程中产品的研发费、营销费比重较高，人力成本、管理费用逐渐升高。

（9）收入模型（Revenue Model）：企业通过各种收入流（Revenue Flow）来创造财富的途径。企业收入包括业务收入、广告收入、服务收入等，某些企业可能还会涉及融资性收入等。创业初期收入模式可能比较单一，随着业务模式的拓展收入模式开始多元化，商业模式的延展性是项目评审人（专家、投资人等）最关注的问题之一，也是创业中后期追加股东投资的重要依据。

6. 财务设计

财务设计是项目评审人（专家、投资人等）最关注的核心问题之一，是决定是否投资的重要依据之一。我们将提供资金需求与来源表和利润表给项目评审人进行评审。

（1）资金需求与来源

见表3-4，创业初期企业规模较小，团队投资、技术投资、银行贷款等是主要资金来源，如果资金投入过大往往需要引入风险投资。风险投资投入资金可以享受盈利分红权，不一定享有经营决策权，这是很多创业企业为了避免决策权旁落采取的一种方式。

表3-4　资金需求与来源表

项目	风险投资	团队投资	技术入股
金额（万元）	240	10	50
出资比例	80%	3.3%	16.7%
盈利分红比例	40%	60%	

（2）利润表

项目评审人（专家、投资人等）最感兴趣的部分是利润表，见表3-5，我们将分收入、费用、利润三个部分按照第一年、第二年、第三年进行编制。利润估算是编制利润表的难点，商业模式决定了成本结构、利润模型，结合企业战略规划综合估算企业利润。随着企业业务规模的扩大，业务收入不断增加，市场占有率不断提升，营销费用、人力成本、管理费用都逐年增加，创业企业第一年、第二年可能处于亏损状态，但是市场前景、知名度、美誉度不断提升，风险投资更看重未来的盈利能力，这是风险投资的重要原因，也是我们愿意引入风险投资的重要依据。

表3-5 利润表

项目名称 \ 年份		第一年	第二年	第三年
收入	广告收入	0	300	600
	交易提成	0	300	600
	商城收入	0	50	100
	融资性收入	0	300	600
费用	研发费用	50	100	200
	维护费用	10	20	30
	组织活动费用	30	60	100
	营销费用	50	100	150
	工资及福利费	100	120	200
利润	合计	−240	550	1 220

7. 风险控制

(1) 技术风险

现代科学技术发展日新月异，新技术、新工艺不断涌现，技术更新周期越来越短，创新能力是企业的核心能力，对于任何一个企业来说都面临着技术风险；企业都奔走在创新的道路上，各个企业都在研发上投入重金力保技术的领先，各个企业都通过创新维持和增强企业的核心能力。

(2) 市场风险

现代企业面临的市场风险越来越大：利率、汇率、股票价格的不断变化；经济形势、经济政策变化产生直接的市场营销风险；政治、军事因素等产生间接的市场营销风险；产品的生命周期变短、消费者需求变化太快、新技术新工艺不断涌现，这些因素导致产品的产能不足或产能过剩。对于创业企业来说，面临着品牌的知名度、美誉度偏低，销售渠道狭窄等市场风险，我们采用以消费者为核心的理念，采取合适的措施扬长避短、规避市场风险。

(3) 财务风险

在创业过程中不可逃避的一个现实问题是财务风险，财务风险只能降低不能完全消除。企业经营过程中，研发费用、营销费用、人力成本、管理成本等不断升高，资不抵债的情况极有可能发生，引入风险投资有利有弊，我们必须对财务风险做综合权衡，配合企业战略及商业模式，将财务风险降低到最小。

(四) 创业项目建设

创业项目建设包括组织建设、技术建设、营销推广三个方面。

1. 组织建设

按照组织设计图规划职能部门，设计工作岗位，明确岗位职责，安排和招聘相关岗位人员，赋予岗位人员权利和职责。组织建设的一个核心问题是设计符合企业发展的制度、规范，实现制度的规范化、流程化，确保制度的可执行性。随着企业业务模式的不断拓展，企业的组织形式将发生改变，企业的规则制度也要与时俱进，我们必须保持组织设计和管理制度的弹性，使之成为企业发展工作中的助推力。

2. 技术建设

以客户为核心、满足客户需求、提升客户黏性已经是企业的普遍共识，我们必须从技术层面满足客户需求。技术建设要求企业必须加强研发能力和创新能力，保持和增强企业的技术优势。面对客户多变的需求，我们的技术能力要满足客户个性化和定制化需求，从技术层面提升用户体验和企业核心能力。

3. 营销推广

营销推广分为线上推广和线下推广，针对目标客户群体将线上推广和线下推广策略有机结合起来。

(1) 线上推广

QQ推广：QQ是人们沟通交流的两大工具之一，特别是"95后"

群体，QQ 受众面十分广阔，QQ 头像、QQ 签名、QQ 资料、QQ 离线状态、QQ 印象、QQ 空间、QQ 日志、QQ 群公告等都是常用的 QQ 推广方式。QQ 可以有针对性地推广产品，可以针对固定人群进行推广，效率高、成本低（几乎为零）、易操作、持续性、精准性是 QQ 推广的重要特点，因此，QQ 推广在创业初期应用十分广泛。

微信推广：微信是除了 QQ 之外的另一个人们常用的沟通交流工具，微信群体数量庞大，用户接受率高，职场群体使用比较广泛。微信公众号、微信商城、朋友圈、附近的人、漂流瓶、线上公告投入等都是常用的微信推广方式。互动性高、点对点高精准度营销、强关系机遇、富媒体的内容推送是微信推广的重要特点，因此，微信推广在创业初期应用十分广泛。

博客推广：博客推广具有低成本、操作简单、互动性强的特点，可以传递企业信息、树立企业或品牌形象，也可以促进商品销售。

微博推广：微博推广具有信息发布便捷、传播速度快；病毒式传播、影响面广；能与粉丝即时互动等特点。活动营销、植入式广告、品牌宣传是微博推广最常见的几种形式。

搜索引擎推广：搜索引擎推广具有覆盖面广、针对性强、目标精准、按效果付费、关键词数量无限制、提供全程专业化的服务的特点。由于资金投入较少、搜索引擎竞价排名推广中见效快，搜索引擎推广是创业企业初期最常用的网络推广方式之一。

线上广告推广：线上广告推广力度越大，覆盖面越广，对提升产品知名度、美誉度和企业形象具有重要作用。

论坛推广：论坛具有强大的凝聚能力，人气高、气氛活跃、帖子专业化高、目标人群多，有利于产品推广。论坛推广可以增加品牌曝光率、提升知名度，投入少，见效快，操作较简单，辅助 SEO 进行有针对性推广。如果我们的创业产品是专业化的产品设备，论坛推广是一种非常有效的推广方式。

电子邮件推广：电子邮件推广具有操作简单、效率高、成本低廉、针对性强、反馈率高的特点。电子邮件推广保密性好、能满足个性化需求，是创业企业初期最常用的网络推广方式之一。

视频推广：只要拥有创意就能及时把视频制作出来，发布迅速且排名较高，视频推广具有应用场景多（微信、论坛、博客、微博、QQ）、直观性强、传播精准、分享简单的特点，病毒式营销让视频迅速传播。视频推广是最常用的网络推广方式之一。

软文推广：软文是论坛、博客、微博、QQ 等一些推广方法的基础，好的软文具有高曝光度，能给企业带来持续的流量，特别是门户网站的软文往往具有权威性和品牌度，软文对提升产品知名度和品牌形象具有促进作用。

（2）线下推广

线下媒体推广：电台、电视广告，报纸、杂志宣传。

户外宣传：楼宇广告、公交广告、户外广告、媒体广告，主要在小区以及写字楼、商业区进行投放，以最小成本投入达到最大的效果。

公益活动：以企业的名义组织或参加公益活动，目标是宣传、吸引媒体关注。

（五）创业项目运行与维护

创业项目运行与维护包括创业项目运行与维护过程、创业项目运行与维护效果两个部分。

1. 项目运行与维护过程

创业项目运行与维护过程涉及系统的维护与升级，维护包括硬件维护、软件维护和数据维护，升级包括硬件升级和软件升级。随着企业业务的不断拓展，系统业务模块越来越多，系统功能越来越复杂，系统的维护与升级越来越重要。

2. 项目运行与维护效果

（1）市场影响

通过某种技术创新或某种产品创新将创造某种产品或提供服务，如果这个产品或服务投入蓝海，将迅速占领市场，在一段时间内将引领市场需求，企业将通过创新巩固市场地位，通过知识产权保护加强进入壁垒；如果这种产品或服务投入红海，将增强市场竞争力，通过差异化战略或聚焦性战略，在红海中开辟属于自己的市场，企业将获得稳定的市场份额。

（2）社会与经济效益

社会效益。通过某种技术创新或某种产品创新将创造某种产品或提供服务，该产品或服务的社会效益包括对科技、政治、文化、生态、环境等产生影响，也包括对改善人们的物质、文化、生活及健康水平等产生影响。

经济效益。通过某种技术创新或某种产品创新将创造某种产品或提供服务，该产品或服务的经济效益包括满足了人们不断增长的物质和文化生活需要，企业盈利和国家收入增加，资源利用率提升，企业成本降低等。

第四章　创新创业计划书

第一节　上下乐

一、项目简介

（一）项目主要意义

手机软件上下乐 APP 研发宗旨是“让我们做时间的主人，让我们做生活的主人”，合理规划时间，愉快享受生活。

1. 让我们做时间的主人

我们在乘坐公交车时会出现等待时间长、经常坐过站等一系列问题，由于不能把握好时间从而导致我们出行的质量大幅下降。我们的手机软件上下乐 APP，正是以这些问题作为切入点，可以实现用户在任何地方，特别是室内精确地查询自己所需要乘坐的公交车的具体到站时间、自己什么时候出门最为合理以及闹钟提醒最佳出门时间。在生活节奏飞快的今天，减少对宝贵时间的不必要浪费，合理规划我们的时间，让我们真正做时间的主人。

2. 让我们做生活的主人

我们不用再在百度上搜索好玩景点，再去百度地图查找路线，最后转去美团订酒店，等到景点排队买票时才发现时间就这样溜走了。上下乐的应运而生恰好可以解决这些问题，不必在几个界面转换来转换去，省去烦琐的步骤，简化出行流程，以公交路线为基础，给我们直接推荐有关吃穿住玩一条龙服务，让我们愉快地享受生活，让我们真正做生活的主人。

（二）项目目标

上下乐 APP 是围绕着“简单、有用、好玩、畅快”目标进行交互式设计的，让消费者觉得便民、亲民、爱民，实现了公益性与商业性完美融合。

1. “简单、有用”体现在合理规划用户时间上

为积极响应“全民创业，万众创新”理念，上下乐 APP 致力于把移动互联网与公交服务系统相结合，让用户了解公交车的实时位置、出行的最优时间、沿路店铺的推荐，让乘客不再抱怨寒冬仲夏苦苦等待太煎熬、出行游玩不能尽兴等状况，努力打造一个“让用户使用时间延长，上车之后仍然使用”的 APP，实现真正意义上的出行无忧。

2. “好玩、畅快”体现在交互式页面设计带来的高体验值

人性化的交互页面设计，处处体现我们乐意与用户进行良好的沟通，以用户为核心就是给用户高体验值，沿途推荐为用户提供了吃喝玩乐等一条龙的消费服务，这些便民服务分担了用户的忧愁，亲民的互动关系让他们的生活更愉悦，上下乐 APP 处处体现了我们对用户的理解和爱。

3. 实现公益性与商业性的完美结合

“简单、有用、好玩、畅快”才能积累用户的口碑，保证越来越多的用户注册和使用，上下乐 APP 实现了将公益性与商业性完美结合在一起，体现了我们的便民、亲民及爱民的理念。

（三）项目主要内容

随着实时公交概念的深入人心以及移动互联网行业的迅猛发展，一种全新的公交理念诞生了，“上下乐”正是立足于生活中常见的“电子公交站牌”，结合移动便携设备，强交互特性打造而成的生活助手类 APP，旨在让用户不再局限于公交站台等车，不再为去游玩而各种绞尽脑汁地搜索查询了，而是知道公交车准确的实时信息，合理安排出行。

沿途推荐作为本项目的重要特色，APP 项目将会和沿途企业合作，客户在公交车上打发无聊时间的时候就可以了解企业的店铺新开、促销信息、大型活动、商品信息等，合理安排了客户的工作、生活时间，客户既实现了便捷，客户的时间价值也获得增值。企业通过 APP 扩大了知名度、美誉度，通过销售商品和提供服务增加了企业的收入。同时，通过 APP 我们也实现了创业的梦想，也实现了我们、企业、用户三方的“共赢”。

（四）项目技术路线

1. 系统逻辑框架设计

如图 4-1 所示，“上下乐”APP 框架设计为：将实时公交、信息互

动、本地服务、广告等组建本地平台，实现智慧公交总平台，这个平台以手机 APP 的形式开发就是我们的“上下乐”APP。

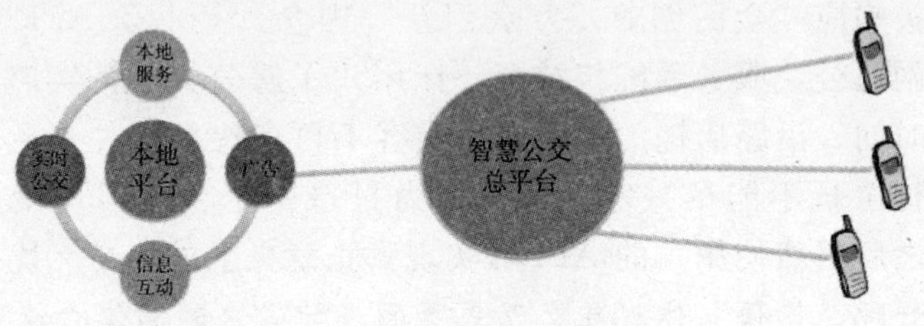

图 4-1　设计框架图

2. 系统层次架构图

如图 4-2 所示，本项目的系统层次架构图。

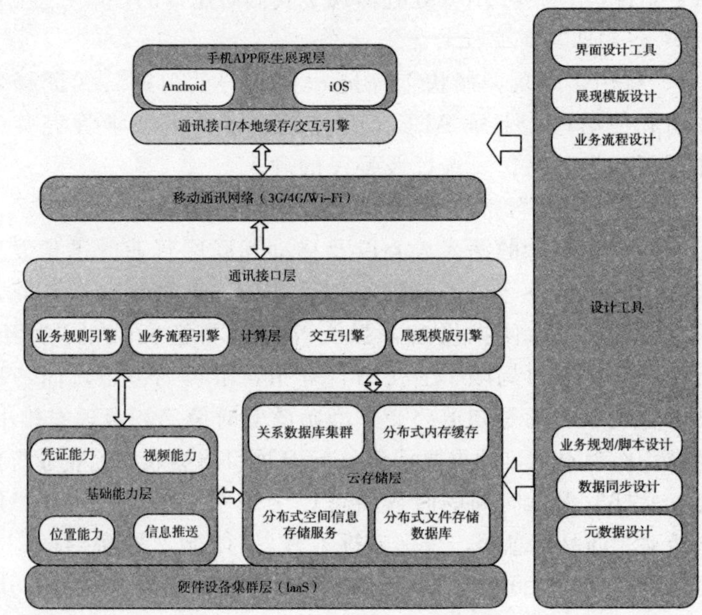

图 4-2　系统层次架构图

(五) 项目特色

1. 沿路推荐

我们这款 APP 最大的特色之一就是沿路推荐功能，分为两种：系统向用户推荐及用户向亲友推荐。

（1）APP 沿路向用户推荐。这里讲的“路”指的是几路公交的“路”，通过用户乘坐的这路公交线，我们为用户推荐这一路上最新的商品上市、最新的促销信息、最新的店铺开张等吃穿住玩等的地方，方便用户的同时增加了满意度。

用户可以根据以往的消费体验对沿路店铺进行五星满意度评价，对于五星级满意度店面我们将做五颗星重点推荐，授予上下乐客户满意度星级奖牌。

客户满意度是我们评价和推荐沿途店铺的唯一标准，旨在通过口碑营销提升店面的知名度和美誉度，让顾客口碑成为各个商家之间最有效的竞争，更能形成良好的运营机制。

（2）用户向亲友推荐。病毒式营销最大的好处是传播迅速、营销成本低、可靠性高，用户把自己满意的企业路线及具体位置分享给他们的朋友、家人、亲人等，通过信息共享，让他们不仅能享受优质的服务，还能感受到我们深深的情谊和情怀，正所谓“独乐乐不如众乐乐”。

2. 实时信息

上下乐另一个特色是实时信息播报功能，此功能可以让用户在手机上知道有多少辆你关注的公交车正在开往你的上车站点，以及离你最近的那辆关注的公交车还有多久到站，知道这段路的拥堵情况，然后通过 GPS 定位功能知道自己什么时间点出行最保险且省时，不会错过自己想要乘坐的那段时间的公交车。无论何时何地，用户还可以通过手机查询换乘最少、距离最短、时间最短、步行最少等多种不同方案。

3. 个性化需求

（1）设置出门与上下车的闹钟提醒。与地图导航用户不同的是，地图用户使用地图导航通常去一个陌生的地方，而通过公交出行的上班族和学生周一至周五几乎都是相同的往返路线，我们为满足不同用户的个性化需求，用户可以在熟悉路线设置闹钟提醒，包括出门提醒和下车提醒，可以根据自己需求设置提前 5 分钟、10 分钟、20 分钟不等的时间点以及周一至周日是否需要重复的时间段；当然闹钟提醒也是作为基本功能，每条路线上都会有，主要看不同用户的不同选择。

（2）设置个性化版面。在进行页面设计时考虑到一些老年人视力问题及特殊群体爱好的需求，我们提供标准版字体、放大版字体、缩小版字体的设置，使产品性能更贴近用户实际；背景画面和闹铃提醒用户可以实施个性化的设置，如你最喜欢的明星、你最爱的歌曲等，这样可以提高用户满意度和对 APP 使用的黏性。

二、项目分析

（一）市场需求分析

1. 堵车情况严重，公交出行省时、省钱

一、二线及省会城市堵车情况严重。高德地图发布了《2015 年度中国主要城市交通分析报告》，2015 年度中国十大堵城依次为：北京、济南、哈尔滨、杭州、大连、广州、上海、深圳、青岛、重庆。数据显示，北京高峰拥堵延时指数 2.06，平均车速每小时 22.61 公里，即北京驾车出行的上班族通常要花费畅通情况下 2 倍的时间才能到达目的地，拥堵时间成本全国最高。2015 年中国一、二线及省会城市是堵车的重灾区，但从拥堵分布来看，拥堵现象不再是大城市的问题，它已经出现在各种规模的城市和地区，不断加重的拥堵现象也在向中小城市蔓延。例如，济南、哈尔滨、杭州、大连四大二线城市拥堵情况纷纷超越一线城市，涌入年度拥堵榜单前 5 名。高德地图预测，未来几年城市交通拥堵将继续加重，会变得更糟。

快速公交发展迅速。2005 年 12 月北京首条快速公交开通，我国实现了快速公交零的突破。截至目前，全国范围内已建成、在建或待建快速公交的城市有 40 多个。我国快速公交系统日均承担 400 万人次的出行任务，北京、常州、郑州、厦门和乌鲁木齐 5 个城市日均客运量在 20 万人次以上；快速公交日均客运量占全市日均客运量一成的城市达 10 个。快速公交通过专用路权、信息化等方式大大提高了运行效率和准点率，平均运行时速达到 23 公里左右，相较于普通公交时速提高 43.75％。快速公交系统通过车辆技术升级、减少怠速时间、提高周转效率、减少人均上车时间等途径，减少了大量的能源消耗。

公交出行人数比重较高。调查显示，大约有六成的人们选择公交出行，其中八成多人群每天交通花费不超过 10 元，这其中包含了 50％的人群交通花费在 5 元以下，32％的交通花费在 6～10 元。大部分人选择

公共交通主要原因是公交的价格较低，特别是对经常出门且经济收入较低的人群来说，乘坐公交意味着每个月都能实现节省。

2. 公交调度基本不能让人满意，客户等待时间较长

公交车是公众出行最普及的交通工具，但是等车难、挤车难、公交到站信息公示不准确一直是影响公交搭乘体验感的主要问题。媒体有关公交出行的多个报道显示：不分寒冬仲夏，站台不远处紧赶慢赶的上班族或是学生挥手示意的场景还历历在目，但还是因为差了那么十几秒而被司机狠狠“抛弃”，或者是公交车站台乘客“望眼欲穿”式的苦苦等待。正常人们的候车时间普遍在 10.46 分钟左右，超过半小时的候车情况也时有发生，当然因睡觉、车上环境太吵等而导致坐过站的情况也频频发生。乘车现状总是不那么令人满意，由此可见公交现状亟待改善，随着经济社会发展，对出行的要求越来越高，所以我们的 APP 未来市场需求率较高。

3. 乘坐公交的时间内，越来越多的人从事与手机有关的活动

人们在公交车上除了睡觉、与人聊天、发呆、看公交 TV 以外，基本做以下八项与手机有关的活动：①看新闻；②刷微博；③打电话；④聊微信；⑤看视频；⑥听音乐；⑦看小说；⑧玩游戏。手机的使用频率越来越高，特别是智能手机的普及率逐年升高，移动网络越来越方便、高速，手机已经成为中青年不可或缺的工具，特别是越来越多的 APP 应用让我们的生活变得更加简单、高效、愉快。

越来越多的城市将进行公交无线网络的普及，以合肥为例有 60%的公交实现了无线网，随着科技的不断进步，无线网的传输速度将极大提升，这些惠民措施让乘客再也不用担心手机上网流量不够用的情况，人们可以在乘坐公交的时候放心大胆地浏览网页、观看视频等。

4. 城镇化促使公交未来发展迅速

目前我国城市公交交通系统中公共汽车，承担了城市 60%以上的客运量。据中国市场调研网发布的中国城市公交行业市场现状研究与未来前景趋势报告（2015）显示，近几年，我国城镇化进程以每年约 1 个百分点的速度增长，每年有 1 300 多万人从农村转入城市。“十三五”期间我国城市公交交通运力总量继续保持快速增长态势，城市公交交通总量与国民经济增长的弹性系数在 0.75 左右，城市公交交通总量将达1 000

多亿次，年增长6%左右，2015年基本能确立公交交通在城市交通系统的主体地位。从市场角度来看，以系统建设的单车平均投资约为1.5万元初步统计，建设资金则在260亿元以上，预计未来5年内，城市智能公交仅单车投资的市场容量为50亿元以上。

以合肥为例，数据显示：截至2014年共投入公交车2 838辆，占总数16%，合肥拥有公交车标准运营车数6 011台，截至2014年底，我省共有公交车18 109辆，预计2015年除了计划新增公交车600台，还将重点打造快速公交体系建设，还将完成剩余115块电子站牌建设安装任务。现在我们以235路公交车来看，这条公交路线全程20公里，共有29站，从早上6：00－22：00，我们不难发现在7：30－8：30这个时间段，由于孩子上学、成人上班，所以各个站点的人多；在16：00—15：00孩子放学、成人下班这样的一个循环，所以人流量大；当然周末和节假日人会大大增加，从而21：00－22：00又会衍生一大批青壮年乘客，在235这条路线上滁州路、合工大、海恒社区、一六八中学、合肥学院新区、滨湖学院是最显著的代表。从235这一条公交线中我们就可以发现这么多的潜力，可喜的是合肥目前有交通营运车辆2 700辆，营运线路111条。那么这些硬件设备更为我们产品的发展提供了巨大的机会。

5. 国家政策保障公交优先发展

优先发展城市公共交通是对我国建设资源节约型和环境友好型社会的积极响应和倡导。相对于小汽车为主的交通发展模式，公共交通不论是在能源消耗、环境保护、改善城市生态环境还是土地集约化、道路空间占有率等方面都具有其他交通方式无法比拟的优势，是打造绿色交通、和谐交通最为重要的内容，对于经济、社会、资源、环境的和谐发展具有重要意义和积极作用。"公交优先"发展战略的提出是我们国家和政府执政为民、建设社会主义和谐社会的重要表现，是贯彻科学发展观的重要措施。进一步强化"公交优先发展"的指导思想，加大力度促进城市的公共交通发展，致力于为市民出行提供更安全、更舒适、更快捷和更经济的公共交通方式和环境，改善城市的人居环境。

总之，随着经济的快速发展，越来越多的公交线路特别是快速公交线路新建，给人们生活带来了便捷，也部分缓解了交通拥挤这一城市病。智能手机 APP 及移动网络为人们的出行带来高效，我们的上下乐手机 APP 定位准确、功能完备、便捷高效，未来发展潜力巨大。

（二）产品市场定位

我们的目标市场选择在一线、二线城市及部分省会城市，其原因是人口基数大，一线城市人口增加缓慢但是人口基数多，二线城市处于高速发展阶段，外来人口逐年增加。随着经济的发展，一线、二线城市公交线路逐年增加，公交特别是快速公交里程逐年增加。一线、二线城市及部分省会城市交通压力巨大，堵车已经成为“城市病”，而且病得越来越严重；人们工作地与居住地区域跨度大，选择私家车出行油费高、时间成本高，特别是堵车成本更高，越来越多的人选择乘坐城市公交出行，既经济实惠又省时省力。

本产品将目标人群定于一线、二线城市里出行频率高的上班族和学生。众所周知，上班族对时间的要求高，花费节省，有一定的收入，但又不是富裕的一类；学生没有任何收入来源但乘车上学和游玩又是一种主要的出行方式，所以乘坐公交车对他们来说是最经济的方式。当然会简单使用智能手机的老年人以及少部分喜欢绿色出行的也是我们的目标人群。

（三）可行性分析

1. SWOT 分析

见表 4-1，我们对项目做 SWOT 分析。

表 4-1 SWOT 分析表

SWOT 分析矩阵		
外部因素 \ 内部因素	优势（S）	劣势（W）
	·使用人群基数大，使用频率高 ·产品功能完善，具有高速发展性 ·整合多方资源、与良心企业合作 ·产品具有独特的特色	·投入成本高，资金短缺 ·信息系统难以短期建立成功 ·技术人才匮乏 ·初期规模小，品牌效益难以建成

（续表）

SWOT分析矩阵		
机会（O）	SO（策略）	WO（策略）
·市场空白面积大且内需较大 ·乘车用户黏性很高 ·有助于提高城市形象 ·国家关于大学生创业扶持力度越来越大	·加快进入市场，找准产品市场定位 ·利用独有特色和科学技术实现上下乐的可持续发展 ·调查用户更喜欢哪些功能，不断进行细化	·充分利用已有的人才和技术提供更专业的服务 ·克服资金问题，完善产品性能，赢得更多市场 ·制定有效的盈利模式，稳中求快，稳中求胜
威胁（T）	ST（策略）	WT（策略）
·相似性软件较多 ·沿路商家和店铺的不确定性 ·新入者的竞争威胁	·放大产品特色功能，树立品牌形象 ·与各个商家紧密联系，完善网络布局 ·尽可能加快扩张规模，获得比新入者更多的优势	·集中精力建立良好口碑，增加APP的下载量

2. 目标人群分析

"上下乐"目标消费层定位于年龄阶段在12～20岁的初高中生、大学生群体以及年龄层次在18岁以上的工薪族及少部分老年人。

（1）核心消费层：工薪阶层上班一族、学生群体（初中生、高中生）、大学生群体、部分老年人；喜爱旅游的观光游客。

（2）直接消费层：有意下载APP客户均可作为直接消费层。

（3）潜在人群：绿色环保一族；外来人口。

3. 市场潜力

（1）乘客用户基数大。根据有关数据显示中国每天的出租车出行人次约1 100万，而利用公交出行的人数高达2.8亿。这部分群体人口数量大，每周保持较高且较为稳定的公交乘坐频率，对公交的依赖性强，乘车线路较为固定，时间要求较高，出门时间界限往往限定在一定时间范围内，他们期望掌握确定的公交到站时间，这样他们就可以科学合理地安排自己的时间。上下乐恰好满足了这部分的核心群体的需要，因此，市场潜力巨大。

（2）智能手机及 APP 应用越来越多。中国互联网协会、国家互联网应急中心在京首次联合发布了《中国移动互联网发展状况及其安全报告（2016）》（以下简称报告）。报告显示，2015 年中国境内活跃的手机网民数量达 7.8 亿，占全国人口数量的 56.9%，同时智能手机联网终端达 11.3 亿部。从智能手机用户数量和移动 APP 的用户数可以看出，我国的移动互联网规模巨大、市场活跃，而随着智能终端的进一步普及和移动应用 APP 的日益丰富，移动互联网还将实现对生活各个领域的“渗透”，这也意味着未来国内智能手机用户数仍会持续增加，人们使用移动互联网的时间也会大幅增长，移动互联网将成为人们日常生活中的“第一大网”。上下乐选择手机 APP 作为切入点，顺应形势发展，人性化的交互界面方便人们对信息的掌握。

（3）定位准确，用户需求量大。基于人们对出门乘车质量、舒适度的要求存在巨大的市场需求，上下乐以此切入，定位准确。这款 APP 在站点查询、解决乘客焦虑方面有很大改进，提供了何时出门都可以精确地查询自己所需要乘坐的公交具体的到站时间等信息服务，用户获取信息后可以更好地决定自己何时出行，最大程度上减少了时间的浪费，进而提高效率，并给用户带来高质量、舒适的外出体验，如此惠民的产品，相信一定会得到用户的喜爱。

（4）人性化的交互界面，满足用户个性化需求。用户对外出时针对性的特殊需求也越来越高，根据国家旅游局近日发布的数据显示，2015 年共有 41.2 亿人次国内或出境旅游，相当于全国每家人口一年旅游近三次。所以衣食住行这样的特殊要求就显得格外的重要，市面上很多关于衣食住行的 APP 已经让用户眼花缭乱，通常需要在各种不同的 APP 上慢慢搜索，这不仅会浪费大量的时间，还会大大影响游客游玩的心情，我们的 APP 的主要特色就是在你坐公交或自驾的同时，只要定位你的所在地点，如搜寻“宾馆”等关键词时，系统会沿着你所走的线路出现一路的宾馆，点击进去可以找到你所关心的宾馆的评价、价格、设施以及如何到达等所有问题，然后对心仪的宾馆就可以进行网上预定，这就大大节省了用户慢慢搜索再筛选的时间，让“你需要的来找你，而不是你慢慢搜寻所需要的”，只需轻轻一键，包你满意。

（5）潜在客户的市场潜力巨大。为了提供给乘客更智能、更舒适、更便捷的乘车环境和相关设施，将无聊的上班路途上的时间变得有趣而且更有用，结合日益成熟的3G或4G无线信息系统，公交免费Wi－Fi的范围已初步覆盖长沙、济南、武汉、北京、湛江、广州、青岛、包头等地，合肥已经有60%的公交实现覆盖，若公交免费Wi－Fi实现全面覆盖，对于那些没有流量或月末流量不足的潜在消费者，依然可以轻松自在地在乘坐公交时使用手机软件。

4. 竞争分析

（1）竞争对手分析

① 已有竞争对手

如图4－3所示，市场上已经开发的类似APP很多，比较常用的有酷米实时公交、车来了等。“车来了”APP于2012年9月在武汉上线。核心功能是公交车辆实时位置查询，让用户掌握将要乘坐的公交车距离自己有多远和预计到达时间，还有整条线路的实时通行状况。“车来了”APP覆盖武汉300条公交线运营中的7 000辆大巴车。到2012年底，用户量达到百万级。“车来了”陆续进入苏州、乌鲁木齐、重庆、杭州、天津、成都、东莞、青岛、郑州、深圳等城市。2013年6月，“车来了”获得雷军、徐小平、袁岳的天使投资。

图4－3　主要竞争对手

② 潜在竞争对手

1）手机地图APP

如图4－4所示，随着科技的不断发展，很多用户会选择用手机地图代替纸质地图，高德地图、百度地图、腾讯地图、搜狗地图、苹果地图、谷歌地图等APP因为具有携带方便、更新速度快、定位准确等特点，目前被用户高频率地使用。

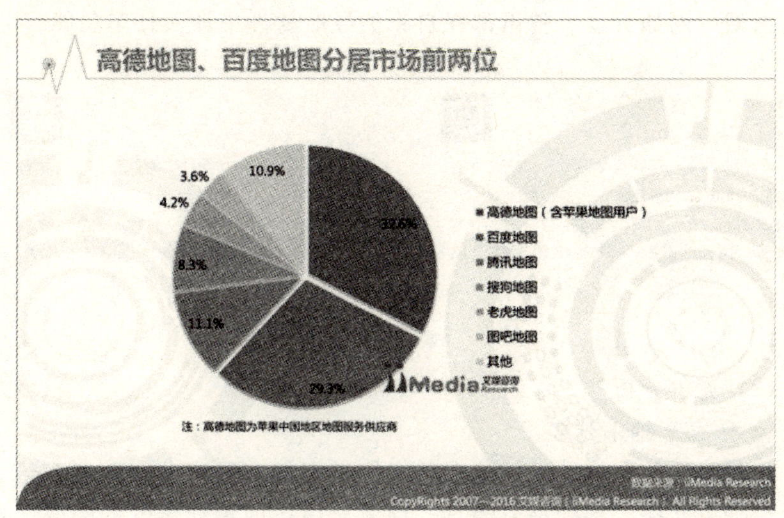

图4-4 手机地图APP使用情况

如图4-5所示，随着手机地图越来越人性化、精确性越来越高，未来将有越来越多的人使用手机地图。

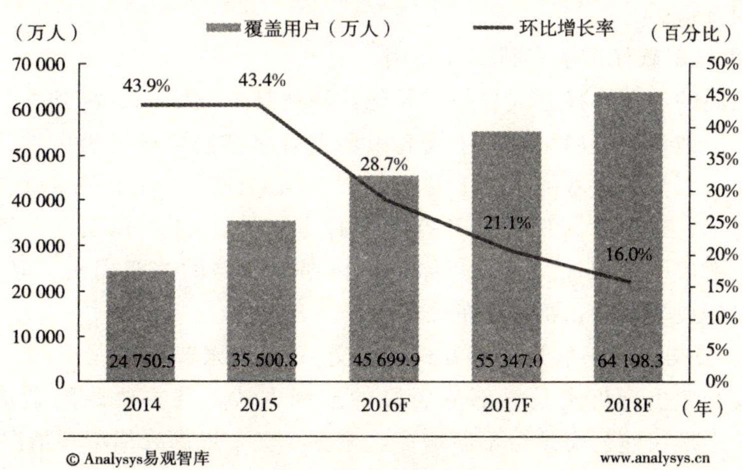

图4-5 手机地图市场预测
（资料来源：www. analysys. cn）

2）打车软件 APP

如图 4-6 所示，目前主流的打车软件有滴滴打车、Uber、易到等，一些大型厂商如百度、腾讯都在自家的导航软件中加入打车功能。

图 4-6　主要打车 APP

（2）竞争分析

① 私家车越来越多

随着经济的快速发展，越来越多的家庭拥有私家车，私家车给人们的生活带来便捷，特别是节假日、周末、旅行或糟糕天气的时候，但是车辆的油耗、保险费、维修费、保养费等一年一辆车最少支出都超过万元，在北京、上海、深圳、广州等一线城市及部分区域跨度大的二线城市，人们上班距离远，上下班堵车严重，选择开私家车上班并非大多数家庭的首选。

② 打车软件被越来越多人使用

人们的出行选择方式日趋多样化，滴滴打车、Uber、易到等打车软件被广泛地下载和应用，为了提高市场占有率它们争相推出更加优惠的折扣，一部分消费者的手机上甚至装 3 个以上软件，哪个实惠选择哪个软件打车。出租车司机已经开始使用打车软件，Uber 司机、滴滴司机逐渐演变成一种职业。如今，你很难再遇见顺路的兼职司机、私家车，现在也变成了职业司机租来的车。

③ 公交出行仍然是主要方式，公交 APP 尚未普及

公交车出行仍然是大部分居民的选择方式，其主要原因是价格便宜，特别是快速公交站台不断增多，避免了上下班高峰期堵车情况。

公交 APP 在一线、二线及部分省会城市并未普及，除了技术问题以外，APP 运营商尚未找到合适的商业模式是主要原因。

3. 竞争优势

(1) 公交出行人数众多，市场潜力大。选择公交出行人数众多，特别是远距离上下班，公交出行经济实惠，随着快速公交道日益增多，避免了高峰期堵车情况。学生群体、上班族、外来人口等都是公交出行的主力军，特别是随着城市化进程的加快，越来越多的人向二线及部分三线城市涌进，城市版图越来越大，人口越来越多，公交越来越多，以合肥为例：2015 年，合肥公交集团入户新公交车 1 031 辆，在册营运车辆总数达到 4 271辆，均创历史新高，有效缓解了公交一线运力紧张的状况。

(2) 地图 APP 不具备闹铃提醒等功能。地图 APP 通常是人们寻找地理位置或导航的时候使用，不具备闹铃提醒等业务，无法给人们出行带来时间的节约。与地图 APP 相比，上下乐 APP 功能更加合理、更加人性化。

(3) 已有的公交 APP 尚未找到合适的商业模式。虽然“车来了”等公交 APP 已经研发并投入使用，但是市场占有率不高，产品知名度和美誉度偏低，很多用户甚至没有听说过这类软件。这类公交 APP 往往是公益性质的，它们尚未找到合适的商业模式实现盈利。

上下乐设计了独特的盈利模式就是将公益性与商业性完美结合，不仅方便人们出行，而且能为人们的吃喝玩乐提供好的建议和帮助，让人们在公交车上就能规划好自己的时间和生活，做时间的主人、做生活的主人。

(4) 实施差异化的市场定位，制造竞争的蓝海战略。上下乐 APP 无法与地图 APP 雄厚的资金和技术实力相比，我们也不想做纯粹公益类的 APP，上下乐实施差异化的市场定位，如图 4－7 所示，避开残酷的红海竞争，创造可行的蓝海战略，将公益性与商业性完美融合，公益性扩大产品知名度和美誉度，商业性帮助我们积极实施业务拓展，扩大经营目标，越来越多的模块被集成和使用，让乘客真正实现“上下乐”。

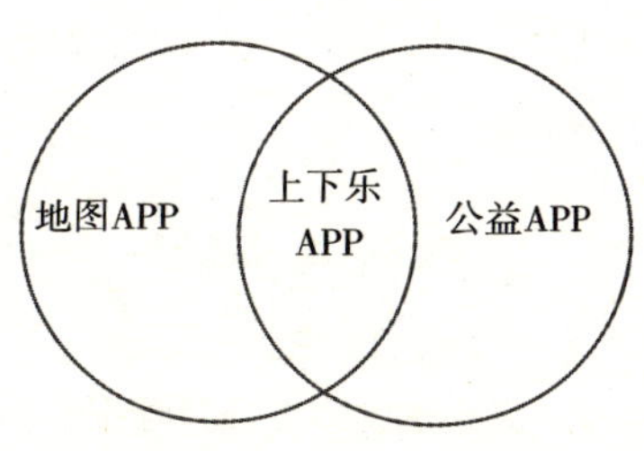

图 4－7　市场定位图

三、项目设计

（一）产品设计

上下乐 APP 设计思想是“简单、实用、好玩、畅快”，在整合现有相关资源的基础上，通过信息化、智能化、个性化等手段，能够直指人心，让人感到温暖和需要。精准定位用户群，为乘客提供快捷、安全、方便、舒适的出行服务，让他们能够沉迷和狂热，用户的活跃度是 APP 的生命力。

APP 设计主要是四个界面：首页、公交路线、沿路推荐、我的。每个界面的内容各不相同，却又相互联系。

1. 首页界面

如图 4－8 所示，首页界面主要是功能导航页面，非常简洁美观，方便用户进入自己需要的功能模块。

图 4－8　首页界面

扫一扫：以二维码的形式支持用户扫一扫下载上下乐 APP，同时可以扫描有二维码的其他软件商标等。

搜索：给用户提供的是最基本、最便捷的搜索点。

功能区：九大功能区分别为功能性需求（实时公交、站点查询、周边站点、闹铃提醒、模式切换）与商业性需求（沿途推荐、好友推荐、景点推荐）完美结合在一起，致力满足用户的多元化需求。

滚动式广告：采用滚动式广告来推销入驻商家的产品等，这部分推销的主要是这个城市最新、最重要、最吸引人的热广告。让人们第一时间了解商品或服务的信息。真正实现上下乐 APP 设计宗旨“让用户使用时间延长，上车之后仍然使用”。

2. 路线界面

如图 4－9 所示，以精准细致的路线，为用户安排出行的最优时间，

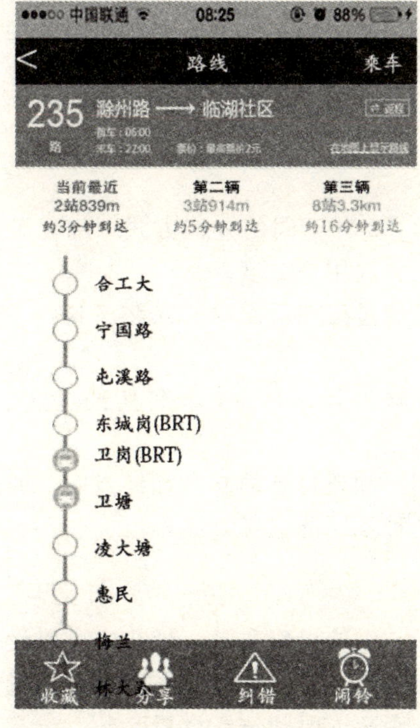

图 4－9　路线界面

无论是公交的静态信息还是动态信息，都可以从路线界面获知。

基本信息栏：呈现的是所在的公交的起始位置、终点位置、始末班的时间、票价等。

动态信息栏：包括了当前通过精确的GPS定位到最近公交到达用户上车站还有多长时间以及第二辆和第三辆还需多长时间到达，这些高准确度的实时信息为用户的合理出行提供了一份保障。这条路线的全程显示，以动态的形式实时更新，满足用户随时随地能清晰地知道公交的具体运行状况的需求。

隐含导航栏：是以小倒三角的形式出现，包括收藏、分享、纠错、闹钟四大导航。大部分群体乘坐公交线路比较固定，时间也基本固定，用户可以对自己的常用路线进行收藏，方便下次查询；我们可以把自己喜欢或好友需要的路线分享给好友；也可以及时地与我们的亲人、朋友进行地理位置的共享；支持用户反映对所坐的路线的错报或其他问题，将信息反馈给相应的公交公司，保证了我们的准确度，保障了我们的服务；用户可以设置出门或下车的闹铃提醒，方便快捷、一目了然，及时提醒我们上下车，提高用户出行效率。

3. 线路搜索

如图4-10所示，3种不同的查询方式，细化了产品的功能，满足用户的差异化需求，提高用户黏度。

路线查询：用户通过搜查所需要的几路工具，了解这路公交的各种基本信息和动态信息。

站点查询：通过输入具体站点，获得所经过这个站点的所有公交，从而让用户放心筛选。

站站查询：在用户知道自己的起点和终点时，通过站站查询，进一步缩小范围，提供各种不同的选择方案。

4. 闹铃提醒

如图4-11所示，闹铃提醒非常人性化，可以设置语音播报和震动开关，提醒乘客及时上车和下车；提醒方式可以设置候车提醒和下车提醒，可以按照站点、距离、时间进行设置。

图 4－10 路线搜索界面

图 4－11 闹铃设置界面

5. 沿途推荐

（1）沿途推荐主界面。如图 4－12 所示，沿路推荐界面非常清爽，简洁直观。以图片搭配文字的形式呈现商品，同时有价格、购买人数和离站牌的距离，能很容易地让客户掌握详情，还可以通过定位来确定你所在站牌与折扣商品的距离，并支持网上支付预定功能。

搜索区：可以沿着公交路线按照关键词进行搜索，对于用户熟悉的店铺在这里搜索到其最新消息等。

地图区：这部分地图是根据用户所查询的公交而导出的公交路线地

图，包括沿路的每一个站点。

分类搜素区：包括酒店、购物、书店、美容美发等，按照全部分类进行搜索，上下乐 APP 特色之一就是沿途特价、沿途折扣、沿途抢购三个模块，让乘客实时了解商家信息；滚动式沿途促销信息方便、快捷地呈现在乘客的眼前。

滚动式广告：这部分的广告是针对用户所搜索的公交而推出的沿这一条公交路线的广告，缩小了广告范围，也是一种实时更新的广告，让用户实时浏览、选择。

图 4－12　沿途推荐主界面

（2）沿途推荐分界面。如图 4－13 所示，这部分分界面的推荐细化了推荐的主界面的地图区，当你点击沿途推荐界面地图上的公交站点时，就形成了以该站点为圆心向外辐射的精确推荐，推荐的半径可以调整。滚动广告也相应地改成站点周边广告，以距离来进行推荐，这样更精确帮助用户定位的需求，真正帮助用户解决生活问题。

图 4－13 沿途推荐分界面

6. 美乐圈界面

如图 4－14 所示，美乐圈主打对沿途推荐或者站点精确推荐的商店基本信息的列举，按照星级加距离的排列顺序，第一排序条件为星级，星级越高越靠前，星级相同则距离越近越排前。点击店铺图片或店面可查看商店的具体信息。以美食推荐界面为例，用户选择了美食后就会列出这条路所有的美食店的信息：店铺的距离、团购折扣情况、主要特色、人均消费等，尽可能为用户提供最全面的信息。

图 4－14　美乐圈界面

7. 我的界面

如图 4－15 所示，我的界面主要包括我的消息、我的等级、我的分享订单、我的优惠券、我的好友、我的收藏、我的路线、帮助与反馈等，可更好地管理好用户的各种资料。

（二）组织管理设计

如图 4－16 所示，本项目的组织结构图。

图 4－15　我的界面

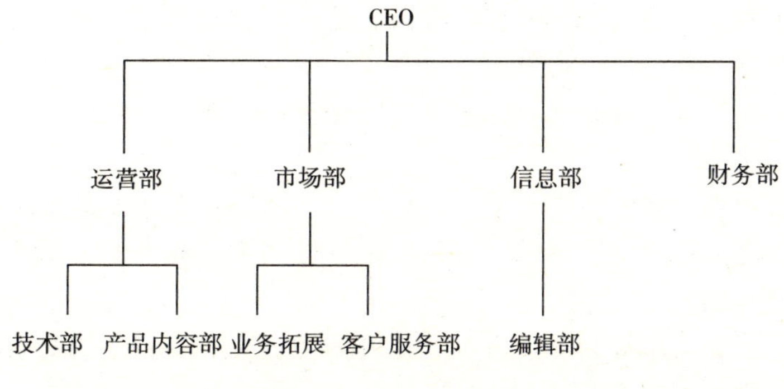

图 4－16　组织结构图

（三）经营设计

见表4－2，利用现有系统或即将开发出来的系统，结合本地的生活服务，比如餐饮、景点、订酒店等，来满足用户的消费体验，运营初期通过广告精准营销来使用户对我们的服务和产品逐渐熟悉，了解并学会使用，在这一阶段，我们通过一些宣传和推介，努力提高认可，选择在合肥为突破点，计划将合肥市场做好，预期需要2年时间。中期阶段我们计划完善平台，以合肥为契机向一线、二线城市及部分省会城市、旅游发达城市进军，预期将需要3年左右时间为突破口；后期运营我们将实现一线、二线、部分省会城市、旅游发达城市全覆盖；长远规划我们将向三线富裕和较为富裕城市进行拓展，力争实现全国性覆盖。

（四）技术设计

我们将"上下乐"分为企业版、个人版，适用于安卓系统与苹果系统。

1. 企业版

（1）沿途合作企业将免费使用企业版，通过企业版免费发布商品信息、促销信息、企业广告等，"上下乐"和沿途企业签订协议，协议内容包括只要是"上下乐"注册用户即享受会员待遇，并且享受沿途企业的会员积分制度；"上下乐"积分可兑换沿途企业的促销商品。

（2）客户和企业下单就收取订单金额的1%～5%费用。

（3）用户沿途企业满意度实行打分，沿途企业分数偏低必须进行整改，甚至解除双方关系。对积分较高企业，将实行重点推荐，推荐结果以三个月累计积分取平均数。

（4）与商家签订合同，通过APP订购商品5～7天时间货款到账。

2. 个人版

（1）免费下载、免费注册、免费下单，可定制个人线路服务。

（2）个人通过"上下乐"订购，将享受"上下乐"积分服务，并可进行积分兑换。

（3）积分管理分为铜牌客户、银牌客户、金牌客户、白金客户，不同的积分享受不同的服务。

（4）支持支付宝、微信、银行卡等在线支付。

表 4－2 经营规划表

阶段	APP 建设	整体运营	运营中期	运营后期	长远规划
时间	2016.7—2016.10	2016.11—2018.11	2018.11—2020.11	2020.11—2022.11	2022.11—
定位		·合肥市场作为突破点 ·合肥市场运营稳定后向黄山市场拓展	向部分一线、二线城市及部分省会城市、旅游发达城市进军	实现一线、二线及部分省会城市、旅游发达城市全覆盖	部分发达三线、四线城市覆盖
目标	·APP 开发 ·数据库管理优化	·提升市场占有率 ·提供知名度、美誉度 ·提升营业额	·提升市场覆盖率 ·提升知名度、美誉度 ·更加个性化、人性化 ·更加特色化 ·提升营业额	·稳固性战略扩张 ·提高盈利性	·树立领军地位 ·力争做到全国性覆盖
重点	·平台的构建 ·数据优化	·平台维护 ·大数据、云计算的引入 ·展开营销策略 ·扩大影响力 ·树立知名度	·平台维护 ·平台拓展 ·密集式营销 ·个性化业务拓展 ·扩大影响力 ·树立知名度	·业务模式创新 ·多元化营销	·占据稳定的市场份额

（五）财务设计

1. 资金需求与来源

见表 4－3，上下乐初期拟定筹集资金 300 万元，其中创业资金 10 万元，技术入股 50 万元，资金主要应用于 APP 开发和数据库管理及优化工作、营销费用，为了建立良好的运营环境，项目组将引入风险投资 240 万元。

表 4－3　资金来源与持股比例表

项目	风险投资	团队投资	技术入股
金额（万元）	240	10	50
出资比例	80％	3.3％	16.7％
股份持有比例	40％	60％	

2. 盈利模式

（1）广告收入：每天高峰期早 6：30—9：30 点、晚 5：00—7：30 滚动式促销广告每条 3 元，其余时段每条 2 元；每条滚动式企业广告 5 元。

（2）订单金额提成 3％～5％。

（3）APP 入住 360 手机助手、91 助手、豌豆荚、App Store 等，通过下载量获得下载收入。

（4）与商家签订合同，到账日设定为 7 天，可以作为一个融资平台。

3. 项目收入

见表 4－4，本项目的收入表。

表 4－4　收入表　　　　（单位：万元）

项目名称	第一年	第二年	第三年
广告收入	30	60	90
交易提成	180	360	540
融资性收入	300	600	900
研发费用	100	50	100

（续表）

项目名称	第一年	第二年	第三年
维护费用	10	10	10
设备购置费用	650	860	650
营销费用	20	20	60
工资及福利费	100	100	140
合计	−370	−20	570

（六）风险控制设计

1. 技术风险

这款产品最大的技术问题就是如何进行数据的收集和处理，总的来说传统的报站系统精确度很低，即便安装 GPS，其回传的数据也无法反映出行的公交行驶过程的各种运营状态。最重要的是数据的回传频率如何保证在 10～15 秒一次，地理信息位置的飘移，当公车经过桥梁、隧道等信号覆盖不到的地方时数据的丢失问题，公交出现车辆故障、车辆加油高峰非常规运营状态下我们如何解决。

应对策略包括：首先，政府应当加快现代智能站牌的建设速度，加大对城市公交的投入；其次，我们平台将会积极推进大数据、云计算等新型技术的使用，发挥其大量、高速、多样、高价值的特点，确保我们为用户提供数据的准确性，当然以上技术难题是整个行业面临的难题，因此不会仅仅制约上下乐网站，我们将会和整个行业一起努力解决这些问题；最后，我们将注重对技术人才的引进，专业型的人才会为上下乐的正常运行提供保障，主要是对各种数据的征集和整合、对信息的更新、对突发状况及时处理。

2. 市场风险

根据个人查找，目前各款有关公交车的 APP 是千奇百样、不计其数，如像我们熟悉的，“互联网＋出租车”产生了滴滴、快的等，“互联网＋公交”也有车来了、智能公交等 APP 事先抢占了市场。

应对策略包括：首先，打造出网站的核心竞争力，我们最具特色的沿路推荐功能为用户提供前所未有精准、专业、个性、有效的服务，力争让上下乐与众不同，相信在提高产品服务差异方面我们会做得更好。

我们必须明确一点，市场潜力是无穷大的，上下乐以其独特的视角推出的沿路推荐等功能正是目前市场的空白点，能紧紧抓住用户眼球。

3. 财务风险

每个行业都有风险，比如：前期投入过高导致初期财务预备资金不足、成本管理不善，没有计划的花费等都会导致财务风险的发生。

应对策略包括：我们知道现在国家正在大力发展“互联网+”项目，我们可以充分享受到国家或当地政府对大学生创业的支持，最重要的是“上下乐”在很大程度上还能改善城市面貌，加快各个城市现代化的步伐，让上下乐带走站台处的吵闹拥挤，带来礼让和秩序，相信这是当地政府所乐意见到的景象，那我们就有了一定的资金来源渠道。

寻求风险投资人也是我们的方法之一，我们为用户提供的服务和给社会带来的价值以及清晰的盈利模式必能获得投资者的青睐。

4. 管理风险

上下乐对技术要求较高，那么管理运作中因信息不对称、管理者判断失误以及技术人才流失都会造成损失。

应对策略如下：企业要强化风险意识和法律意识，建立全面的风险防范和应急系统，创业者要加强自身素质的修养，要有“创业难守业更难”的意识，加强与员工的沟通工作，特别是核心的技术人员。

四、项目建设

（一）组织建设

根据组织构架，建立相应的部门，明确各人员的责权利，我们一体化的服务致力于打造良好的乘车环境，“上下乐”综合化、信息化、智能化的手段，相信一定会让越来越多的公众乐意搭乘公交，享受城市公交服务。

（二）技术建设

安卓和苹果系统均可直接输入“上下乐”下载手机 APP，或直接扫描二维码下载即可。

（三）经营系统建设

1. 准确性

数据来源的准确性直接决定了这款软件的好坏，所以前期发展主要就在做好数据的建设工作，基于云计算和大数据，实时信息的报站准确率达到95%以上。

2. 优质的客户体验

上下乐界面简单，可操作性强，交互功能基于人性化设计功能强大，订阅式闹铃提醒业务、沿途星级推荐、线路收藏积累了很高的用户体验值，病毒式营销为我们积累了良好的用户口碑。

3. 可拓展性

只有想不到的，没有办不到的，未来还可以增加手环候车震动提醒功能以及移动支付乘车费用功能，实行公交车 Wi－Fi 全覆盖，同时也可以将这种模式应用于出租车、大巴、校车等，相信都是很有发展潜力的。

（四）营销推广

1. 线上推广

（1）QQ 推广。下载上下乐 APP 的老客户可以将本款 APP 分享给自己的 QQ 好友，若好友成功下载上下乐 APP 将获得 10 元无门槛抵扣券（抵扣券三天后失效），此抵扣券将在“沿路推荐”功能中抵扣客户吃穿住行的花费。好友抵扣成功后，分享的老客户将获得 30 元无门槛抵扣券（抵扣券三天后失效）作为奖励。我们知道“六度分割”理论，即最多通过六个人你就能认识任何一个陌生人，现在男女老少几乎都会玩些社交软件，那么这就为我们的推广提供了契机。

同时上下乐 APP 将会与腾讯空间合作，在人们刷空间的时候会看见上下乐 APP 的推广页面和广告，推广页面中会显示使用该 APP 的 QQ 好友和共同好友。只须轻轻点击即可下载安装。

（2）微信推广。我们不只采用与 QQ 推广中好友分享得抵扣券的方法，还会申请“上下乐”公众号，上下乐老客户或有上下乐二维码的可以分享二维码、公众号给自己的微信好友、朋友圈。若有十个人注册成功，审核后，分享的人将获得红包奖励。

（3）搜索引擎推广。搜索引擎作为网络的超级《黄页》，上下乐将会与 360 搜索和百度等排名靠前的达成协议引入我们的网站，通过直接输入“上下乐”或通过间接搜索“公交”“实时公交”等关键字查找上下乐的网站，可以浏览上下乐的简介、产品功能、产品特色等基本信息，支持直接下载上下乐 APP。

(4) 线上广告推广。上下乐将与一些影音类 APP 合作，在打开影音类 APP 时插入上下乐的界面，做广告推广。前期我们会支付一些费用，后期我们的 APP 下载量提高时也会通过给别的商家做广告或抵扣费用或收取费用。

2. 线下推广

(1) 校园推广。“上下乐”可以和各个学校的“外联部”合作，为学校举办的系晚会或者院晚会提供必要的赞助，相应的，晚会上主持人将会不断地为我们的 APP 做宣传且发传单，做推广。

“上下乐”前期推广将会与各个学校的超市合作，现场注册 APP，将会获得本校超市 5 元的现金券（此现金券只限当天使用，一次性使用）。

(2) 公交推广。公交推广包括公交站台推广、公交车贴纸广告、公交车电视广告。

公交站台推广：“上下乐”APP 可以在公交站台橱窗里做海报广告，海报广告将会有 APP 的二维码，在站台等公交的乘客，只要扫描二维码即可注册。

公交车贴纸广告：“上下乐”将会在公交车外面贴上 APP 广告，这样让等公交的乘客和公交沿路“经过”的人，都可以知道我们这款专门为“你”而打造的生活一体化 APP。

公交车电视广告：我们将会在各大公交电视屏幕上做广告，让乘坐公交的人了解我们这款 APP，并且明白这款 APP 是真正意义上为他们着想设计的。

(3) 商业区推广。“上下乐”通过在一些商业区摆摊、举办各种大型活动等来推广，具有人流量大、推广集中、成本低等特点，只要现场注册 APP，将会有可爱娃娃等玩具的奖励。

我们将会在商业区各个标志性的位置张贴海报来进行 APP 的宣传，让市民自由选择，只要扫描二维码即可注册登录。

（4）住宅小区推广。选择在人口密集型的住宅小区进行推广，具有人口数量大、推广集中、成本低等特点，只要现场注册 APP，将会有可爱娃娃等玩具的奖励。

五、项目运行与维护

（一）运行与维护过程

我们设数据技术部和电子站牌技术部和维护部。除了对网站（上下乐）系统进行必需的审视和维护来保证其正常运作外，还从正处于实际运营的系统上测试实际的系统性能，需要和各种提供数据的政府或企业保持密切联系，加大对数据来源真实性的考察和维护以及对用户信息的保密，在运作中发现系统需要完善和升级的部分，将所有这些信息整理成一份计划，便于将来网站的增强和升级。

（二）运行和维护效果

1. 市场影响

各方资料显示，全国约有 5 亿公交人群，平均每天出行 2.8 亿人次，上班族、学生等是其中主要构成。公交出行，多年来为人诟病之处：时间无保障、换乘不便等。由此我们为乘客优化打造了这款省时、环保的“上下乐”APP，进入首页无须任何搜索，自动定位距离用户最近的公交站点。因为后台算法能综合判断最近站点，收藏常用线路及方向，且基于 GPS 和大数据的发展，计算公交的通行时速，以及通过不同路段公交车通行速度差异判断拥堵程度，最终呈现“上下乐”APP。打开 APP 到站后会自动显示乘客将有几站到达，且将会到站震动或响铃提醒；同时乘客可以将此公交车的动态分享给自己的亲朋好友，让等你的人把握好接你的时间，避免焦急。此款 APP 的最大亮点就是当你搜索“宾馆”时，会出现附近的宾馆，点开会有评价和介绍，乘客可以选择离自己最近和最适合的宾馆，吃喝玩乐都可以搜索到，更好地为乘客着想，我们相信上下乐可以做得更好。

2. 运营业绩

我们主要的收益来自于以下 3 个方面：

（1）金额提成：每位消费者可以从我们这个软件直接订购商家的营业产品：①提前预订商品可以送货上门（订单费用达 188 元以上商家免

费送货上门，不满则收取 5～10 元配送费用)，给消费者提供很大的便利；②个人下单按个人消费价格的 1%～3%向商家收取提成；③团购下单按团购消费价格的 1%～2%向商家收取提成；④个人预定的每次向商家收取 1 元费用。

(2) 广告费收取：沿路推荐会以滚动式广告给商家提供一个推销自己产品的平台，可以在广告上推荐自己今天主打的产品以及在消费者那有很好口碑的产品，商家要想做广告，我们是要向商家收取一定的广告费用的。

(3) 融资平台投资：客户下单后 5～7 个工作日资金会打入商家店铺，这段时间我们可以充分利用资金做融资，我们可以做再投资获取一定的收益。

APP 运营后每月将新增注册人口 5 000～10 000 人，预期一年后将有 10 万～20 万人使用 APP，两年后将有 40 万～60 万人使用，中期将有 100 万以上用户使用。研发费用过高，预期 2 年实现扭亏增盈。

3. 社会与经济效益

上下乐 APP 帮助用户更好地管理自己的时间，实现了用户对时间的充分利用，让时间变得更有价值；沿途推荐帮助商家更好地营销，提升知名度和美誉度，实现了产品或服务收益；同时，根据用户使用情况，结合大数据分析，我们可以定期向公交公司反馈，帮助公交公司更好地管理公交时间，解决上下班高峰期等车难、挤车难的问题，实现社会价值。

第二节　兴趣帮

一、痛点分析

休闲活动多种多样，有休闲体育、休闲阅读、休闲学习、休闲娱乐、休闲交往等。如何合理安排休闲活动，也是当代大学生当前面临的问题。合理规划休闲活动，需要大学生充分认识休闲，目前大学生休闲生活存在着休闲价值观落后、休闲内容庸俗、休闲质量低、休闲技能低、休闲自觉性差等问题，普遍存在如下四个痛点。

痛点 1：大学生课余休闲时间安排存在不明确性

大学生课余休闲时间的利用与他们对自身的规划有很大关联，对于有规划、作息时间规律的同学而言，百分之八十的人认为他们能很好地利用课余休闲时间，并对自己时间的利用较为满意。但对于未来发展没有明确定位的学生而言，他们的课余时间安排具有较大的随意性，而且睡懒觉、参加各种娱乐消遣活动占用了大部分的时间。

调研显示，只有 34.48％的学生对自己的课余休闲时间进行分配，44.83％的学生偶尔会对自己的课余时间进行分配，20.69％的学生则不会。即使制订计划但按照计划执行的学生也只有 27.59％，51.72％的同学偶尔会按计划进行，大多按计划进行的有 17.24％，不按计划进行的占 3.45％。因此，大部分大学生不会对自己的课余休闲生活时间进行精细的安排，不会给自己制订周密的计划，也很少按计划完成。从以上调查结果可以看出，大学生对自己课余休闲时间安排存在着不明确性。

痛点 2：70％的大学生课余休闲生活态度消极

对待生活态度积极与否，也影响到大学生对课余休闲活动的选择，调查显示，70％的学生上网时都将大部分时间应用到非学习方面，大多数大学生课余休闲生活态度消极。男生主要沉迷于网络游戏，为玩得尽兴，有甚者买好几个游戏键盘连在手提电脑上，通宵玩游戏；女生除了网购、看节目之外，主要沉迷于网络小说，尤其是言情小说。

痛点 3：大学社团组织、基础设施等无法满足大学生日益丰富的兴趣爱好

大学生的课余生活正迎来五彩斑斓的时代，体现了多元化、时代性的特色。大学生兴趣爱好展现了多样性、深度性、广度性、聚集性的特点，表现在：大学生兴趣爱好内容广泛，种类繁多；他们不仅“好玩”，而且“会玩”，将兴趣爱好不仅玩出广度也玩出深度；线上线下兴趣爱好活动同步展开，定期不定期开展活动。目前，大学社团等组织已无法满足当今大学生日益丰富多彩的兴趣爱好的诉求，大学生渴望一个垂直门户的兴趣爱好的交流平台。

2015 年，全国大学生共有 4 018.1 万人，本科生有 721.4 万人，专

科生有 3 296.7 万人，这也就意味着大约有 82%的大学生的兴趣爱好得不到满足和充分发挥，其原因是中国大多数专科学院的设施设备条件不是很齐全，无法有效组织线下活动。

痛点 4：海量信息搜索难度加大，真正感兴趣的却难寻

"每天看那么多东西，到底有多少是你真正感兴趣的?""翻遍微博，刷遍新闻客户端，看完大部分我压根不关心的内容后才找到我想要的信息。"信息爆炸带来了大量无效信息，极大增加了人们筛选有价值信息的成本，为了获取某条感兴趣的内容，人们需要付出大量的时间和精力成本。同时，我们时常需要担心错过重要信息，为此不得不花费大量时间刷新，"我要的资讯新闻客户端不一定精准推送，我需要隔三岔五检查，还经常漏了关心的消息"。

因此，加强对大学生的休闲教育已刻不容缓，将大学生的课余休闲时间与自身的兴趣爱好相结合，既可以帮助大学生合理利用休闲时间，又能让大学生通过兴趣爱好提升自身的修养、素养，学会与陌生人沟通交流，扩大交际圈，甚至可以利用兴趣爱好赚钱，实现大学生活的物质、精神双丰收。

二、项目简介

（一）项目意义

兴趣帮 APP 研发的四大宗旨是"兴趣交流、兴趣挖掘、兴趣分享、兴趣互动"，直击当今大学生课余休闲时间的痛点，以丰富多彩的内容挖掘和培养大学生的兴趣爱好；交互式页面设计让大家互动起来，让他们觉得这是一款好玩的软件，玩软件变成自动自愿的事情、"过瘾"的事情，提高大学生群体使用软件的黏度。

1. 线上进行兴趣交流、兴趣分享和兴趣挖掘

现在的大学生拥有不同的兴趣爱好，但由于各种原因，找不到志同道合的人可以更好地进行交流，无法满足学生的沟通交流的诉求。我们的手机 APP 正是从这一问题找到切口，利用互联网技术设计了一款专门针对大学生兴趣爱好交友的手机 APP，让学生可以在一个平台上进行兴趣爱好的交流、互动、学习、展示，让学生的课余时间丰富起来。没有兴趣爱好的同学可以培养，有兴趣爱好的同学可以交流、分享，还可

以深度挖掘兴趣爱好，因为我们的 APP 有最为专业的高校教师帮助你成长。

2. 线下组织兴趣活动进行互动

大多数与互联网兴趣有关的软件，都是以线上为主，线下的实施较少，而线上推行相对于线下而言较简单，但是纯线上不能让大学生有更好的体验值，兴趣帮 APP 软件将线上和线下有机地结合起来，线下活动让大学生互动起来，增加了沟通交流的机会，帮助他们扩大了交际圈，让他们不仅做网络上的朋友也做生活上的良师益友。

3. 让兴趣转变为财富

部分大学生能将兴趣“玩出深度”“玩出广度”，已经达到或即将达到专业级别了，那么这些兴趣对于大学生来说就是一种潜在的财富，对我们来说是巨大的商机，兴趣帮 APP 提供一种专业化的平台将潜在的财富转化为实际的财富，让大学生通过“卖”兴趣“富”起来。

（二）项目达成的目标

兴趣帮 APP 利用互联网的优势，致力于全国大学生的兴趣爱好交流，打破地域的限制，让大学生用户体验到线上交流、线下互动的乐趣，使大学生不再局限于狭小的兴趣交流圈，不再为没有志同道合的朋友而烦恼，努力打造一个兴趣交流、兴趣分享、兴趣挖掘、兴趣展示、兴趣交友的 APP，实现兴趣帮 APP 的“简单、有趣、好玩、过瘾”的设计目标，提升兴趣帮 APP 在大学生心中的知名度、美誉度和使用黏度。同时，兴趣帮 APP 可以让大学生的兴趣转化为财富，通过兴趣提升自身的素养、涵养和修养。

（三）项目主要内容

近几年，在现在这个社会，不管是从小就培养自己的兴趣爱好，还是进入大学后发展，学生及家长都非常重视。现在拥有好的学习成绩已不足挂齿，重要的是要有自己的爱好，将爱好培养成一项特长和技艺。因为好的兴趣爱好，能提高一个人的气质、情操以及品质。

兴趣帮 APP 内容模块：①找到共同兴趣标签的小伙伴；②可以建立兴趣部落，经营属于自己的兴趣圈子；③发动或参加兴趣活动，和共同兴趣的人一起出去玩；④聊聊天：和共同兴趣的小伙伴们畅聊；⑤精选资讯：根据兴趣标签实时提供精选内容；⑥发布动态：提供文字＋图片+语音的动态发布，和达人趣友交流；⑦可以签约培训机构，利用你的兴趣爱好去赚钱；⑧商城有"最 in"的商品，也可以将闲置的物品放在跳蚤市场出售。

兴趣帮 APP 主要兴趣涉及以下四个标签模块：

1. 体育类

体育类主要包括球类、游泳、跑步等方面。

球类、游泳、跑步，分别有专门的讨论界面，供用户在里面讨论、交流，提供最新的新闻赛事，发布一些相关用品的相关信息，定期组织一些活动，用户之间可以自行组织比赛。另外用户可以在户外使用软件计步功能，记录每天的跑步数据，软件根据这些数据进行排名，还会采取奖励制度，方便并且专门化。

2. 生活类

生活类主要包括食、行、住、玩、手工、兼职等方面。

食、行、住、玩、手工、兼职，分别有专门的讨论界面，供用户在里面讨论、交流，展示自己的才艺。

(1) 食：我们会推荐各地特色小吃并进行排行；推荐一些养生食谱；上传做菜视频及步骤；推荐相关用品信息。

(2) 行：我们主要针对旅游方面，对各个特色景点做出相关的介绍与游玩攻略。用户可对景点进行评价，也可以互相提问景点的相关信息。

(3) 玩：设置总游戏中心，用户可以免费试玩，并对游戏进行评价。

(4) 手工：采用图文教程+视频课堂+手工市集的方式，让用户了解到有价值的手工信息。像布艺、折纸、编织、手绘印染、木工皮艺、烘焙园艺等。

(5) 住：我们可以提供一些租房信息；推荐一些设计装潢的图片和有关设计师的资料做参考。

(6) 兼职：我们会给用户提供一些兼职的信息，并且合法、不损坏用户利益的机构。

3. 学习类

学习类主要包括语言学习、阅读学习、写作学习等方面。

语言学习、阅读学习、写作学习分别有专门的讨论界面，供用户进行交流、讨论、展示自己的才艺，推荐相关的书籍。

（1）语言学习：针对用户发送的中文信息，软件自动翻译成别国语言，聊天界面呈现出纯外语的形式，帮助用户学习；定时推送一些外语短视频，用户可进行翻译比赛，正确率高的将得到奖励，参与者的经验值也会增加。

（2）写作学习：每个用户都拥有自己的小文库，记录你自己认为的优美的语言和文字还有小说，可以发表文章。

（3）阅读学习：推荐好的杂志、散文、美文、小说，用户之间可以互相评论。

4. 艺术类

艺术类主要包括摄影、绘画、舞蹈、音乐、书法等方面。

关于艺术类有专门的讨论界面，供用户进行交流、讨论、展示自己的才艺。还会推送相关的视频和教程供学习，结合线下的实际交流。

5. 其他

针对一些无法具体分类的爱好，例如科技、模型、魔方等，用户可自行申请，当该兴趣爱好达到一定人数时，我们会进行创建与设计。

（四）项目特色

兴趣帮 APP 主要是针对大学生而设计的一款软件，具有以下四个特色：

1. 兴趣对接，产生共鸣

现在大学生拥有不同的兴趣爱好，渴望进行交流互动，但由于地域的限制，无法找到志同道合的人。兴趣帮利用互联网将来自全国各地的大学生联系起来，不仅可以在同一个平台进行兴趣交流、互动、学习、特长展示，还推送一些与兴趣相关的重要信息活动。大学生较普通用户素质高，他们在兴趣帮 APP 上能够进行更加深层次的专业性交流，从而产生更多的共鸣，这就是垂直社交 APP 的迷人之处。

2. 线下互动，扩大交际圈

部分大学周围由于没有可供兴趣爱好学习和交流的场所和器械，而兴趣帮联合当地培训机构，租用一定的场地和器械，在保证不损坏器械的条件下免费给大学生使用。学生之间可以互相交流、沟通、切磋技艺，实现了兴趣帮的资源需求和培训机构的宣传推广，是互利共赢的模式。同时，线上交流、线下学习，线上和线下更好地结合在一起，也扩大了大学生交际圈，让大学生做线上好友也做线下好友。

3. 多兴趣标签

有多兴趣标签的存在，内容型平台才可以实现同屏不同内容，通过内容摸清平台用户的兴趣爱好，并为之打上相应的标签。平台背后的推荐算法就像是智能机器人，通过不断地与用户交互，深度学习用户的兴趣爱好。

4. 垂直社交

垂直社交其实就是在社交网络的基础上，按照维度做个细分，垂直社交来源于现实需求，往往产生于有共同兴趣爱好或行为特征的一群人。兴趣帮 APP 就是一款垂直社交产品，在满足基本的社交产品的定义基础上，应该是具备排他性的，用户不希望在这上面做和已有社交产品一样的事情，而且他们愿意在这里建立独立的虚拟网络形象，并长期维护在这上面的关系。

三、项目分析

（一）市场需求分析

1. 大学生人数多，需求集中，产品标签突出

如图 4－17 所示，我国高校大学生数量每年呈现递增趋势，大学生特征明显，需求集中，产品标签突出，带给我们巨大的消费市场，市场容量大且大学生市场是一个会随着经济的发展而不断稳步增长的潜在上升市场。

2. 爱好广泛，业余时间多，兴趣爱好的诉求得不到满足

当今大学生的生活丰富多彩，个人的兴趣爱好都不同。我们做了一份关于大学生兴趣爱好的问卷，并进行问卷调研，收集到一手数据整理如下：

① 93％的同学表示自己有兴趣爱好。

② 多数同学平均每天拥有 3～4 小时的业余时间。

③ 10％的同学对发展业余爱好有长期的规划，67％的同学会对业余时间做短期规划。

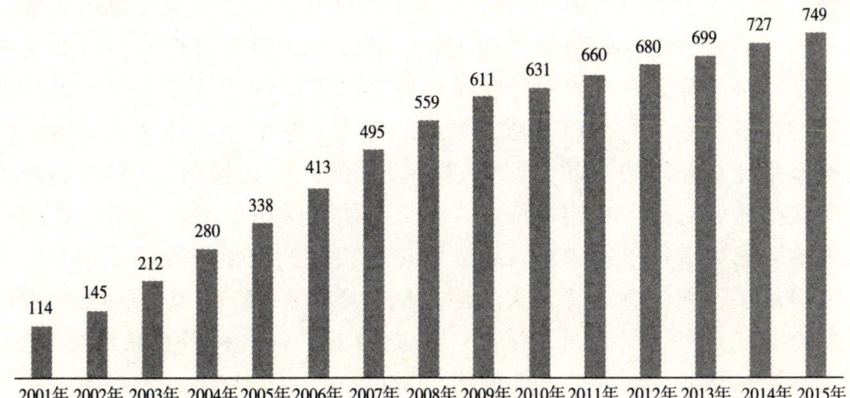

图 4－17　2001－2015 年全国高校毕业生人数（单位：万人）

④ 56％的同学认为自己在浪费业余时间。

⑤ 63％的同学对自己的大学生活不满意，还有 7％的同学认为自己的大学生活很糟糕。

⑥ 83％的同学认为自己的业余爱好主要集中在娱乐方面。

⑦ 男生的兴趣爱好主要集中在体育（篮球、足球、乒乓球等）、游戏、电脑等方面，女生的兴趣爱好主要集中在文艺方面，如唱歌、跳舞、看书等。另外像逛街、旅游、上网、聊天等都是多数人所喜爱的事情。

⑧ 27％的同学会利用业余时间做兼职，主要工作集中在周末和节假日。

大学的生活是自由的，同学们每天都拥有大量的自由时间，绝大部分学生对自己的业余时间安排没有长期的规划，对于如何发展自己的特长也没有明确的计划，这就导致了很多同学不知如何利用自己的业余时间，总是随便打发时间，在碌碌无为中浪费时间。我们也获知很多同学认为自己在虚度光阴，未能很好地利用业余时间，因此会对大学的生活产生一种茫然的感觉，甚至于一些同学会认为自己的大学生活很糟糕，这种现象令人担忧。因此，学会合理地规划与利用业余时间，正确地选择兴趣爱好，对于当代大学生来说是非常重要的。这不仅关系到我们能否有一个精彩纷呈的大学生活，同时也会对我们的未来有极大的影响。

3. 在"互联网+"的背景下，学生之间的交流将突破地域的限制

现在的大学生一般都是通过QQ、微信、微博等进行交流，而这些交流软件一般都是好友之间的交流，对兴趣爱好的交流不是很多。虽然市场上有很多专门的APP，如悦跑圈、家常菜谱大全、旅游攻略等，但这些都是针对专门的兴趣爱好而进行设计的，而兴趣帮APP是结合了所有这些软件的一些功能及特点，将全国的大学生联系在一起，让他们身处不同的城市，但还能对兴趣爱好进行很好的交流、展示、培养。再加上移动互联网信息，使得大学生之间"零"距离。"互联网+兴趣爱好"为实现共享、互动、交流于一体提供了平台，利用互联网的资源，为大学生打造一个新的"兴趣交流"平台。

4. 注意力经济市场前景广阔

互联时代的来临，使得个人的兴趣爱好，有机会一瞬间，就可以跟全世界的人分享，从而吸引一大批同频率的粉丝。这个时代是粉丝经济时代，是注意力经济时代。每个人都可以透过自己的专长、爱好、兴趣来吸引一大批粉丝，对这些粉丝的持续关注就会产生极大的价值，这些价值再嫁接一个自媒体平台就能为你带来不可估量的价值。未来财富的竞争是会员量、粉丝量的竞争，因此，这个时代是真正解放思想、释放个性的时代，每个人都能淋漓尽致地展示自己的天赋、自己的独一无二。

（二）产品市场定位

兴趣帮APP是面向全国大学生群体的关于兴趣爱好类的垂直门户的校园应用APP。

1. 兴趣帮APP的核心层是大学生群体

我国大学生数量庞大，每年呈现递增趋势，随着素质教育的普及，越来越多的大学生具备一定水平的技能和爱好，他们渴望沟通、交流、分享关于兴趣爱好方面的事情，兴趣帮APP就是这样一个大学生渴望的兴趣爱好的平台。

2. 兴趣帮APP是关于兴趣爱好类的手机APP

我们选择兴趣爱好作为兴趣帮APP的切入点是从APP的使用频率和用户黏性角度考虑的，"物以类聚，人以群分"，同类群体具有天然的磁性，最关键的是大学生群体的需求远远未满足，这是一个庞大的蓝海

等待我们去开发和挖掘。

3. 兴趣帮 APP 是垂直门户类的手机 APP

垂直门户意味着更加专业、更加细分，考虑到我们的部分群体已经具备较强的技能或兴趣爱好，且他们玩得“广”、玩得“深”、很会“玩”，只有更加专业、更加细分的垂直门户才能足够吸引他们。主题选择上采取精而不滥的做法，依循其主要用户群“90 后”、“95 后”的日常，从美食、拍照、游戏和校园等方面，用最具年轻群体广泛代表性的聚合点，引导用户 UGC 优质内容。

4. 兴趣帮 APP 属于校园应用类别的手机 APP

校园是大学生学习生活的地方，也是兴趣帮 APP 主要使用的地方，虽然互联网让地球变成了“全球村”，我们可以在任何地方互联互通。

（三）可行性分析

1. SWOT 分析

如表 4-5，对本项目我们做 SWOT 分析。

表 4-5　SWOT 分析矩阵

外部因素 / 内部因素	优势（S）	劣势（W）
	·大学生群体基数大，使用频率高 ·多兴趣标签，具有高速发展性 ·整合多方资源，线上线下同步 ·垂直门户更专业 ·互动性强	·投入成本高，资金短缺 ·信息系统难以短期建立成功 ·技术人才匮乏 ·初期规模小，品牌效益难以建成
机会（O）	SO（策略）	WO（策略）
·市场空白面积大 ·大学生扩大社交的渴望值高 ·国家对大学生创业支持力度大 ·资源整合度高	·加快进入市场，找准产品市场定位 ·兴趣标签拓展 ·更加专业化	·充分利用已有的人才和技术提供更专业的服务 ·制定有效的盈利模式，稳中求快，稳中求胜

（续表）

威胁（T）	ST（策略）	WT（策略）
·新入者的竞争威胁 ·大学生诉求越来越高 ·线下渠道拓展缓慢	·放大产品特色功能，树立品牌形象 ·与各个商家紧密联系，完善线下布局 ·尽可能加快高校扩张规模	·建立良好口碑，增加APP的黏性 ·扩大知名度、美誉度和影响力

2. 市场潜力分析

（1）大学生数量巨大，他们渴望扩大交际圈。根据有关数据显示目前全国在校大学生大约有 4 018.1 万人，本科生大约有 721.4 万人，专科生大约有 3 296.7 万人。大学生群体数量巨大，目前大部分群体属于“95 后”，以独生子女为主，他们渴望沟通、渴望扩大自己的交际圈。设计兴趣帮 APP 的时候考虑到“95 后”大学生群体使用社交软件的目的就是找到兴趣相投的同伴，快速地建立线下的朋友圈，扩大自己的社交圈。本着这样的目的性我们以兴趣社交为核心，同样的兴趣爱好更能促进陌生人之间的共同话题，从共同话题出发找到对方身上的共同点，快速地建立线上朋友圈，满足用户最迫切的交友需求，线上交友、线下互动，打破受限于位置的单一模式，为大学生搭建不以距离为限制的交流平台，提高大学生使用的黏性。

（2）大学生对自生产内容的“过剩”分享欲望强烈。“95 后”大学生群体在生产原创内容时（有时候仅仅是某张略有意义的照片），会出现同时发微博、发微信、发 QQ 空间、发各种第三方站点的现象，可利用年轻群体对自生产内容的“过剩”分享欲望。这表明拥有更多的分享渠道的机制更能得到大学生群体垂青。针对这一特点，兴趣帮提供了更丰富的分享机制，除了琳琅满目的外部接口，让用户放心以遇见兴趣帮作为第一内容生产源之外；兴趣帮在内部生态上也将内容的打通作为重要功能，表现在兴趣帮的内容可以同步到圈子和动态中心，建立起一套循环的体系。

（3）兴趣帮 APP 打破“信息孤岛”，利用联动效应建立“内容沉淀”。帮派、圈子、动态三者的互通，就会产生联动效应，联动效应让兴趣帮 APP 变得“有趣、好玩”，能让话题内容得到充分的传播，从而形成一个信息流通链，满足用户渴望了解最新最热话题和分享自生产内容的欲望。加上兴趣帮始终强调“纯大学生”概念，他们之间会迅速产生“集群效应”。

“内容孤岛”是移动互联网之困，大学生的“集群效应”产生“内容沉淀”，这是破除“内容孤岛”的武功秘籍，兴趣帮 APP 就是“内容沉淀＋打通阻隔”，庞大的信息流通链一旦形成，兴趣帮 APP 就转换为以大学生兴趣爱好交友为目的的“微博＋微信”结合体。

（4）兴趣社交 APP 的蓝海市场潜力大，亟待开发。兴趣社交已然成为移动社交的下一个蓝海，从陌生人社交到熟人社交圈到今年的兴趣社交，移动社交无不寻求着创新、突破。以兴趣社交为核心，根据这个核心开发更多的实用性功能，让大学生社交难题在兴趣帮 APP 不再难。已经准备好的大学生用户加上 O2O 与移动支付的成熟，兴趣社交正搭上移动互联网这辆快速车，往风口疾驰。

3. 竞争分析

（1）竞争对手分析

① 直接竞争对手分析

如图 4－18 所示，目前市场上有关专业的兴趣类 APP 运行的有很多。熟人或半熟人之间的交流 APP 有 QQ、微信、微博等。微信是以趣味性为出发点的一个封闭式交友 APP，主要是附近的人以及摇一摇等比较有可玩性的功能让陌生人之间进行交友；QQ 推出的附近的人以及约会功能让陌生人之间因为某种原因进行交友，更有意思的是热聊功能的上线让更多拥有相同兴趣的人聚集在一起进行聊天。这是大家最常使用的社交软件，市场覆盖率最高、知名度和使用频率也最高。陌生人社交工具陌陌是最常见的，通过陌陌认识周围的陌生人或者朋友，免费发送语音、信息、图片、地图位置，还可绑定第三方应用（新浪微博、人人、豆瓣），方便人与人之间更便捷和及时的联系。

还有一些关于兴趣爱好的 APP 如：百度贴吧（如 4－19 所示）是以兴趣为基点，让同一兴趣的人聚集在一个地方讨论着相同的话题进行交

图 4-18　直接竞争对手（1）

友，比如说明星、美女等兴趣讨论点进行聚集区的建立。

图 4-19　直接竞争对手（2）

如图 4-20 所示，豆瓣是最成功的一个以书、电影等评论兴趣为基点的兴趣交友 APP，以一本书或者一部电影为兴趣点进行各自观点发挥的社交平台。

图 4-20　直接竞争对手（3）

还有其他交友软件，如图 4-21 所示，这些 APP 目前并没有普及，而且大多数运营的情况不是很理想，主要原因是：①技术已经实现，但是缺乏推广；②缺乏激励机制，用户黏性不足；③未能充分挖掘、激起用户需求；④缺乏重大资金支持；⑤市场上类似 APP 太多，无法做到独一无二、吸引客户。

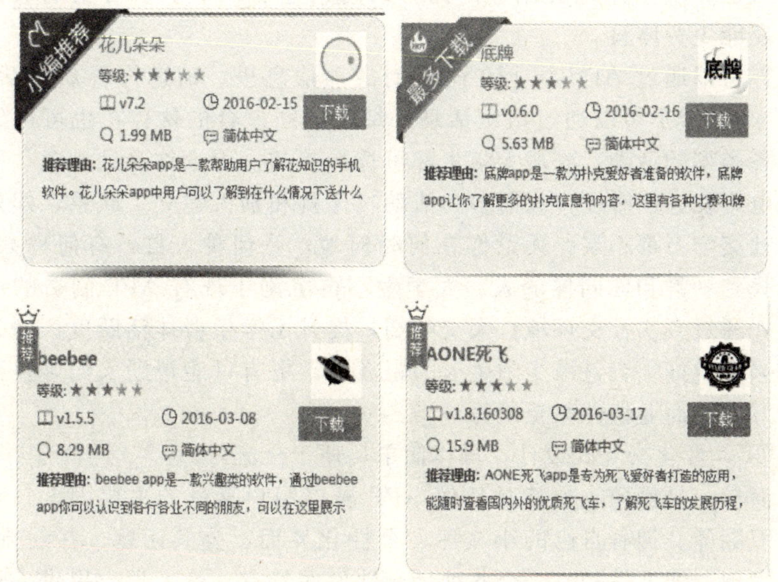

图 4－21　直接竞争对手（4）

② 间接竞争对手分析

当前中国培训业正进入快速发展时期，各类培训机构呈爆发性增长。教育培训各类细分市场，包括从幼儿园早期教育到高等教育、职业教育、各类校外培训、教育技术行业等市场都在以 20％左右的速度快速增长。中国每年有将近 1 亿人参加各式各样的培训，其中近 80％的人参加的仍是工作技能等方面的中、低层次培训。从宏观上讲，中国教育培训产业的总需求达到 1.8 万亿元，除去正规的学校教育（大约占 60％，折合 1.08 万亿）之后，市场化培训需求达到 7 200 亿元。7 200 亿元的需求可以滋养一个庞大的社会培训市场，中国教育培训产业市值空间非常巨大。

（2）竞争优势分析

① 用 O2O 模式打开线下兴趣交流，提升学生群体活跃度

线下兴趣交流这件事儿，还是个未被挖掘、巨大的蓝海市场，兴趣

帮直接痛击了当今大学生无法在兴趣爱好上形成系统交流的痛点，其连接了线上和线下兴趣交流，让拥有共同兴趣的大学生不再受地域的限制，还能免费体验。

你可以通过 APP 线上在海量的活动信息里，筛选你喜欢的活动；通过 O2O 线下可以通过组织活动，结交志同道合的伙伴；也可以组织发起各类型的活动，同城大学生都可选择参与。无论你身处酒吧、图书馆、电影院、咖啡厅，只需参与活动，你就和别人建立了联系，娱乐活动、社交学习都不误。无论你在何时何地，是何种人群，有何种兴趣，总能找到一群和你同样的人。大学生不再沉溺于现有 APP 制造的虚幻世界，通过真实社交环境扩大交际圈，提升了学生群体活跃度。通过共同的兴趣爱好平台，减少陌生人的距离感，更有可能帮助人们寻找到未来的好友、商业伙伴甚至是另一半。

② 人性化交互式设计，操作简单，便于交流

简单、易操控、独特是任何 APP 赢得用户喜爱的主要因素，聊天内容双翻译、拥有自己的小文库、个性化界面、公共话题、在线挑战、自主管理、线下体验、结合各种社交软件的特点，给大学生提供一种全新的体验，使用户对该款 APP 产生黏性，爱不释手。

③ 精细化营销，提高传播力度和转化率

在商业化信息浪潮中，垂直社交更为盈利做了铺垫，受众群体（大学生）特征分明，属性清晰，实施有针对性的点对点营销即精细化营销能提高营销的传播力度和转化率。当兴趣帮 APP 沉淀了足够多的关系，并且有一定的转移成本，不会被随意替代，我们就可以规划属于大学生的独特的服务，此时，兴趣帮 APP 神功才练成。

④ 合作实现了三方“共赢”

只要用户愿意分享自己的特长，就可以利用自己的闲暇时间与其他用户实现共享。而我们则会与当地培训机构合作，培训机构为我们提供一个场所供用户进行体验，这样节省了我们对器材设施的开支，有了线下沟通交流的平台，活动的照片、动图等还为培训机构起到了免费的广告宣传的作用；同时，培训机构对人才的需求也可以从我们的 APP 进行订购，这些方式实现了三方“共赢”的局面，这也是其他 APP 没有的，这样的竞争优势无法替代。

四、爆破点分析

（一）大学生对社交平台的接受度高，网络社交是他们的日常必需品

大学生群体基本上是“95 后”，“95 后”是伴随中国互联网“一起长大”的一代人。很多对大众而言是新兴事物的互联网应用比如网络社交，对“95 后”而言是天然存在。“95 后”乐于在不同社交应用上分配时间，他们大多活跃于多个社交平台上，进行社交网络全平台生存。聊 QQ、微信、发空间、刷微博、逛贴吧、潜水豆瓣、玩陌陌，这一套社交网络行为基本涵盖了当下互联网最主要的社交应用（包括即时通讯软件及社交平台），而“95 后”正是这套“社交网络组合玩法”最活跃的实践者。

（二）同时使用几个社交应用，划分不同圈子应对不同社交需求

QQ、微信、QQ 空间的得票率远远领先于其他社交应用，但微博、贴吧、陌陌以及豆瓣等其他社交平台的使用率并不低。QQ 空间更适合年轻人“无拘束地分享各种无厘头的东西”，而微信则更成熟和严谨——自己在微信上的分享要“认真想一下再决定”。同时使用几个社交应用，划分不同圈子应对不同社交需求是“95 后”的社交网络使用法则。尽管都是即时通讯软件，“95 后”会有意识地把微信与 QQ 区隔开来，对应不同社交圈，尽管这两款软件的社交关系可以互通。为了维护这种区隔，“95 后”还有定期清理好友的意识。

（三）大学生在社交网络上表现得更加主动和有更高的依赖性

调查显示，有 31.71%的“95 后”乐于在社交网络上发言，而乐于在网络上发言的 95 前只有 21.84%。对自己分享出去的内容，他们强烈期望得到“赞”，“希望更多人点赞”的“95 后”占到总人数的 64.4%。“95 后”在社交网络上表现得更加主动，他们对社交网络也表现出更高的依赖性。大学生进行网络社交的一大驱动力是兴趣，他们也有很强的意愿去结识新朋友。他们在社交平台上更愿意主动发言，对社交网络的依赖度也更高。对于“95 后”而言，网络社交正在压倒真实社交。

（四）陌生人社交应用市场广阔，蓝海有待开发

当 QQ、微信等变成熟人通信工具时，我们依然会留意到旁边那个巨大的陌生交友市场，这是一个庞大的蓝海，市场潜力巨大。为什么会

有那么多人想做陌生人社交应用呢？其实就是我们自己的诉求在起作用。在生活中，熟人间的网络让我们相对公开而透明，可有时候，我们却并不想与熟人分享某些信息，这时候的我们更倾向与陌生人交流。因为如今社会是个竞争的环境，但是人本身对于社会关系的需求并不是基于竞争，而是基于互助的。这就是现在的人们为什么希望从陌生人社交中找到舒适、简单的心理基础，在这种诉求中，才出现了那么多陌生人社交的网站或手机 APP。

（五）大学生进行网络社交的驱动力是兴趣，兴趣意味着商机

兴趣是"95 后"的网络社交驱动力，而且他们愿意尝试不同平台，愿意在不同平台耗费时间和精力。"95 后"的网络拓扑更扁平和垂直，基于兴趣的小众社交圈在年轻人中流行，相比较于得到父母、长辈和社会的认同，尚未走出校园的"95 后"更乐于在志同道合的年轻人中间获得认可。因此，在充分了解"95 后"兴趣点的基础上，细分类兴趣社交会得到"95 后"的青睐，对创业者而言，这意味着商机。

五、项目设计

（一）产品设计

1. APP 启动界面

如图 4－22 所示，启动页面以兴趣帮的 LOGO 为中心，并且表明了兴趣帮"简单、有趣、好玩、过瘾"的目标。

其中 LOGO 是以兴趣的"兴"字为原型幻化成一个人的形态。

图 4－22　APP 启动界面

2. 首页

首页将围绕"兴趣交流、兴趣挖掘、兴趣分享、兴趣互动"这一主题，包括提供八大需求模块，简单、鲜明、有趣、全面。如图 4－23 所示，包括以下模块：

图 4-23　首页界面

搜索：以最醒目的方式为用户提供方便，免去了用户烦琐的寻找，使用户在最短的时间内找到自己的兴趣。

定位：自动切换用户所在城市，免去了用户切换城市的麻烦，也给马虎的用户提供一个细心的服务。

八大功能区：八大需求区就是为了实现帮派互动、兴趣交友、资源共享，旨在将功能需求（帮派、活动、动态、英雄帖、英雄榜、擂台赛、飞鸽传书、个人界面）和用户的实际生活（悬赏令、招贤、纳士）相贴合，其中“帮派”设计了四个模块，用户可以根据自己的兴趣爱好进行选择，根据不同的兴趣设计了不同的内容，让用户有新鲜感；“英雄帖”从中衍生出了符合用户的实际需求，贴合用户的生活，且使各大高校可以紧密地联系在一起；“活动”也是我们在互联网的背景下与其他 APP 的不同之处，将线上与线下有机地结合，定期地组织活动，让用户更好地体验。

公告区：展示用户的成绩，PK 擂台的直播，让用户及时知道更新的内容。

3. 帮派界面

如图 4-24 所示，搜索区域内，用户可以搜索相应的文章、作品、帮友及擂台四个部分。

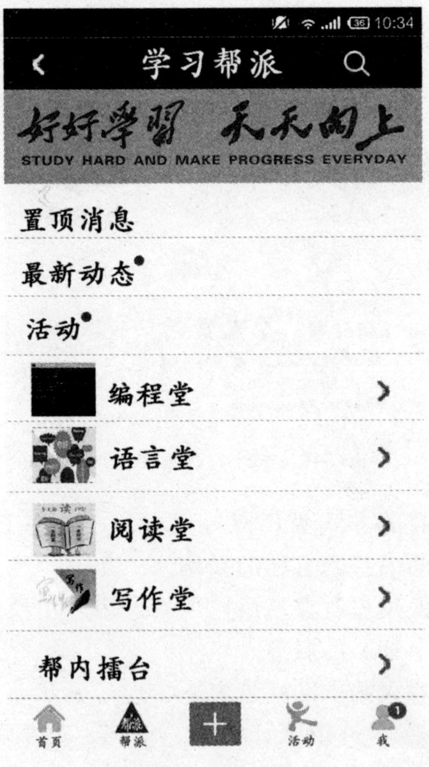

图 4-24　帮派界面

置顶消息是帮内圈友之间的互动、交流，放首位是让其更加醒目，让用户及时知道圈友的消息。

最新动态都是用户自己发布、上传的作品，上传的作品用户之间可

以相互点赞、分享以及打赏。还有编程堂、语言堂、阅读堂、写作堂官方发布的作品，名人的文章供用户阅读。

活动是针对学习帮派在线上线下开展的活动，该活动会定时发布信息。

学习帮派分为编程堂、语言堂、阅读堂、写作堂四个部分，每个部分点进去都有与之相对应的内容，让用户觉得每一个部分都不重样。

帮内擂台则是帮友之间的相互切磋，在网上下战书，然后进行PK，帮友可根据自己的意见对两位擂主进行评比、打分、点赞等。获得胜利的那方会在首页的公告栏公布出来。

4. 活动界面

如图4-25所示，活动页面会将线上或线下活动按照一定的顺序列

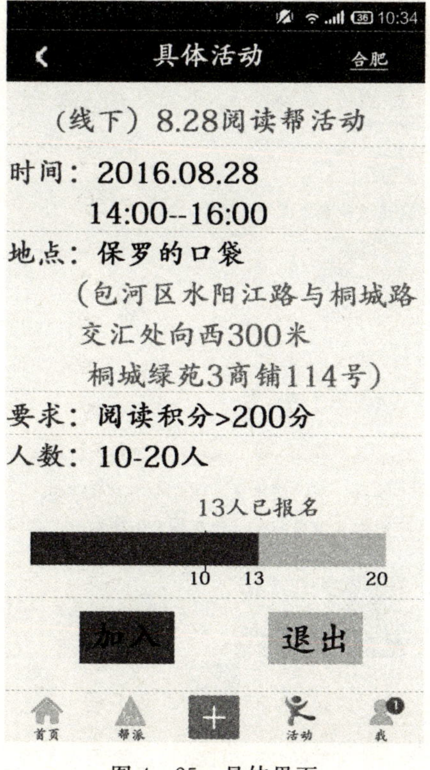

图4-25　具体界面

出，用户可以点击查看自己感兴趣的活动，进入到具体活动页面，让用户可以更好地体验，这个公告贴出了具体的事件、地点、要注意的要求、限制的人数，让用户可以一目了然。同时，公告也会显示出已报名的人数、未报名的人数。这个贴心的设计可以让用户知道报名的人数，同时，用户不用担心报名参加后不能退出。

5. 江湖动态界面

如图 4－26 所示，江湖动态主要是用户所发表的心得、体会、图片或者视频等，用户可以按照好友、帮派、热门、同城以及话题等不同的条件进行最新的动态查看，查看动态的同时，用户也可以对某条动态进行点评、点赞或者打赏，其中打赏是以帮币的形式进行的。

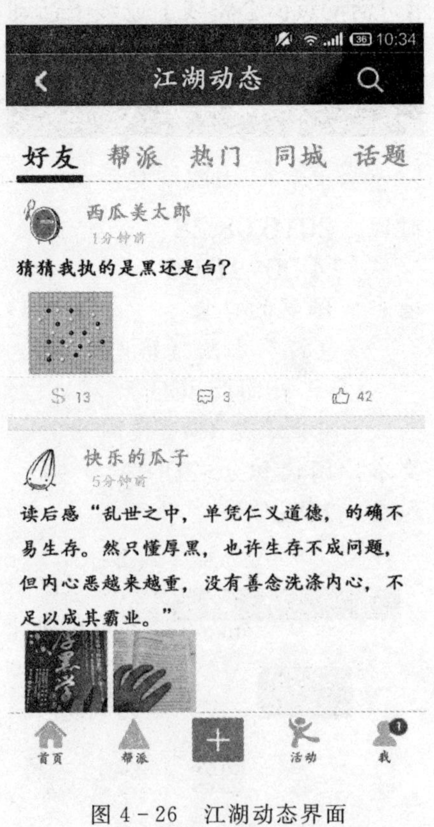

图 4－26　江湖动态界面

如图 4－27 所示，点击动态发表用户的头像或者用户名可以查看到该用户的详细信息。包括该用户的积分情况，粉丝、好友数量，参加的帮派，以及其在擂台赛中的战绩，所在地及学校，还可以通过右上方和下方的按钮，加为好友，查看该用户状态，或者进行挑战打擂。

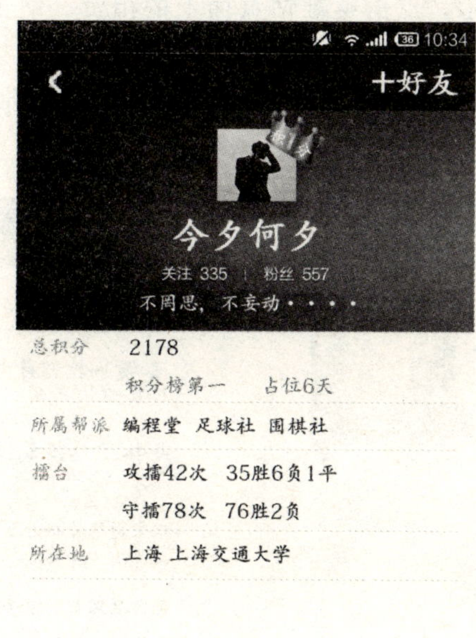

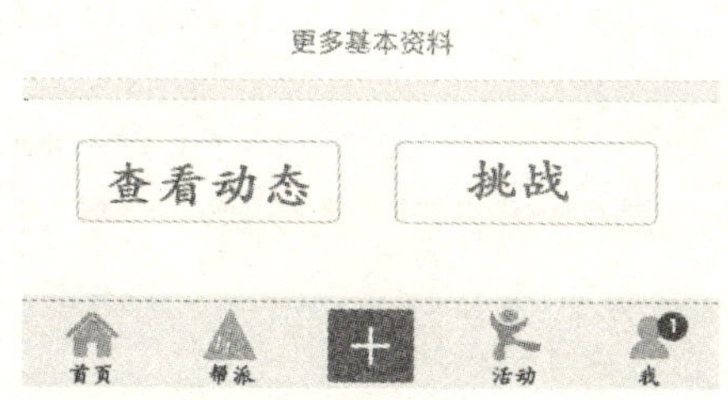

图 4－27　他人信息查看界面

6. 英雄帖界面

如图 4－28 所示，英雄帖则分为三个部分：

第一部分是招贤，用于长期岗位招聘贤才；第二部分是纳士，机构或社团招学员；第三部分是悬赏，用于单次任务。这个英雄帖适用于外面的招聘公司、学校、社团，有的用户想利用自己的课余时间做兼职，也可以在英雄榜的招贤中推荐自己；每个大学在新生开学期间，机构或社团则可以利用这个纳士进行招新；在悬赏部分，用户可以通过发布或者接受单次任务实现互帮互助。

如图 4－29 所示，点击英雄帖页面上的招贤、纳士或者悬赏，可以查看到相应的信息。例如招贤榜：招贤榜按照时间、技能、性别、区域进行划分，每一招聘贤才的后面都会显示共有几人揭榜，让用户一目了然。

图 4－28　英雄帖界面

图 4－29　招贤榜界面

如图 4－30 所示，悬赏令则会在榜上公布内容、时间、地点、要求、奖励等，底下会显示有几人揭榜。

7. 英雄榜界面

英雄榜主要用于将用户按照一定的规则进行排名，其中排名规则有：按总积分排名、按帮内积分排名、按擂台战绩排名等，可以通过换榜进行榜单切换。

英雄榜中第一名位置突出，带有金色皇冠，二、三名居于其后，分别带有银、铜皇冠，第四名及其之后的名次以每行三个用户的规律排出，并且每个在榜单上的用户都会显示出其头像、昵称以及排名相关数据。

点击用户头像或者名称也可以查看到（如图 4－31 所示）该用户的个人信息。

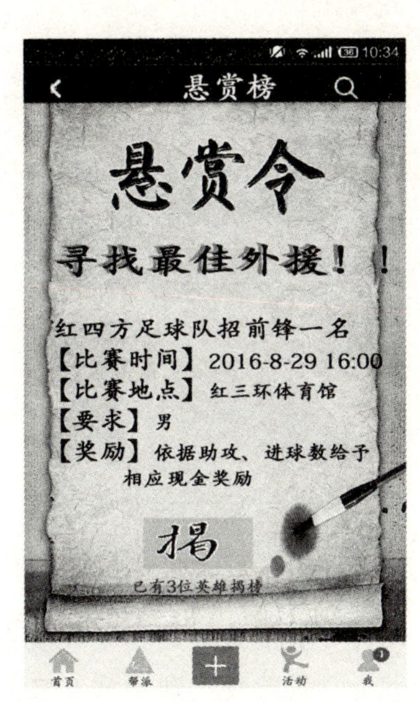

图 4－30　悬赏榜界面

图 4－31　英雄榜界面

8. 飞鸽传书界面

如图 4－32 所示，飞鸽传书实现的是站内消息互通的功能。在该功能中，可以接收到挑战者发来的挑战信息，查看英雄帖中个人的揭榜信息，以及活动方发送的信息，还有一个功能就是可以实现站内好友之间的私聊。

图 4-32　飞鸽传书界面

9. 个人界面

如图 4-33 所示，个人界面可以清楚地看见积分、帮币、好友、粉丝量。

“我的动态”则可以看见自己发布的作品；“我的点评”则是评价别人的作品、文章，也可以看到别人评价自己；“我的赞”则是帮友之间相互点赞；“我的帮派”则最多可以参加三个帮派；还有“我的打赏”“我的活动”“我的擂台赛”“英雄帖”等，这些贴心的设置，避免了用户在相应的模块中进行寻找，集中在一起，让用户使用起来更加方便、简单。

（二）经营设计

运营初期通过线上和线下运营推广，用户对我们的 APP 有更加深入的了解。在这一阶段，我们将会在南北方各设一个编辑堂运营点，南

图 4-33 个人界面

方运营点为合肥，北方运营点为北京，选择以此为突破点，计划将合肥和北京市场做好，预计在 1～2 年内，先打出知名度，使该款 APP 在校园流行起来，感受到该款 APP 的独特。

运营中期预计为 3～5 年，我们将完善平台，以合肥和北京为中心向四周扩散，在中期阶段还会与当地培训机构合作，开展线下体验，让用户在线上畅谈之外，更多地能够实地体验、互助教学，此外，我们还会让用户自主管理，不仅可以提高用户自身能力，还会提高用户信息技术和网络技术，让用户成为 APP 的主人。

我们的运营规划设计见表 4-6，运营初期阶段，我们主要的利润来源是广告的投放和培训机构的赞助，可以说是纯公益性的运营，而到了运营的中后期阶段，我们将会根据市场的需求，扩大我们的规模，由纯公益性的模式慢慢开始转变为“公益性＋盈利性”的模式。

表 4－6　运营规划图

阶段	APP 建设	整体运营	运营中期	运营后期	长远规划
时间	2016.7－2016.10	2016.11－2018.11	2018.11－2020.11	2020.11－2022.11	2022.11－
定位		·南方以合肥为中心作为突破点 ·北方以北京为中心作为突破点 ·由公益性质向盈利＋公益性质转变	·以合肥、北京为中心向高校密集的一、二线城市扩散 ·完成盈利＋公益性质转变	·实现一、二线及部分省会城市全覆盖	·向全国高校密集型城市覆盖
目标	·APP 开发 ·数据库管理优化 ·丰富内容标签	·提升市场占有率 ·提高知名度、美誉度 ·提升营业额	·提升市场覆盖率 ·提升知名度、美誉度 ·更加个性化、人性化 ·更加特色化 ·提高盈利性	·稳固性战略扩张 ·提高盈利性 ·提升知名度、美誉度 ·更加个性化、人性化 ·更加特色化	·树立领军地位 ·力争做到全国性覆盖
重点	·平台的构建 ·数据优化	·平台维护 ·大数据、云计算的引入 ·展开营销策略 ·扩大影响力 ·树立知名度	·平台维护 ·平台拓展 ·密集式营销 ·个性化业务拓展 ·扩大影响力 ·树立知名度	·业务模式创新 ·多元化营销	·占据稳定的市场份额

（三）技术设计

根据用户的使用习惯我们将研发安卓版和苹果版两款，我们的 APP 分为学生版和商家版。

（四）组织管理设计

我们的组织结构图设计如图 4－34 所示。

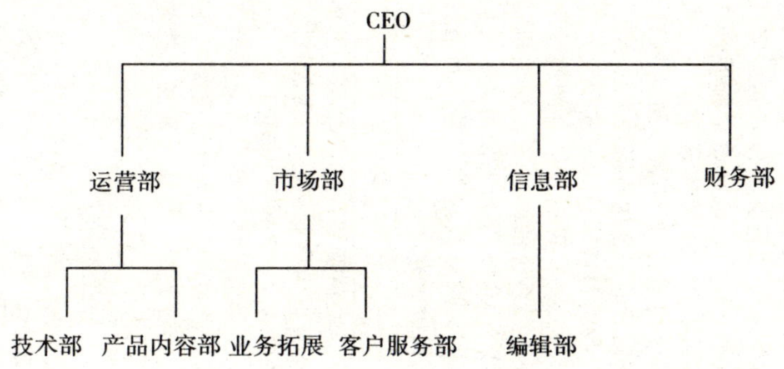

图 4－34　组织结构图

（五）商业模式设计

我们的商业模式设计见表 4－7。

1. 价值主张

兴趣帮 APP 的价值主张概述为：以兴趣为桥梁，以活动为手段，以大学生社交为目的，让兴趣产生价值。

“兴趣是移动社交的源泉”，对于陌生人社交领域的兴趣社交 APP，这句话可谓是掷地有声的真理。以兴趣作为“吸引灯”，基于地理位置的陌生人社交才拥有持久的生命力，否则再红火的社交平台也会变成“荒坟”，充分挖掘兴趣的功用才是长久之计。

兴趣帮 APP 目标人群定位于在校大学生群体，大学生群体数量庞大且兴趣广泛，对某些兴趣具有较深入的学习能力，善于沟通、乐于交流，这让兴趣帮 APP 有足够多的“内容沉淀”，我们的内容选择原则是“精而不滥”，符合大学生对兴趣爱好的诉求。针对大学生特点兴趣帮 APP 将社交作为主要目的，特别是将线上交流与线下交流结合在一起，提升大学生的使用活跃度和黏性。

表 4-7　商业模式图

<table>
<tr><th>合作伙伴</th><th>价值主张</th><th>价值配置</th><th>客户关系</th><th>销售渠道</th></tr>
<tr><td rowspan="3">在校大学生群体（毕业或未毕业均可）、高校社团、高校老师、各种培训机构</td><td>价值主张概述为：以兴趣为桥梁，以活动为手段，以大学生社交为目的，引领兴趣消费</td><td rowspan="3">1. 我们和培训机构（或个人）之间的利益分配是我们将从中收入 10%～30% 的费用
2. 为了保证大学生的利益，培训机构（或个人）订购或预定大学生进行服务，首先必须缴纳总数的 50%，学生完成服务后将缴纳剩余的 50%
3. 学生完成服务后，培训机构（或个人）完成支付后 7 日我们将支付给学生
4. 线下组织活动时候的线下消费，我们将从商家获取 5%～20%的提成</td><td>1. 我们和大学生的关系。我们和大学生是利益共同体，利益实现共享，我们提供沟通交流的兴趣平台，大学生使用这个平台，大学生的活跃度越高、黏性越强，则我们的平台构建得越成功
2. 我们和培训机构（或个人）之间的关系。我们是平台的构建者和生态系统的维护者，培训机构（或个人）是平台的使用者，我们之间是利益共享的关系，利益分配按协议进行</td><td rowspan="3">线上消费，培训机构或个人通过 APP 直接订购或预定，网上支付</td></tr>
<tr><td>核心资源</td><td>目标客户</td></tr>
<tr><td>创造一个好平台（硬件平台、软件平台），维持一种好关系，提供一种好的服务</td><td>1. 核心消费层：在校大学生群体（毕业或未毕业均可）、高校社团、高校老师、各种培训机构
2. 直接消费层：有共同兴趣爱好的人群均可作为直接消费层
3. 潜在人群：想开发某些兴趣爱好的大学生群体</td></tr>
<tr><th colspan="2">成本结构</th><th colspan="3">收入来源</th></tr>
<tr><td colspan="2">1. 研发费用估计 50 万元，以后每年递增
2. 营销费用第一年 30 万，以后每年递增
3. 软件维护费用每年 20 万
4. 开展线下活动的费用每年 50 万</td><td colspan="3">1. 业务收入：培训机构或个人签约大学生我们提成 10%～30%
2. 广告收入：培训机构或个人发布商业性广告每条 5～15 元不等收取
3. 商城收入：购买商城的相关物品我们将获得一定的收入
4. 服务收入：为某些机构举办活动我们将获得收入
5. 融资性收入：7 天的到账周期我们可以做一个融资性平台，获取融资性收益</td></tr>
</table>

深入挖掘大学生群体特点，我们的兴趣帮 APP 可以将兴趣作为卖点，将大学生与培训机构或有需求的个人连接起来，帮助大学生通过兴趣来赚钱，让兴趣创造价值。

2. 目标客户

兴趣帮 APP 的目标客户群体目标定位于大学生群体。

① 核心消费层：在校大学生群体（毕业或未毕业均可）、高校社团、高校老师、各种培训机构；

② 直接消费层：有共同兴趣爱好的人群均可作为直接消费层；

③ 潜在人群：想开发某些兴趣爱好的大学生群体。

3. 销售渠道

兴趣帮 APP 完全是线上消费，培训机构或个人通过 APP 直接订购或预定，网上支付。

4. 客户关系

客户关系是兴趣帮 APP 顺利实施的关键因素，我们和大学生、培训机构（或个人）是利益共同体，共担风险、共享收益，三者之间的沟通交流变得尤其重要，特别是大学生和培训机构（个人）之间的线下面对面沟通交流是解决问题、化解矛盾的重要途径。

(1) 我们和大学生的关系。我们和大学生是利益共同体，利益实现共享，我们提供沟通交流的兴趣平台，大学生使用这个平台，大学生的活跃度越高、黏性越强，则我们的平台构建得越成功，大学生的活跃度是检验我们平台成功与否的主要标准；大学生所有的线下活动所产生的收益均由我们支付，分工明确，责任清晰，利益分配按协议进行。

(2) 我们和培训机构（或个人）之间的关系。我们是平台的构建者和生态系统的维护者，培训机构（或个人）是平台的使用者，我们之间是利益共享的关系，利益分配按协议进行。

5. 价值配置

(1) 我们和培训机构（或个人）之间的利益分配是我们将从中收入10％～30％的费用。

(2) 为了保证大学生的利益，培训机构（或个人）订购或预定大学生进行服务，首先必须缴纳总数的 50％，学生完成服务后将缴纳剩余的 50％。

（3）学生完成服务后，培训机构（或个人）完成支付后7日我们将支付给学生。

（4）线下组织活动时候的线下消费，我们将从商家获取5%～20%的提成。

6. 核心能力

兴趣帮APP核心资源概述为：创造一个好平台，维持一种好关系（线上与线下），提供一种好的服务（标签多样化，内容专业化、精细化）。兴趣帮要完美地运营首先需要人性化、强交互性的软件平台；其次，兴趣帮APP需要扩充兴趣标签满足日益扩大的大学生兴趣诉求，我们的标签内容沉淀必须专业化、精细化，只有这样才能让大学生产生黏性；最后，在实际运营过程中大学生、培训机构（或个人）及我们要建立良好的互动关系，通过沟通交流解决实际发生的问题，在不断改进过程中不断提升兴趣帮APP的知名度、美誉度和影响力。

7. 伙伴关系

大学生不再满足于与亲朋好友联络感情了，精神层面上还需要和一群志同道合、有共同兴趣爱好的人，即与陌生人（大学生）打交道，这就是用户需求升级，俗话说“物以类聚，人以群分”，即大学生需要“垂直社交”来扩大交际圈。持续的诉求是陌生人交友项目的弱点，大多数社交软件都在寻求新的突破点，兴趣帮APP通过精确定位使得大学生能找到自我专业价值的实现——思想的碰撞、心灵的交流、知识的钻研，而这些在QQ、微信是没办法做到的，因此，兴趣帮APP不仅仅满足大学生需求，用过以后还会“上瘾”。

8. 成本结构

兴趣帮APP的成本构成如下：

（1）兴趣帮APP研发费用估计50万元；

（2）营销费用第一年30万，以后每年递增；

（3）软件维护费用每年20万；

（4）开展线下活动的费用每年50万。

9. 收入模型

（1）业务收入：培训机构或个人签约大学生我们提成10%～30%，线下活动产生的消费我们将提成5%～20%；

(2) 广告收入：培训机构或个人发布商业性广告每条5～15元不等收取；

(3) 商城收入：购买商城的相关物品我们将获得一定的收入；

(4) 服务收入：为某些机构举办活动我们将获得收入；

(5) 融资性收入：7天的到账周期我们可以做一个融资性平台，获取融资性收益。

(六) 财务设计

1. 资金需求与来源

我们的资金需求与来源表设计，见表4-8。

表4-8　资金需求与来源表

项目	风险投资	团队投资	技术入股
金额（万元）	240	10	50
出资比例	80%	3.3%	16.7%
盈利分红比例	40%	60%	

2. 利润表

我们的商业模式利润表设计，见表4-9。

表4-9　利润表　　（单位：万元）

	项目名称	第一年	第二年	第三年
收入	广告收入	0	300	600
	交易提成	0	300	600
	商城收入	0	50	100
	融资性收入	0	300	600
费用	研发费用	50	100	200
	维护费用	10	20	30
	组织活动费用	30	60	100
	营销费用	50	100	150
	工资及福利费	100	120	200
利润	合计	−240	550	1 220

（七）风险控制

1. 技术风险

目前兴趣爱好类的 APP 很多，但是其基本内容都是相似的，用户使用以后觉得“不好玩”“不过瘾”，其根本原因是没有对内容进行深度挖掘，现代大学生对兴趣爱好的理解是“简单、好玩、过瘾”，我们只有做到更加的专业化才能吸引大学生提高使用频率，才能提升用户黏性。

我国地域辽阔，南北文化差异大，大学坐落于不同城市，城市间的经济、政治、文化发展不平衡，这些都导致学生的兴趣爱好的偏好不同，我们要对兴趣爱好的内容进行深度挖掘，其技术难度将非常巨大。

2. 市场风险

（1）如何做到粉丝的精准性？兴趣帮 APP 出现在大学生面前，他们认为是有价值的、感兴趣的、好玩的、过瘾的，这说明我们的 APP 有效地进行了精确营销，做到了粉丝精准性。

（2）如何扩大产品的知名度和美誉度？线上线下同步进行宣传兴趣帮 APP，好的 APP 必然产生好的口碑，这是“病毒营销”的利器，我们通过内容沉淀积累学生群体的口碑，提高 APP 的美誉度和知名度。

（3）如何扩大产品的影响力？兴趣帮 APP 对于大学生而言是否有价值，取决于兴趣帮 APP 被多少大学生关注及大学生的使用活跃度。我们通过丰富多彩的内容标签形成内容沉淀，有趣、好玩、过瘾是我们的基本原则，通过线上线下活动，提高大学生群体使用的广度和频度。

3. 财务风险

（1）研发费用高。兴趣帮 APP 涉及的内容标签最终可能上百个，运营前期我们拟开发十个大学生兴趣爱好比较集中的标签，前期的研发费用可能达到 50 万，因此，我们必须引入风险投资，确保 APP 的运营。

（2）我们将定期或不定期组织线下活动，帮助趣味相投的大学生线下进行沟通、交流、切磋技艺，让他们不仅仅做线上的朋友，也做线下的良师益友，虽然我们可以和相关培训机构等组织进行合作，但是活动的花费也是重要的一笔项目费用。

（3）为了扩大我们的 APP 的知名度和美誉度，我们会进行线上线下的广告宣传，我们也将和大学的各种社团合作，营销费用将是一笔重要的费用，且营销费用呈现递增趋势。

六、项目建设

（一）组织建设

根据企业的战略规划，我们需要明确企业在未来几年的整体发展目标、这样的目标对业务延展步骤和方向的要求。从今天的业务发展现状向未来战略目标的发展过程，需要组织能力、人才队伍、管理体系建设相应的支撑和配套。这也是我们思考企业组织建设的基础。一个良好的管理体系不仅要满足企业当前发展的需要，同时也应该顺应企业未来发展的要求，在优化当前组织内部效率的同时，推动组织在内部结构、人才队伍建设、管理体系建设上不断升级，才能有效实现企业发展阶段的不断跨越。根据组织构架，建立相应的部门，明确各人员的责权利，我们一体化的服务致力于打造社交与商业相结合的网络交流活动。

（二）技术建设

随着移动互联网的迅速发展，手机成为人们日常生活中不可缺少的一部分，市场上手机 APP 分为安卓版和苹果版，用户可以在手机上直接下载我们兴趣帮 APP，或者通过扫二维码的形式进行下载；除了适用于手机，也适用电脑和平板等各种电子设备。

（三）经营系统建设

兴趣帮是在线上平台的基础上发现线下活动。

1. 内容的针对性

兴趣帮的受众来自全国的大学生们，用户可以充分发挥自己的优势和找到相应的爱好，分门别类的信息与活动包括广告都是经过筛选与细化的，针对性很强。

2. 信息的即时性

鉴于我们的用户为大学生，所以信息会实时进行更新，保证新鲜热辣，送上大学生最关注的话题与热点。

3. 兴趣的商业性

我们将一些兴趣爱好的商业性充分地挖掘了出来，与不同的商业市场对接，通过线上线下的合作，提供给大学生更加全面、优惠的服务，实现双赢。

4. 内容标签的可拓展性

大学生兴趣爱好越来越广，我们的内容标签要日益丰富才能满足大学生的需求，我们以成功的标签为范本，结合不同兴趣爱好的特点，进行内容标签的拓展。

（四）营销推广

1. 线上推广

（1）QQ 推广。下载“兴趣帮”APP 的老客户可以将本款 APP 分享给自己的好友，若好友成功下载，老客户的“兴趣帮”APP 将获得红包返利和等级增加。

同时“兴趣帮”APP 将会与腾讯空间合作，在人们刷空间的时候会看见兴趣帮 APP 的推广页面和广告，推广页面中会显示使用该 APP 的 QQ 好友和共同好友，只须轻轻点击即可下载安装。

（2）微信推广。我们不只采用与 QQ 推广中“好友分享得抵扣券”的方法，还会申请“兴趣帮”公众号，“兴趣帮”老客户或有“兴趣帮”二维码的可以分享二维码、公众号给自己的微信好友、朋友圈。若有十个人注册成功，审核后，分享的人将获得红包奖励。

（3）微博推广。我们会在微博上投放广告，让人们在刷微博时可以看见兴趣帮 APP 的推广页面和广告，且推广页面中会显示有多少人注册过，其中哪些是你的好友或身边的朋友。

（4）搜索引擎推广。搜索引擎作为网络的超级《黄页》，“兴趣帮”将会与 360 搜索和百度等排名靠前的达成协议引入我们的网站，通过直接输入“兴趣帮”或通过间接搜索“兴趣”“社交”等关键字查找“兴趣帮”的网站，可以浏览兴趣帮简介、产品功能、产品特色等基本信息，支持直接下载“兴趣帮”APP。

（5）线上广告推广。“兴趣帮”将与一些影音类 APP 合作，在打开影音类 APP 时插入“兴趣帮”的界面，做广告推广。前期我们会支付一些费用，后期我们的 APP 下载量提高时也会通过给别的商家做广告或抵扣费用或收取费用。

2. 线下推广

（1）社团推广。我们会与学校的各大社团合作，每个社团贴“兴趣帮”APP 的二维码，社团成员只要扫一下即可，若每个社长推荐十个成员进入，我们会有红包奖励和额外的积分值增加。

（2）校园推广。我们会在学生公寓、食堂、教学楼、操场、宣传栏等地方做简易海报，海报广告上将会有 APP 的二维码。我们也会与各大高校的官网合作，在官网上对我们的 APP 进行宣传，使更多的人了解、知道我们这一软件的存在。

（3）公交推广。包括公交站台推广、公交车贴纸广告、公交车电视广告。

公交站台推广：“兴趣帮”APP 可以在公交站台橱窗里做海报广告，海报广告将会有 APP 的二维码，在站台等公交的乘客，只要扫描二维码即可注册。

公交车贴纸广告：“兴趣帮”将会在公交车外面贴上 APP 广告，这样让等公交的乘客和公交沿路“经过”的人，都可以随时随地知道、了解、注册 APP。

公交车电视广告：我们将会在各大公交电视上做广告，让乘坐公交的人了解我们这款 APP。

（4）培训机构的推广。我们线下会开展活动进行体验，在各大培训机构的广告中进行宣传，让用户知道我们这一线下体验的活动和我们这一软件。

七、项目运行与维护

（一）运行与维护过程

每一款 APP 的应用都离不开它的受体——大众人群，当 APP 被人们逐渐发现与应用时，其具有的包含一定针对性的良好服务机制是吸引目标人群的关键，兴趣帮作为典型的垂直门户，最大的特点是专业化，每一个相关的领域都有针对性很强的特色服务。建设已有标签的同时，我们将不断地丰富新的兴趣内容标签，消息推送是我们运行与维护 APP 的要点，我们必须掌握我们的目标人群——当代大学生在大环境下关注的焦点与反馈动态，对大量的信息不断筛选、归纳、整理再更新，抓住大学生的“眼球”、黏住大学生的“大脑”，让他们玩得“过瘾”。

与线下实体的兴趣交流的对接，是我们对 APP 运行与维护的第二要点。线下活动的开展的实际性与确定性是运行的关键，当线下与线上顺利进行对接时，整个 APP 才有了超越互联网虚拟交流的实际作用。这是个循序渐进的过程，与此同时，我们与广告商、信息推送商，包括与兼具客户与管理者身份的大学生表达合作意向的过程，都将进一步实现。

（二）运行与维护效果

1. 市场影响

兴趣帮 APP 是专门针对大学生兴趣爱好交流类的垂直门户软件，这必然对市场产生重大影响。①兴趣帮 APP 定位准确，瞄准了日益增长的大学生市场，这块市场目前属于蓝海待开发状态；②兴趣帮 APP 采用垂直门户的方式，针对性和专业性大大增强，符合大学生“好玩”“会玩”的特点；③兴趣帮 APP 采用多标签内容形式，这样大大丰富了 APP 的内容，基本涵盖大学生兴趣爱好的主要方面；④兴趣帮 APP 内容的针对性较强，特别是符合我国地域差异大、文化差异大的特色，符合大学生交流习惯。兴趣帮 APP 定位准确，符合大学生需求，其市场前景必然广阔。

2. 社会与经济效益

（1）社会效益。“兴趣帮”是一款能够帮助当代大学生充分、明确、积累、丰富课余生活，完善自我能力，实现自我价值的软件，使没有兴趣爱好的大学生找到自己的兴趣，有兴趣爱好的大学生发展自己的兴趣。通过实际的线下活动开展使当今社会中大学生越来越依赖手机、逐渐“宅化”的问题得到解决，扩大他们的交际圈，结交了“良友”，提高他们的沟通能力。

大学生毕业后有着专业知识即“专”，又有丰富的爱好即“广”，高校为国家、企业培养了“既专又广”的人才。

通过对当代大学生兴趣的深入发掘，提升了大学生的“素养”“涵养”，其综合素质明显提升，大学校园更加和谐。

(2) 经济效益。“兴趣帮”与培训机构以资源共享的形式进行合作，大学生具有一定的兴趣技能，培训机构（个人）是资源的需求者，兴趣帮 APP 变成了一个平台，实现了三方的对接，三方均获得经济效益，实现三方的共赢。

第三节　车位控

一、痛点分析

停车难已经成为有车族共同难题，已经成为一个非常严重的社会“通病”，其痛点表现如下：

痛点 1：找车位难，费时费力

随着机动车数量的爆发式增长，相应的各种类型的停车场所数量也在不断提升。大量车辆挤占了为数不多的停车位，导致短时间停车一位难求，或是因为车主不熟悉场地，或是因为场地本身原因，即便找到了，有些停车场为了赚钱将停车位弄得很狭小，让车主们“苦不堪言”；而有的机场的停车位又往往距离远，停完车还可能要花费小半个钟头走回机场大厅，浪费了大量的车主时间。停车难已经成为我国很多大中城市的“通病”，一“位”难求现象更为突出。

痛点 2：停车费高

以合肥南站为例，进入地下车库入口，就看见标牌上赫然写着“停车收费，上不封顶”的字样，车库内随处可见的公示牌上收费标准一目了然：小型车首小时 5 元，首小时后每半小时加收 3 元，不足半小时按半小时计。按照这个收费标准计算，小型车停放 24 小时就要收费 143 元。一份来自通用汽车的调查显示，在北、上、广、深等超大型城市，30%的时间浪费在寻找停车位的过程中，造成车主每月多支出 336 元，七成车主每天至少碰到一次停车困难，传统汽车需要超过 10 平方米的车位，70%的时间处于停车状态。同时，经常出现的停车价格不统一、坐地起价，这让车主们备受困扰。

痛点3：传统停车场管理系统弊端频出

统计显示，北京市停车场的利用率工作日仅为65%，节假日也只有83%。具体表现为：居民小区停车位夜晚稀缺，白天大量闲置，而工作区域配备的停车位却正好相反。由于停车资源使用不均，导致居民停车有位难用，只能在路边违法停车、临时停车。

痛点4：智能停车场市场现状不佳

利用大数据完成对车位的精细化管理，实时发布停车场空满信息和空车位优惠信息，盘活停车场资源是未来智慧停车的发展趋势，但从目前来看，问题依然严峻。

痛点5：停车问题导致社会问题频出

据调查结果显示，50%以上的城市拥堵来源于寻找停车场出入口和寻找停车位带来的行车缓慢行为，以及停车场空满信息不清或信息错误导致的车辆进场拥堵。大量机动车占用了小区绿地、消防通道、街巷路侧，严重影响了市民日常生活，加剧了微循环道路拥堵，一些单位和个人私划车位、私装地锁，侵占公共资源，因停车而引发的纠纷和矛盾时有发生。

基于以上五个痛点，结合"互联网+"创新创业背景及政府对智慧城市建设的大力支持，我们的"车位控"APP可以有效解决以上痛点，实现我们、车位主、物业的三方"共赢"，并产生不菲的社会价值、经济价值和环境价值。

二、项目简介

（一）项目意义

（1）本项目的设计宗旨是"共享车位，共享生活"，项目旨在通过互联网平台实现资源有效利用，既产生经济价值、社会价值，又产生环保价值。

（2）停车控APP的应用既缓解了城市停车困难问题，又实现了节能减排和保护环境，大大地促进共享经济发展。由于车位的闲置性和稀缺性的关系，在共享经济下，挖掘闲置的资源，拥有方业主获得收益，管理方物业获得收益，而使用方还获得实惠，实现三方"共赢"。

(3) 停车控 APP 创新了停车管理模式，丰富各类用户应用场景，推动智慧交通的发展和智慧社区的建设，契合政策导向，实现资源的集约化利用。

（二）项目达成的目标

1. “更快”“更好”“更便宜”地找到停车位

“车位控”结合自主研发设计的云停车管理系统，进一步提升停车场的进出口通行速度、车位使用率，从而实现停车信息与支付云管理，为广大车主主动提供快速找车位和电子支付服务，再也不用在车里装零钱了，真正实现停车费手机支付，出入快速通行。

“车位控”的智能管理进一步实现了云计时、云计费，帮助停车场完善运营机制，从资产经营转变为融合智能交通、移动互联及电子支付的主动营销，且提供实时的车位空闲数信息和精准的车场位置信息。让停车场管理者更专注于业务经营，把复杂和持续进步的技术保障转化成免费、简单、可快速获取的云服务。

2. “实用”“经济”“准确”地发布停车位

“车位控”不仅可以帮助车主寻找停车位，发布停车位也是其重要的功能之一。国家发改委公布的数据显示，目前我国大城市小汽车与停车位的平均比例约为 1∶0.8，中小型城市约为 1∶0.5，而发达国家约为 1∶1.3。保守估计，我国停车位缺口 5 000 万个。在这样停车位紧缺的时代，合理、高效地安排停车位的使用尤为重要。“车位控”APP 提供一个发布车位的平台，住宅小区、商业区的停车位只要为空就可以发布，发布时可告诉客户发布多长时间、具体位置等相关信息，这样不仅提高了停车位的利用率，还使停车位的主人获得一定的收益。

3. 将“停车位”与“车类应用商店”完美结合，提供一条龙服务

“车位控”一方面为车主寻找附近的车位、预定需要的车位以及发布车位的客户，让车主和客户享受优质低价的服务；另一方面为车主提供代驾、洗车、美容、理赔等“车类”服务。将“停车位”与“车类应用商店”完美结合，提供一条龙服务。

（三）项目主要内容

停车控 APP 核心设计理念是“错峰分享”与“预约租用”，包括车位搜索、车位出租、无卡进出、在线支付、闹铃提醒、在线预约、一键

锁车、场内导航等。车主用户可查询到附近及目的地周围的停车场及空缺车位和收费标准，还可以提前进行车位预约；车主通过智能车牌识别系统就可以完成原来的刷卡、取卡进场过程，在线支付也取代了原有的现金缴费环节。

基于 GPS 自动的定位功能，通过车位检控系统，整合多方信息至车位控平台，为需要车位的用户提供最精确、经济的车位推荐，这种错时分享的车位、智能车位锁和云端处理器的共同运作，致力于让用户对车位的及时需求得到良好解决，满足车主依靠出租车位就能轻松实现收益，同时物业公司依靠管理和协调也能获得利益。让三方利益共同体共担风险、共享收益，在紧密合作下，不断壮大车位控平台。

（四）项目技术路线

当车主通过手机 APP 查询到小区有剩余车位后，驾驶车辆来到小区入口，智能车牌识别系统启动、道闸缓缓打开，随后小车停车位实时更新并上传到云平台，其他车主可通过手机 APP 实时查看剩余车位信息。当车主离开停车场时，智能车牌识别系统再次启动，道闸随即打开。在整个过程中，车主无须开窗、无须拿卡，也无须支付停车费，一切在网上进行，大大缓解了车辆进出停车场时排队严重的局面。

如图 4－35 所示，本项目技术图设计为：停车控 APP 通过物联网模式，将线上线下资源高度整合，实现了车位锁手机遥控升降、闲时车位即时搜索、出租和租用，技术核心是芯片和后台服务器数据管理匹配和连接，即通过软件和硬件兼容和连接实现“智慧停车”。

（五）项目特色

1. 动态车位数据，快速找到空闲车位

停车是整个出行过程中最后一个环节，我们设定了包括实时车位和预定车位两项。实时车位主要是为满足用户的紧急需求，直接通过对目的地进行搜索来筛选出满意的车位；预定主要是满足用户有安排的需求，需要通过对始发地和目的地的搜索预定车位，我们通过云端对车位锁进行控制、检测和反馈，让用户把大量关注的目光结合他车使用的本身，车位主通过将私家车位或其他可停车的空间分享给找车位的车主，一方面满足客户再也不用为车位发愁，快速、准确找到自己满意的车位；另一方面满足车位主可以时刻关注到每天车位给自己赚了多少钱、

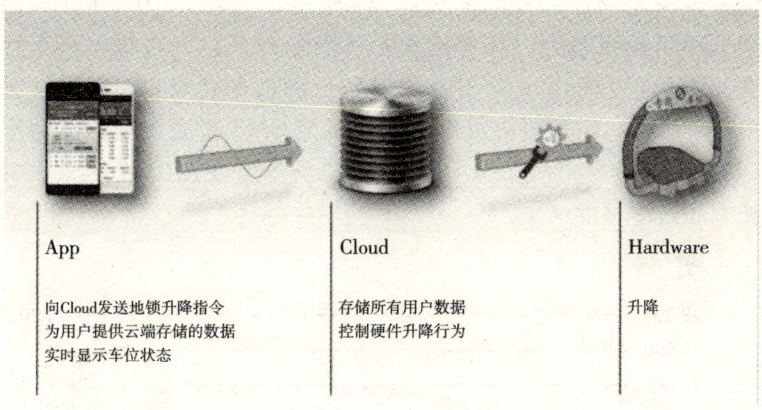

图 4-35　技术路线图

是否有出租出去等，当然也满足了物业平台通过搭起实时的共同桥梁和适当的管理获得利润。

2. 多方位发展，打造一体化商城

我们不仅只是提供车位锁自动识别功能，当然还提供包括像洗车、车保养、车辆的美容、车险，还有车辆装修等我们常见的车后 O2O 服务，以及会在写字楼、学校、大型公共场合或任何车位需求大的地方拓展业务，比如电动汽车与充电桩的完美结合，如此一体化的车商城的服务致力于方便用户的同时增加了满意度、黏度。

3. 以顾客为中心，满足个性化需求

车位控提供的个性化服务是车友的交流中心，学车、买车、保养车皆是一门学问，我们的交流中心满足用户疑难问题，有可靠专业的人解答，用户小经验的车友分享；同时提供共享等获得积分活动，然后积分商场兑换、停车费的抵销，也可以很好激活整个生态圈，让人们愉快、满意地使用我们的车位锁。

三、项目分析

（一）市场需求分析

1. 汽车数量逐年增加，停车位需求量大

随着我国经济社会持续快速发展，群众购车刚性需求旺盛，汽车保有量继续呈快速增长趋势，如图 4－36 所示，2007—2014 年，中国汽车保有量呈逐年递增趋势，且增长速度保持在 12%以上，每年汽车保有量平均增长 1 400 万辆，2015 年新注册登记的汽车达 2 385 万辆，保有量净增 1 781 万辆，均为历史最高水平。截至 2015 年底，全国机动车保有量达 2.79 亿辆，其中汽车 1.72 亿辆，机动车驾驶人 3.27 亿人，其中汽车驾驶人超过 2.8 亿人。

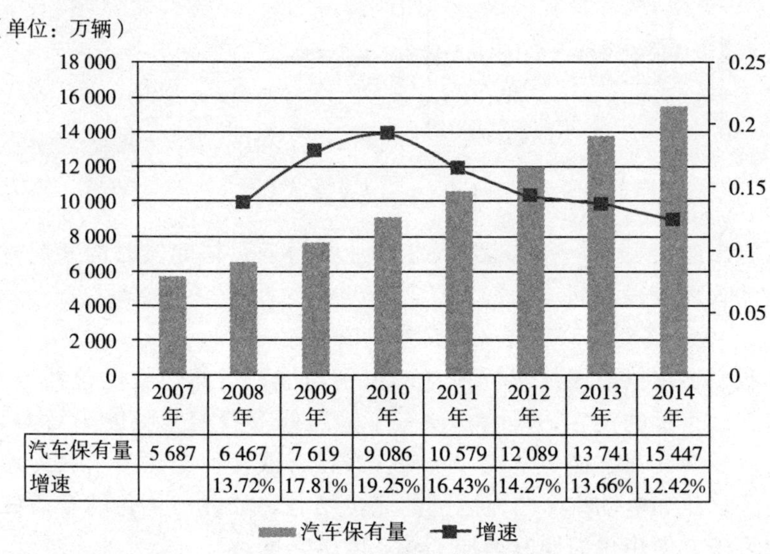

	2007年	2008年	2009年	2010年	2011年	2012年	2013年	2014年
汽车保有量	5 687	6 467	7 619	9 086	10 579	12 089	13 741	15 447
增速		13.72%	17.81%	19.25%	16.43%	14.27%	13.66%	12.42%

图 4－36　2007—2014 年全国汽车保有量增长变化分析图

统计数据显示，全国有 40 个城市的汽车保有量超过百万辆，北京、成都、深圳、上海、重庆、天津、苏州、郑州、杭州、广州、西安 11 个城市汽车保有量超过 200 万辆；私家车总量超过 1.24 亿辆，全国平均每百户家庭拥有 31 辆私家车，北京、成都、深圳等大城市每百户家庭拥有私家车超过 60 辆。2011 年至 2015 年我国汽车产量年度累计值统计如图 4－37 所示，我国私家车车辆逐年增加。

与机动车保有量快速增长相适应，机动车驾驶人数量也呈现大幅增长趋势，近五年年均增量达 2 299 万人。2015 年，全国机动车驾驶人数量超 3.2 亿人，汽车驾驶人 2.8 亿人，占驾驶人总量的 85.63%，全年

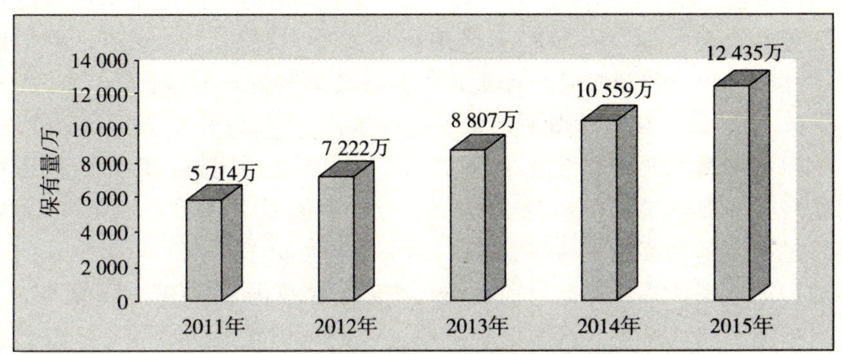

图 4－37　2011－2015 年车辆增加率

新增汽车驾驶人 3 375 万人。

2. 商业住宅面积逐年增加，停车位逐年增加

如图 4－38 所示，2005 年以来我国住宅商品房销售面积逐年增加，2016 年 5 月末全国房地产销售面积为 4.8 亿平方米，高出去年同期 33.2%，同时销售面积高于近几年同期水平。

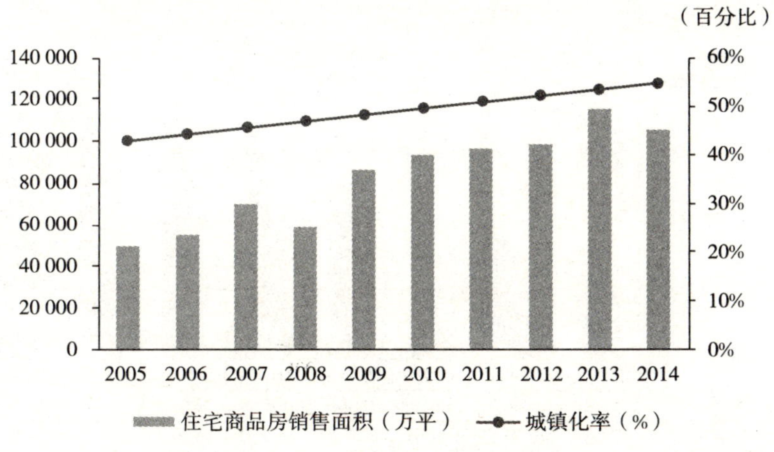

图 4－38　商业住宅面积逐年增加

住宅面积增加的同时，停车位也呈现增加的趋势。以合肥市为例，《合肥市控制性详细规划通则（试行）》明确“住宅小区停车应以地下为

主"，并规定地下停车位占比不宜小于75%。此外，地面停车不得占用小区公共绿地，地下停车禁止采用机械式停车设施。住宅小区沿街商业、办公的停车应单独按标准配建，并宜就近设置。

3. 停车位总数不断增加，需求缺口巨大

根据前瞻产业研究院发布的《2016—2021年中国智慧停车行业市场前瞻与投资战略规划分析报告》显示，从中国需求来看，截至2014年底，中国汽车保有量15 447万辆。如果按照每辆车匹配1.4个泊位的国际通行标准来计算，那么目前国内汽车停车位总需要量约2.16亿个。

如图4-39所示，汽车保有量飙涨，停车场建设明显滞后。根据目前中国机械式停车位与总体停车位的占比情况来看，目前机械式停车位占比最高的当属北京市，其所占比重在13%左右，而其他的城市机械式停车位占比均低于该比例，有的甚至不足1%（广州市目前仅为0.72%）。随着城市机动车保有量急剧增长，停车问题日益成为困扰城市管理的一个难题，据不完全统计，2015年我国传统停车位有6 935万个，按照国际标准，一辆车须配置1.3个停车位，我国停车位需求量为22 768万个，我国停车场供给缺口巨大。

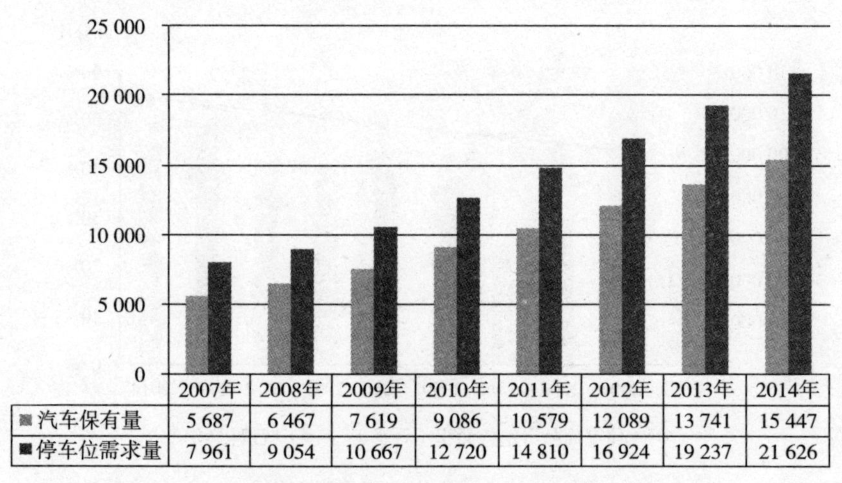

	2007年	2008年	2009年	2010年	2011年	2012年	2013年	2014年
汽车保有量	5 687	6 467	7 619	9 086	10 579	12 089	13 741	15 447
停车位需求量	7 961	9 054	10 667	12 720	14 810	16 924	19 237	21 626

图4-39　我国汽车保有量与停车位需求量图（单位：万辆）

如图4-40所示，目前我国大城市内汽车与停车位之比是1∶0.8，中小城市为1∶0.5，而发达国家约为1∶1.3。根据惯例，汽车保有量与停车位的比例应在1∶1.2～1∶1.4之间，以1.4进行计算，2020年中国停车位需求量为37 650万个。

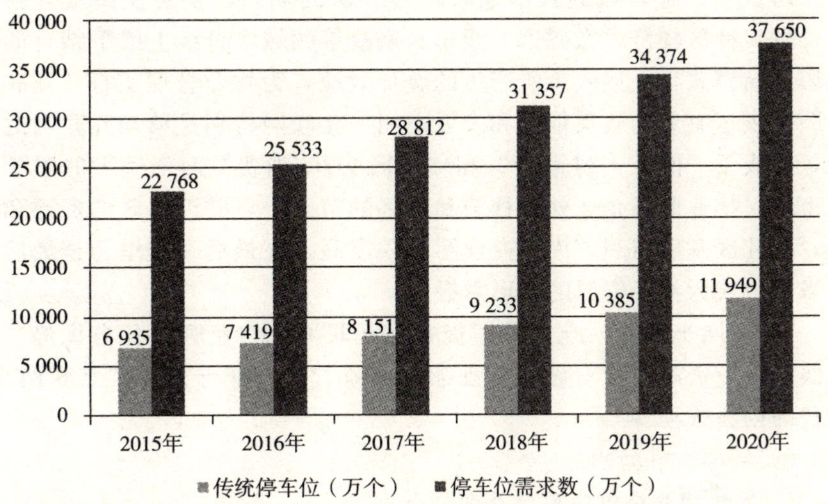

图4-40　2015—2020年中国停车位需求量与传统停车位数量预测

4. 在“互联网+”背景下，物业管理面临服务模式转型升级

用户对物业服务尤其是优质物业服务的购买意愿显著增强，部分物业服务企业基于用户多元化、个性化需求产生的非主营业务收入已超过物业服务主营业务收入。中国物业行业将转变发展模式，提高服务产品的附加值，一些物业管理企业开始利用互联网技术拓展创新业务模式，由传统的单一物业管理逐渐向新型的集成化服务转型，这一趋势未来有望大幅提升物业行业的整体规模。物业服务企业拥有庞大的线下团队和固定的经营场所，与业主物理距离较为贴近，再加上利用移动互联网等信息技术，因而在社区生活服务业领域有独特优势。

近两年来，我国物业管理行业无论是政策环境，还是市场环境，都发生了深刻变化。2014年12月，国家发展和改革委员会印发《关于放开部分服务价格意见的通知》，要求放开非保障性住房物业服务和住宅小区停车服务价格，表明行业在全面深化改革道路上更进一步，对行业逐步建立并完善市场引导机制、运作机制和监督机制具有重要意义。国务院《关于积极推进“互联网＋”行动的指导意见》提出，充分发挥“互联网＋”对稳增长、促改革、调结构、惠民生、防风险的重要作用；推动跨区域、跨领域的技术成果转移和协同创新；发展便民服务新业态，发展社区经济，在餐饮、娱乐、家政等领域培育线上线下结合的社区服务新模式。上述政策所产生的叠加效应，为物业管理实行“互联网＋”提供了有力的政策依据和发展空间。互联网特别是移动互联网的出现，促成了“网上支付消费”和“社区 O2O 消费”两个巨大的服务消费市场。物业服务企业处在社会和社区的节点上，贴近社区的资源和用户，与社区基层组织、周边商业圈关联度高，在最后一公里乃至最后一百米内，成为社区资源的隐形掌握者。

“互联网＋物业”成为发挥资本、互联网、物业管理各自优势，整合线上线下资源的产业融合新业态，物业管理行业开始了“互联网＋”时代的创新旅程。

（二）可行性分析

1. 帮助物业公司实现物业管理转型

传统的物业管理已经不能满足人们越来越个性化、多样化的需求，物业管理亟待转型势在必行，物业行业整体上仍处在创新转型的初期，“互联网＋物业”提供了解决物业问题的新思路、新方法，一些新的物业管理模式和业态仍在探索阶段。利用互联网技术拓展创新业务模式，由传统的单一物业管理逐渐向新型的集成化服务转型，这一趋势未来有望大幅提升物业行业的整体规模。

2. “智慧城市”建设发展迅速要求“智慧停车”

随着我国城市化进程的不断发展，未来一、二线城市及部分省会城市将承载越来越多的人口，这些城市的“城市病”已经出现而且越来越严峻，北京已经成为中国最堵的城市之一。为实现城市可持续发展，建设“智慧城市”已成为当今我国城市发展不可逆转的趋势。

总之，我们的停车控 APP 项目可行性强，未来发展前景广阔。

（三）爆破点分析

停车位市场已经具备迎来破坏性创新的条件，有以下三个爆破点：

（1）停车位难找而且难度越来越大，消费者对停车位的需求甚至可以影响到消费者未来的消费选择；

(2) O2O趋势与智能设备普及，线上线下结合难度大幅度降低，容易实现；

(3) 涉足硬件的企业，也能借用廉价的传感器来抢占市场。

(四) SWOT分析

见表4-10，对本项目我们做SWOT分析。

表4-10 SWOT分析表

SWOT分析矩阵		
外部因素 / 内部因素	优势（S）	劣势（W）
	·使用人群基数大，使用频率高 ·产品功能完善，具有高速发展性 ·整合多方资源、与物业合作 ·产品具有独特的特色	·投入成本高 ·信息系统难以短期成功建立 ·物业关系难以建立 ·车主、业主担心安全隐患
机会（O）	SO（策略）	WO（策略）
·市场空白面积大且需求较大 ·用户渴望降低生活成本 ·有助于提高城市形象 ·国家关于大学生创业扶持力度越来越大 ·物业需要转型升级	·加快进入市场，找准产品市场定位 ·利用独有特色和科学技术实现可持续发展 ·调查用户更喜欢哪些功能，不断进行细化	·充分利用已有的人才和技术提供更专业的服务 ·完善产品性能，赢得更多市场 ·制定有效的盈利模式，稳中求快，稳中求胜
威胁（T）	ST（策略）	WT（策略）
·物业管理跟不上	·放大产品特色功能，树立品牌形象 ·与各个物业紧密联系，完善网络布局 ·尽可能加快扩张规模，获得竞争优势	·集中精力建立良好口碑，增加APP的下载量

（五）市场潜力分析

据统计，全国汽车保有量已突破 1.7 亿辆，而停车位少于 6 800 万个。以广州为例，截至2016 年 1 月份，广州有 187 万辆中小汽车，而停车位却仅有 66 万个，停车缺口高达 121 万，这成为很多人眼里的“大蛋糕”，那么如此一来车位紧张带来的停车难题已经不仅是给车主带来的困扰，更已经上升成为一项严峻的社会问题。出入慢、场内找车位难、找车难、缴费排队的矛盾比比皆是。对于车场管理方来说，停车设备和管理方法落后，车位空置、停车效率低，挣不到钱，管理质量下降。对于城市管理方来说，停车难题更是变相对城市动态交通产生了严重的影响，车位控在智能车位锁、云端检测系统下，紧跟“互联网＋静态交通”理念，颠覆传统停车行业模式，采取互联网 O2O 商业模式，旨在解决有车族的停车难、停车贵、行车难等社会痛点问题。

“错峰分享”与“预约租用”可以帮助车位主实现经济利益，也可以帮助车主在短时间内找到合适的车位，这是一个“双赢”的结果。随着越来越多的人接受互联网思维，人们的思维方式将发生改变，未来的经济发展必然进入分享经济模式。

当汽车从“奢侈品”逐渐变为大众消费品时，汽车保有量大幅增长，带来道路拥堵。将来随着“互联网＋停车”的发展，智慧停车的出现也肯定对上亿车主乃至整个城市停车以及出行带来改变，后期将洗车、保养、保险、二手车等与汽车有关的所有服务集为一体，全方位打开以停车为切入点的汽车市场的全产业生态链，其实停车是过程，不是目的，它的发展价值不可小觑。

（六）竞争对手分析

1. 直接竞争对手分析

目前市场上已经运行的停车类 APP 主要有：

（1）停车宝：最基本的功能是定位当前位置、实时查看周边停车位数量及停车费用、导航到指定停车位、手机支付停车费用（提供停车券活动）、停车拍照、分享等功能。

（2）丁丁停车：是一个停车用的智能车位锁，包括手机 APP 和智能硬件，主要用来帮助停车场“自动上锁解锁”以及帮私人车主“出租车位”。

这些 APP 目前并没有普及，运营情况也不好，其主要原因是：①技术已经实现，但是缺乏推广；②缺乏激励机制，用户黏性不足；③未能充分挖掘、激起用户需求；④缺乏重大资金支持。

2. 间接竞争对手分析

随着一线、二线城市及部分发达三线城市城市化进程的加快，城市快速交通和地铁越来越普及，给人们的生活带来便捷。

(1) 公交线路越来越多，积极发展现代城市公交体系。交通运输部近日印发了《城市公共交通“十三五”发展纲要》(简称《纲要》)，《纲要》指出，“十二五”期间我国城市公共交通发展成绩显著，城市公交发展政策体系建设取得新突破，城市公共服务保障能力再上新台阶，城市公交服务质量取得新提升，城市公交行业改革取得新进展，“公交都市”建设活动得到广泛认可。《纲要》描绘了“十三五”期间我国城市公共交通发展的愿景，即全面建成适应经济社会发展和公众出行需要、与我国城市功能和城市形象相匹配的现代化城市公共交通体系，主要体现在群众出行满意、行业发展可持续两个方面。到 2020 年，初步建成适应全面建成小康社会需求的现代化城市公共交通体系。

(2) 城市轨道公交发展迅速。我国城市轨道公交发展迅速，截至 2015 年 12 月 31 日，中国内地的北京、上海、广州、深圳等 25 个城市拥有城市轨道交通，运营线路总长 3 293 公里。在各城市轨道交通运营里程排序中，达到 200 公里以上的城市依次为上海 627 公里、北京 555 公里、广州 260 公里、南京 232 公里、重庆 202 公里，另外上 100 公里的城市还有 5 座。在各城市轨道交通运营线路数排序中，北京以 18 条线路名列第一。从数量上看，北京、上海、广州为第一梯队，南京、大连、沈阳、天津、深圳为第二梯队。2015 年，新增运营里程 307 公里，新增运营线路 11 条，新增运营城市 3 个 (青岛、南昌和淮安)。

(3) 出租车市场异常活跃。出租车市场日趋多样化，特别是滴滴打车、Uber、易到用车、神州专车等打车软件的普及，越来越多的人使用，出租车市场异常活跃。2015 年上半年，网络约租车市场中以网络预约出租车用户规模最大，为 9 664 万人，在使用各种叫车服务软件的用户群体中占比 84.8%。网络预约专车用户规模为 2 165 万人，在使用各种叫车服务软件的用户群体中占比为19.0%。根据CNNIC调查数据，84.4%的网络预约出租车用户在路边打不到出租车的情况下会使用出租车叫车软件；77.6%的用户在对周围地方不熟悉的情况下使用网络预约出租车；67.2%的用户由于使用了出租车叫车软件缓解了恶劣天气打车难问题；65.9%的用户去机场、车站或需要预约用车时使用出租车叫车软件；还有57.1%的用户觉得网络预约出租车方便实用，习惯性地平时出行就会使用。

总之，我们的间接竞争对手不仅非常强大，而且发展迅速，特别是人们环保意识日趋增强，越来越多的人选择绿色出行。

3. 竞争优势分析

（1）用O2O模式打开线下停车市场。线下停车这件事儿，是一个还未被挖掘、巨大的蓝海市场，车位控平台直接抓住停车难的痛点，其对接了线上的用户和线下停车场两端。首先我们拥有自主研发的软件系统，其次团队拥有很强的线下停车相关的经验，对线下对应行业的理解比较深刻，最后物业公司的集约化管理，提升了管理效率和运营水平，让有限的车位能够更加精准、高效地为更多的人提供服务。

（2）人性化交互式设计，操作简单，易于上手。简单、易操控是任何APP赢得消费者喜爱的主要因素，闹铃提醒体现了我们浓浓的人性关怀，周围服务让我们细心体会用户的点点需求。停车控APP设计理念是人性化交互式设计，实现了车主和物业的交互、车主之间的交互，交互式设计增加了用户黏度。

（3）合作实现了三方"共赢"。只要车位主共享你的停车位资源，你就将获得收益，而且共享时间是属于你的车位的闲置时间，利用车位的闲置时间赚钱是几乎每个车位主都愿意做的事情。物业公司利用我们的APP增加了收入，物业费收取难的情况将得到缓解，物业公司只是增加了沟通成本和维护成本而将获得较高的收入，我们的APP三方"共赢"，这样的竞争优势无可替代。

四、项目设计

（一）产品设计

如图4-41所示，首页界面将围绕"共享车位，共享生活"这一主题，包括提供 9 大需求模块，鲜明、简洁、全面。

图 4-41　主界面图

扫一扫：以二维码的形式支持用户扫一扫下载车位控 APP，同时可以扫描有二维码的其他软件商标等。

搜索：以最醒目的方式为用户提供最基本的搜索功能，方便用户对熟悉小区或商业楼相关信息的及时了解和咨询。

功能区：9 大需求区就是为了实现资源集约、环境友好、利益共享，旨在将功能需求（发布车位、车位搜索、闹铃提醒、我的设置、车友圈、我的消息）和商业性需求（商城、周边服务、物业管理）完美结合，其中在“车位搜索”中我们以最简明的搜索形式快速满足用户不同时间段对车位的需求；“商城”是以此衍生出的一条龙的服务，真正帮助用户解决停车难、行车难、买车难等一系列难题；“物业管理”是车位控平台对物业管理者的一个监督和反馈，打破信息孤岛离不开物业的支持，真正落实物业管理的工作，才能实现平台、物业、客户三方共赢。

如图 4-42 所示，滚动式广告：让广告以滚动的形式实时更新，满足用户的多元化需求，按照时间、地段、环境等推出了不同折扣的租位价格以及用户本身关注度较高的东西，平台都会为之推荐，大大增强用户黏度。

搜索界面是车位控最核心的功能界面，同时又是用户使用率最高、关注度最高的界面。

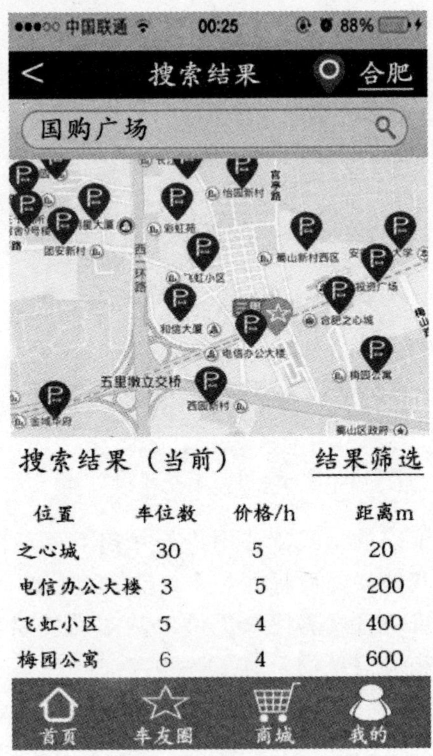

图 4-42　搜索界面图

首先，平台自动为用户定位到当前城市，免去反复的切换设置。

其次搜索栏实现用户完成搜索后当下地图自动放大用户所关心的区域，让用户清晰明了地看见搜索结果。

比例地图配与之相应的具体搜索结果介绍，主要包括了用户可能关注的位置、车位数、价格、距离四大点，同时用户还可以按照辐射距离、价格定位、时间分配等自行筛选，尽可能为用户提供最全面的信息，其中我们还提供点击导航功能、价格详细说明功能，方便用户的实时购买或者是提前预订。

最后下方导航栏，帮助用户在点击率最高的首页、车友圈、商城、“我的”之间快速切换。

如图 4－43 所示，“我的”界面中可以清楚地看到当前的积分等级，优惠券、车友、余额等基本信息。

图 4－43　“我的”界面图

车位管理和车位锁是为了让出租车库的用户清楚了解自己车库的状态（是已经出租状态还是空闲状态）、当天具体出租库的收入、车位锁和车位检测系统的运行状况等；交易记录、我的收藏、我的点评都是为了帮助用户更好地管理个人资料。

如图 4-44 所示，闹铃提醒非常人性化，关于信息发布和到点提醒，我们设置了语音播报和震动开关两种不同的提醒方式。同时用户可以自由选择重复设置和具体的提醒时间设置。

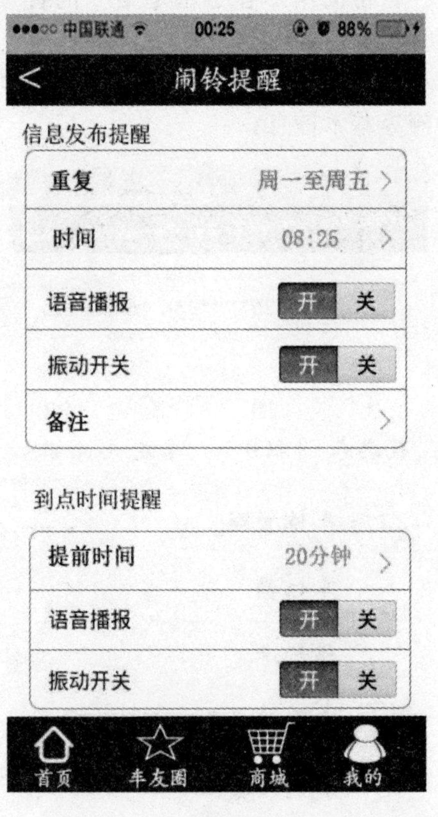

图 4-44　闹铃提醒界面图

如图 4-45 所示，发布车位是车位控给错时分享车位的具体表现，其中包括了可以接受的车的大小、具体地址、每小时价格、出租的精确时间等，在让车主收获利益的同时享受到分享的快乐。

如图 4-46 所示，租用车位是车位控整合多方数据为用户推荐的具

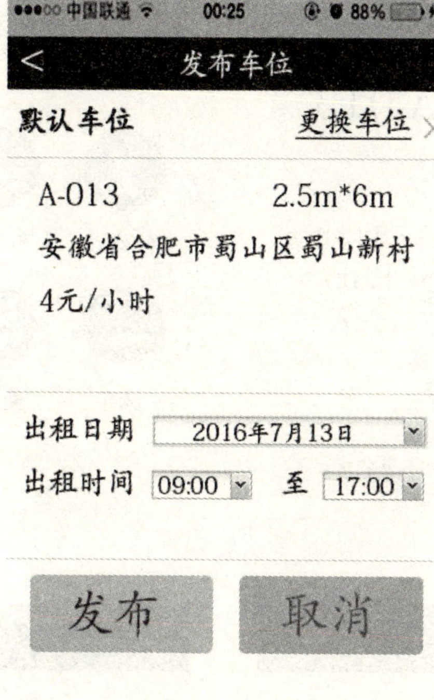

图 4-45　发布车位界面图

体平台，囊括了出租地址、价位以及具体时间，当然我们也提供了预订和立即支付两种方式，决定了我们支持多种网上支付方式，细化了产品的功能，满足用户的差异化需求，提高用户黏度。

如图 4-47 所示，周边服务是有关车位而衍生出的一条龙服务，包括加油站、充电站、汽车保险、美容、维修等，用户也可以根据自己需要或关键词自行搜索，致力于提供最全面的服务，真正解决用户难题。

图 4-46 租用车位界面图　　图 4-47 周边服务界面图

(二) 经营设计

本项目的经营规划设计见表 4-11，通过智能车位锁切入共享经济，车主用手机管理自家停车位的空闲时段并共享，以此获得出租收益。将线上线下资源高度整合，通过对车位的搜索、出租和租用，依靠错时车位分享，提高车位的利用效率；利用车位预定，避免盲目出行；通过无线支付，提高出口通关效率，最后实现停车位空闲时间的碎片化灵活管理与招租，当然我们前期的车位锁铺设主要应用于小区，中后期可以与大学院校、商场、写字楼和医院等停车场达成合作意向，我们不仅力争要做到停车的互联网化，以及停车场的管理与运营，甚至还将目光投向了由停车而衍生出的一整套后市场服务，比如：充电桩服务、车辆内饰装修、洗车保养等服务，结合大数据及后续开放共享车位理念的持续运营。通过未来的共享经济收益自动分成比例，实现物业平台、车位控平台、出租车位业主三方共赢。

表 4－11 经营规划表

阶段	APP 建设	整体运营	运营中期	运营后期	长远规划
时间	2016.10—2017.1	2017.2—2018.2	2018.3—2020.4	2020.4—2022.4	2022.5—
定位		·合肥市场作为突破点 ·合肥市场运营稳定后向黄山市场拓展	·向部分一线、二线城市，部分省会、旅游发达城市进军	·实现一线、二线城市，部分省会城市、旅游发达城市全覆盖	·部分发达三线、四线城市覆盖
目标	·APP 开发 ·数据库管理优化	·提升市场占有率 ·提高知名度、美誉度 ·提升营业额 ·完善业务服务	·提升市场覆盖率 ·提升知名度、美誉度 ·更加个性化、人性化 ·更加特色化 ·业务拓展 ·提升营业额	·稳固性战略扩张 ·提高盈利性	·树立领军地位 ·力争做到全国性覆盖
重点	·平台的构建 ·数据优化	·平台维护 ·大数据、云计算的引入 ·展开营销策略 ·扩大影响力 ·树立知名度	·平台维护 ·业务模式设计 ·密集式营销 ·个性化业务拓展 ·扩大影响力 ·树立知名度	·业务模式创新 ·多元化营销	·占据稳定的市场份额

（三）技术设计

车位控 APP 分为个人版本和企业版（物业管理公司使用）。车位控 APP 免费下载自动安装，用户进行相关信息注册即可使用。

（四）组织管理设计

本项目的组织结构图设计如图 4－48 所示。

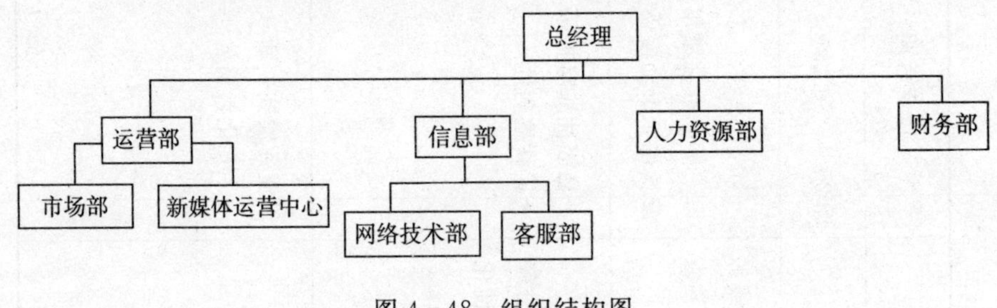

图 4－48　组织结构图

（五）商业模式设计

本项目的商业模式设计简图如图 4－49 所示。

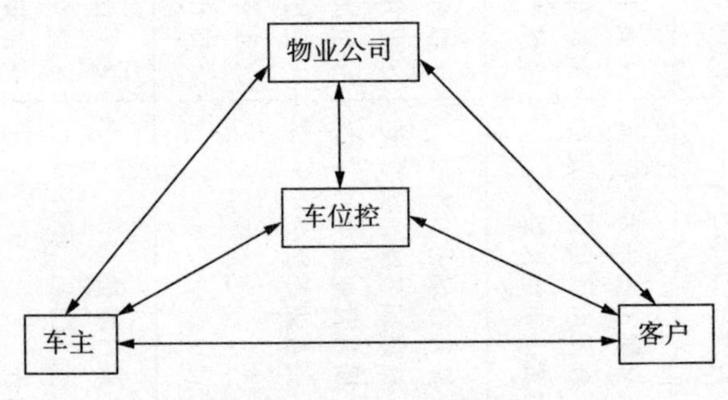

图 4－49　商业模式简图

1. 价值主张

车位控 APP 的价值主张概述为：资源集约、环境友好、利益共享。每天当人们上班以后，住宅小区、商业广场闲置了大量的车位，这些闲置的资源造成了资源的巨大浪费，如何合理利用闲置的车位实现资源集约化是车位主、物业共同关心的问题；同时，有些需要车位的人却苦苦找不到合适的车位，不得不停车较远（行驶距离增加造成了油费增加、环境污染增加），有时候甘愿被贴罚单也要乱停车，这些被贴罚单的车既造成了交通不便，也损害了车主的利益及造成了较大的环境污染，然而附近住宅小区空置了大量的停车位，如何合理利用住宅小区或商业区的停车位是客户普遍关心的问题，也是亟待解决的问题。寻找车位难的根本原因在于信息不对称，存在“信息孤岛”现象，车位控 APP 将物业公司、车主、客户三者由彼此割裂的关系转变为相互关联的关系，信息孤岛被打破，取而代之的是利益共享，实现了物业公司、车主、客户三者的“共赢”。

2. 目标客户

车位控 APP 的目标客户群体定位于各年龄阶段有车族、有车位族群体、喜爱旅游的自驾族。

核心消费层：有车族、有车位族；喜爱旅游的自驾族。

直接消费层：有意下载 APP 客户均可作为直接消费层。

潜在人群：现在尚未购买未来考虑购买车位的一族。

3. 销售渠道

（1）车位控 APP 扫描后免费自动下载安装，安装以后用户车主、车位主、物业公司注册即可使用，界面人性化设计，操作简单，交互性强。

（2）车位控 APP 的对应车位锁可以在我们的网上商城购买，也可以在小区物业处购买或租用。

（3）小区物业免费安装调试，我们的合作单位和物业公司将共同负责车位锁的后期维护和保养工作。

4. 客户关系

客户关系是车位控顺利实施的关键因素，我们和车主、物业是利益共同体，共担风险、共享收益，三者之间的沟通交流变得尤其重要，特别是物业和车位主之间的面对面沟通交流是解决问题、化解矛盾的重要途径。

（1）我们和物业公司的关系。我们和物业公司也是利益共同体，利益实现共享，我们负责平台的维护和建设工作，物业负责车位锁的安装调试工作及外来车辆的管理工作，分工明确，责任清晰，利益分配按协议进行。

（2）我们和车位主的关系。我们是平台的构建者，平台的研发的宗旨是“简单、易操作、交互性强”；车位主是平台的使用者，我们之间是利益共享的关系，利益分配按协议进行。

5. 价值配置

(1) 我们和车位主、物业之间的价值分配遵照3∶5∶2的比例关系。

(2) 车位的收费标准参考当地的物价水平及停车标准费用作为参考，可以上下浮动30%。

(3) 购买车位锁将实行免费安装和调试（小区超过20人购买可进行团购并享受团购价），车位锁可以租用（租用费用每月40元，免费安装调试）；每销售一个车位锁我们和合作单位一起进行利润提成。

(4) 我们的APP实行奖励政策，每月使用次数超过10次、20次、30次将有不同的奖励，奖励可以抵押物业管理费用。

(5) 车位每使用一次，账款一周后到车位主的账户。

(6) 小区车位锁的覆盖率超过一定的标准40%、60%、80%，且车位主的月平均使用次数超过10次、20次、30次的，我们将给予物业公司一定的奖励。

6. 核心能力

车位控核心资源概述为：创造一个好平台（硬件平台、软件平台），维持一种好关系，提供一种好的服务。车位控要完美地运营首先需要人性化、强交互性的软件平台及与之相匹配的硬件（本创业合作伙伴车位锁已经研发成功，并申请专利，获得知识产权保护）；其实，在实际运营过程中物业、车位主及我们要建立良好的互动关系，通过沟通交流解决运营问题，在不断改进过程中不断提升服务质量。

7. 伙伴关系

伙伴关系指车主和物业的关系，车主和物业双方的互动交流更加频繁，改善双方的关系，双方关系变得更加紧密，双方成为利益共同体。车位主发布信息后，物业公司将负责外来车辆的管理工作，车位主可以将车位在闲置时间内租给物业公司，物业公司负责日常管理和使用，收入可以抵扣物业管理费用；可以通过获得的抵用券抵用物业管理费；也可以通过租用获取收益直接对物业管理费用充值。

8. 成本结构

车位控APP的成本构成如下：

(1) 车位控APP研发费用估计50万元；

(2) 车位锁的购买成本每个500元左右，团购价格预计每个在400

～450 元；

（3）车位锁的安装成本每个 10～30 元。

9. 收入模型

（1）固定收入：每个停车位停车时间内产生的收入，时间段不等价格不同，我们的收入也不同；

（2）车位锁收入：每销售一个车位锁我们将参与利润分配；

（3）商城收入：购买商城的相关汽车物品我们将获得一定的收入；

（4）服务收入：我们与周围汽车服务商合作为车主提供服务，我们将获得一定的收入分配；

（5）融资性收入：7 天的到账周期我们可以做一个融资性平台，获取融资性收益。

（六）财务设计

1. 资金需求与来源

见表 4－12，我们的资金需求与来源表。

表 4－12 资金来源与持股比例表

项目	风险投资	团队投资	技术入股
金额（万元）	240	10	50
出资比例	80％	3.3％	16.7％
盈利分红比例	40％	60％	

2. 收入表

见表 4－13，我们项目的收入表。

表 4－13 收入表 （单位：万元）

	项目名称	第一年	第二年	第三年
收入	停车业务收入	800	1600	2600
	服务业务提成	10	20	30
	车位锁提成	100	200	300
	融资性收入	12	24	40

（续表）

	项目名称	第一年	第二年	第三年
费用	研发费用	50	100	150
	维护费用	30	40	30
	营销费用	200	300	500
	工资及福利费	100	120	160
利润	合计	542	1280	2134

五、风险控制

（一）技术风险

（1）车位锁是整个项目中最主要的一部分，其中最核心的就是车位锁的控制装置，它是由众多的电气原件组成，怕湿、怕水，如有遇到严寒或者炎热容易造成元器件的损伤，不能工作。

（2）车位锁作为单独的一部分，它需要与平台相互联系，执行相应的任务时需要不断地升降，执行上述问题时需要电力作为能量。所以车位锁的续航能力非常的重要，尽可能地做到 3 个月换一次电池。

（3）在用户与车位锁信息沟通中，需要平台的介入，平台发送指令给车位锁，但是车位锁如何识别该车辆的身份特征是一个非常重要的问题，车来了进不去那也是非常麻烦的一件事。

（4）使用者和物业之间的信息共享关系，物业如何知道该用户订购了本小区的车位，为物业带来了十分困难的管理问题。

（5）用户如何找到自己预订的停车位，如果单单仅靠 GPS 是远远不够的，一个地下车库上百个车位，寻找起来相当的困难。

（二）市场风险

诚然，在国家大力推动“互联网+传统产业”融合的背景下，基于互联网的智慧城市、智慧交通被标榜为未来城市发展的大方向，而智慧停车在其中扮演着重要角色，但是目前各款有关停车位的 APP 是千奇百样，不计其数，且像我们熟悉的“停车宝”“丁丁停车”“易停车”等类似 APP 已经先抢占了市场。

应对策略如下：首先，打造出网站的核心竞争力，我们最具特色的发布停车位和预约停车位功能为用户提供前所未有精准、专业、个性、有效、实用的服务，力争让“车位控”与众不同，相信在提高产品服务差异方面我们会做得更好。

我们必须明确一点，市场潜力是无穷大的，“车位控”以其独特的视角推出的住宅小区和商业区发布停车位功能正是目前市场的空白点，能紧紧抓住用户眼球，真正为车主和市场车位紧缺考虑。

（三）财务风险

市面上大多 O2O 停车服务运营商在拿到融资后，通常为了较顺利地获取停车位资源，而采取免费提供设备的商业模式，也就是说，这些服务商为所进驻的停车场提供免费的硬件和软件设备以及安装服务。而事实上，这就造成了高投入、低回报的潜在风险，如果没有足够多的资本投入以及持久性的资本支撑，这种高资本投入的模式将会很难进行。

应对策略如下：首先，我们知道现在国家正在大力发展“互联网＋”项目，我们可以充分享受到国家或当地政府对大学生创业的支持；其次，我们采取经济合理的收费模式，提供符合甚至超出用户的期望值的服务，牢牢抓住用户，让车位控持续快速发展；最后，车位控创新停车的管理模式，丰富的各类应用场景，节能减排的保护环境以及努力规划好后期运营工作，相信一定能得到投资者的青睐。

（四）管理风险

管理中我们主要会遇到车主超时、信息不对称、小区车辆进入不安全等问题。

应对策略如下：停车空闲时段是由共享信息车主自行设定的，到预定时间会提前提醒，若超时会多倍收取停车费；利用智能车牌识别技术、大数据索引技术，通过互联网连接，整合网站平台数据保证信息送达的安全、及时和准确，保持较好的互动性，为停车场和驾车者真正搭起沟通的“信息之桥”；每个车辆在注册时都必须认证，车辆信息、出发地点和目的地都有记录，禁止不明车辆的进入，同时智能管理和物业管理的双重保险保证车辆进入小区后的安全问题。

六、项目建设

（一）组织建设

根据企业的战略规划，我们需要明确企业在未来几年的整体发展目标，这样的目标是对业务延展步骤和方向的要求。从今天的业务发展现状向未来战略目标的发展过程，需要组织能力、人才队伍、管理体系建设相应的支撑和配套，这也是我们思考企业组织建设的基础。一个良好的管理体系不仅要满足企业当前发展的需要，同时也应该顺应企业未来发展的要求，在优化当前组织内部效率的同时，推动组织在内部结构、人才队伍建设、管理体系建设上不断升级，才能有效实现企业发展阶段的不断跨越。根据组织构架，建立相应的部门，明确各人员的责权利，我们一体化的服务致力于打造让客户满意的停车条件。

（二）经营系统建设

1. 抓住社会痛点，对症下药

停车难已经成为仅次于交通拥堵的大问题，车位的捉襟见肘同时造成了交通的严重拥堵，而部分小区白天过半车位空着，信息的不对称性让“停车难，行车难”问题一直困扰着人们，车位控以此出发，有效利用错时出租车位，满足用户需求，真正解决停车难问题。

2. 专注产品完善，增强用户黏度

只有不断完善产品功能，以用户的需求为出发点，车位控才能真正被接受、被喜爱，让车位也能赚钱。智能操作，旨在提升有资源“车位”利用率，成为用户居家旅游必备应用，省钱、省时、省力。在一定程度上推动智慧公交和智慧社区的建设，实现资源的有效利用。

3. 拓展可拓展性

以多种不同的商业模式，满足不同人群的需求，未来发展所提供的一整套完善的服务，比如：将离电梯最近的停车位圈起来、安装车位锁做 VIP 停车位，这能给商场带来额外的价值；为充电桩停车位安装一个地锁，这样就能确保新能源车来了可以充到电；当然纵向发展还包括为某一个停车场的用户提供各种相关服务，比如：对接洗车、车辆的美容、车险、快递配送等。相信都是很有发展潜力的。

（三）营销推广

1. 线上推广

（1）QQ 推广。下载“车位控”APP 的老客户可以将本款 APP 分享给自己的 QQ 好友，若好友成功下载“车位控”APP 将获得 10 元无门槛抵扣券（抵扣券三天后失效），此抵扣券将在“车类应用商店”功能中抵扣客户车类服务的花费。好友抵扣成功后，分享的老客户将获得 30 元无门槛抵扣券（抵扣券三天后失效）作为奖励。我们知道“六度分割”理论，即最多通过六个人你就能认识任何一个陌生人，现在男女老少几乎都会玩些社交软件，那么这就为我们的推广提供了契机。

同时“车位控”APP 将会与腾讯空间合作，在人们刷空间的时候会看见车位控 APP 的推广页面和广告，推广页面中会显示使用该 APP 的 QQ 好友和共同好友。只须轻轻点击即可下载安装。

（2）微信推广。我们不只采用与 QQ 推广中好友分享得抵扣券的方法，还会申请“车位控”公众号，“车位控”老客户或有“车位控”二维码的可以分享二维码、公众号给自己的微信好友、朋友圈。若有十个人注册成功，审核后，分享的人将获得红包奖励。

（3）搜索引擎推广。搜索引擎作为网络的超级《黄页》，“车位控”将会与 360 搜索和百度等排名靠前的达成协议引入我们的网站，通过直接输入“车位控”或通过间接搜索“车位”、“停车位”等关键字查找“车位控”的网站，可以浏览车位控的简介、产品功能、产品特色等基本信息，支持直接下载“车位控”APP。

（4）线上广告推广。“车位控”将与一些影音类 APP 合作，在打开影音类 APP 时插入“车位控”的界面，做广告推广。前期我们会支付一些费用，后期我们的 APP 下载量提高时也会通过给别的商家做广告或抵扣费用或收取费用。

2. 线下推广

（1）公交推广。包括公交站台推广、公交车贴纸广告、公交车电视广告。

公交站台推广：“车位控”APP 可以在公交站台橱窗里做海报广告，海报广告将会有 APP 的二维码，在站台等公交的乘客，只要扫描二维码即可注册。

公交车贴纸广告："车位控"将会在公交车外面贴上 APP 广告，这样让等公交的乘客和公交沿路"经过"的人，都可以随时随地知道、了解、注册 APP。

公交车电视广告：我们将会在各大公交电视屏幕上做广告，让乘坐公交的人了解我们这款 APP。

（2）商业区推广。"车位控"通过在一些商业区摆摊、举办各种大型活动等来推广，具有人流量大、车位多，推广集中、成本低等特点，只要现场注册 APP，将会有可爱娃娃等玩具的奖励。

我们将会在商业区各个标志性的位置张贴海报来进行 APP 的宣传，让市民自由选择，只要扫描二维码即可注册登录。

（3）住宅小区推广。选择在人口密集型的住宅小区进行推广，具有人口数量大、车位多，推广集中、成本低等特点，只要现场注册 APP，将会有可爱娃娃等玩具的奖励。

七、项目运行与维护

（一）运行与维护过程

当 APP 被用户下载、安装、启用之后，并有兴趣再次体验时，才成为真正的用户，否则 APP 就成了一个"僵尸应用"，那么车位控首先搭建一个承载能力强的服务器，要能够对最新动态做出及时反应，保持良好的推送服务，进行有效的市场维护；其次，可以选择和专业推送服务商进行合作，保证基本信息送达的稳定、高效、安全和及时，当然大学院校、商场、写字楼和医院等停车场的合作意向，眼下，如何将第一步，也就是"互联网＋停车"的服务做好，才是其努力的关键所在。

（二）运行与维护效果

1. 市场影响

在停车领域实施共享经济的最大魅力在于车位的闲置性和稀缺性的关系，只要把本来闲置的资源挖掘出来，就能使拥有方业主获得收益，管理方物业获得收益，而使用方车主还获得实惠。闲置资源挖掘的途径是实施"互联网＋物业管理""互联网＋智慧停车"，这些互联网思维改变了人们的传统思维形式和行为方式，资源配置通过互联网的形式达到集约性和共享性，更加科学、合理、经济。

2. 社会与经济效益

（1）社会效益。“车位控”帮助车主“更快”“更好”“更便宜”地找到停车位，并且“实用”“经济”“准确”地发布停车位，让停车位充分利用，实现最大价值；使现实生活中车位紧缺的问题得到缓解，使社会因停车位出现的争端逐渐减少，有利于改善城市面貌，加快城市现代化步伐；改善物业停车位收费难的问题，构建和谐社会。同时，根据用户使用情况，结合大数据分析，我们可以定期向住宅小区物业管理以及商业区停车位管理公司反馈，帮助公司更好地改善停车位利用问题，解决停车位紧缺，实现社会价值。

（2）经济效益。“车位控”通过共享经济的形式实现了资源的最大化利用，我们、物业、车位主都获得收益，实现了“共赢”。

（3）环境效益。合理规划并妥善利用有限停车位这种稀缺资源，能降低城市拥堵、减少汽车尾气排放，对实现环境友好型社会具有重要意义。

参考文献

（一）中文著作

1. 李克强．2015 年政府工作报告［N］．人民日报，2015－03－17.

2. 中国分享经济发展报告 2016，第 1 页．

3. 刘兆君．促进深度学习的数字化游戏研究与设计［D］．长沙：中南大学，2008：8－9.

4. 子行．想象力：创新能力培养的“切入口”［M］．//“十一五”与青少年发展研究报告——第二届中国青少年发展论坛暨中国青少年研究会优秀论文集（2006）．天津：天津社会科学院出版社，2006：289.

（二）译著

1. 杰里米·里夫金．零边际成本社会［M］．北京：中信出版社，2014：16－24.

2. 基思·索耶．剑桥学习科学手册［M］．北京：教育科学出版社，2010：1－543.

3. 爱因斯坦．爱因斯坦文集（第三卷）［M］．许良英，译．北京：商务印书馆，1982：113－114.

（三）英文文献

1. Laura Piscicelli，Tim Cooper，Tom Fisher. The Role of Values in Collaborative Consumption：Insights from a Product-service System for Lending and Borrowing in the UK［J］. Journal of Cleaner Production，2015，(97)：21－29.

2. Schor J. B.，Fitzmaurice C. J. Collaborating and Connecting：the Emergence of the Sharing Economy［J］. Handbook of Research on Sustainable Consumption，2014，(26)：410.

3. Arrow KJ. The Economic Implications of Learning by Doing［J］. Review of Economic Studies，1962，29 (3)：63－78.

4. Acs Z J, PlumerL A. Penetrating the Knowledge Filter in Regional Economies [J]. Annals of Regional Science, 2005, 39 (2): 439-456.

5. Lumpkin G T, DESS G G. Clarifying the Entrepreneurial Orientation Construct and Linking it to Performance [J]. Academy of management Review, 1996, 21 (1): 135-172.

6. Hanke R, Kisenwether E, Warren A. A Scalable Problem-based Learning System for Entrepreneurship Education [C]. //Academy of Management Best Conference Paper, 2005, ENT: 1-6.

7. Paul Wellington. Reflective essays: a tool for learning, course improvement and assessment [J]. Proceedings of the 2007 AaeE Conference. 10-17

（四）中文论文

1. 王强，谢飞. 中国发展新动力：“互联网+”与分享经济 [J]. 政策瞭望，2015 (12)：44.

2. 欧阳日辉. 从“+互联网”到“互联网+”技术革命如何孕育新型经济社会形态 [J]. 学术前沿，2015.05：25.

3. 刘金婷. “互联网+”内涵浅议 [J]. 中国科技术语，2015 (3)：62-63.

4. 吴志攀. “互联网+”的兴起与法律的滞后性 [J]. 国家行政学院学报，2015.03：40.

5. 李智，原锦凤. 基于中国经济现实的供给侧改革方略 [J]. 价格理论与实践，2015 (12)：12.

6. 纪念改革开放40周年系列选题研究中心. 重点领域改革节点研判：供给侧与需求侧 [J]. 改革. 2016 (1)：36.

7. 胡鞍钢，周绍杰，任皓. 供给侧结构性改革——适应和引领中国经济新常态 [J]. 清华大学学报（哲学社会科学版），2016 (2)：17.

8. 林卫斌，苏剑. 理解供给侧改革：能源视角 [J]. 价格理论与实践，2015 (12)：8.

9. 程国强. 共建“一带一路”：内涵、意义与智库使命 [J]. 中国发展观察，2015 (04)：9.

10. 张茉楠．全面提升“一带一路”战略发展水平［J］．宏观经济管理，2015（02）：20.

11. 周济．智能制造——“中国制造2025”的主攻方向［J］．中国机械工程，2015：2274.

12. 吕铁，吴福象．“中国制造2025”的六重玄机　改革传媒发行人、编辑总监王佳宁深度对话六位知名学者［J］．改革，2015（4）：7.

13. 罗仲伟，李先军．“十三五”时期制造业转型升级的路径与政策转向［J］．价格理论与实践，2015（11）：8.

14. 柳洲．“互联网＋”与产业集群互联网化升级研究［J］．科学学与科学技术管理，2015：76.

15. 柳洲．“互联网＋”与产业集群互联网化升级研究［J］．科学学与科学技术管理，2015：78.

16. 丁莹，张媛．基于互联网思维的财务管理新思考［J］．经贸实践，2015（08）：129.

17. 吴晓隽，沈嘉斌．分享经济内涵及其引申［J］．改革，2015（12）：53－54.

18. 张孝德，牟维勇．分享经济：一场人类生活方式的革命［J］．学术前沿，2015.06.06：6－15.

19. 分享经济发展报告课题组．认识分享经济：内涵特征、驱动力、影响力、认识误区与发展趋势［J］．电子政务，2016（04）：3.

20. 周海涛，董志霞．美国大学生创业支持政策及其启示［J］．高等教育研究，2014：101.

21. 丁喜旺．中美创业教育比较与启示［J］．武汉冶金管理干部学院学报，2016：37.

22. 刘军．我国大学生创业政策：演进逻辑及其趋向［J］．山东大学学报，2015（3）：48.

23. 何玲，黎加厚．促进学生深度学习［J］．计算机教与学，2005（5）：29－30.

24. 王珏．杜威的教育思想与深度学习［J］．教育技术导刊，2005（9）：6－8.

25. 基思·索耶．剑桥学习科学手册［M］．北京：教育科学出版社，2010：1－543.

26. 段金菊，余胜泉．学习科学视域下的e－Learning深度学习研究[J]，远程教育杂志，2013（8）：43－51.

27. 焦建利，贾义敏．学习科学研究领域及其新进展［J］．开放教育研究，2011（2）：33－41.

28. 基思·索耶．剑桥学习科学手册［M］．北京：教育科学出版社，2010：1－543.

29. 黎赔肆，李利霞．基于“问题式学习”的创业教育课程模式研究［J］．当代教育理论与实践，2013（2）：134.

30. 张诚．创新创业教育中引入PBL模式：教师的角色分析［J］．科教文汇．2016：39.

31. 钟启泉．“有效教学”研究的价值［J］．教育研究，2007（6）：31－35.

32. 李运福，傅钢善．网络学习中反思性学习及模型研究［J］．现代教育技术，2012（2）：99.

33. 胡万里．略谈想象力在创新性素质教育中的重要性［J］．黄河之声，2012（15）：18.

34. 李秀珊．想象力在个体发展中的作用［J］．安徽文学，2011（2）.

35. 朱清时．缺乏好奇心想象力难成创新人才［J］．中国教育报，2009：1－2.

36. 冯艳丹．行为塑造法在心理健康教育课教学中的探索［J］．职业，2012（02）：154.

37. 郭磊．浅析行为塑造法在大学生法制教育中的作用［J］．吉林广播电视大学学报，2009（1）：29.

38. 葛志亮．论高职学生职业精神培养的三个维度［J］．继续教育研究，2014（4）：18－19.

39. 阙明坤．打造制造强国需填补职业精神短板［N］．经济日报，2014－07－17（09）.

40. 王金娟．高职学生职业精神培养路径探索［J］．江苏建筑职业技术学院学报，2014：48.

41. 徐勇．加强高职院校学生职业精神培养的思考［J］．天津职业大学学报，2010：85.

42. 刘彦斌．培育学生职业精神与建设高职校园文化［J］．改革与战略，2006（6）：83.

43. 徐勇．加强高职院校学生职业精神培养的思考［J］．天津职业大学学报，2010：86.

（五）电子文献

1. 于扬．所有传统和服务应该被互联网改变［EB/OL］．（2012－11－14）［2015－03－20］．http：//tech. qq. com/a/20121114/000080. htm.

2. 师榕．以“互联网＋”为驱动，推进我国经济社会创新发展［EB/OL］．［2015－3－10］．http：//www. qstheory. cn/subject/2015－03/10/c_1114592028. htm.

3. 研发全球化再升级，华为已悄然布局16家海外研究所［EB/OL］．http：//it. sohu. com/20161010/n469911286. shtml.

4. 腾讯研究院．“互联网＋”系列报告之一：愿景篇［DB/OL］．［2015－03－29］．http：//www. tisi. org/Article/lists/id/3704. html.

5. 互联网思维到底是什么？看完就知道［DB/OL］．http：//mt. sohu. com/20151005/n422601993. shtml.

6. 分享经济，到底在分享什么？［DB/OL］．http：//gujia. baijia. baidu. com/article/291908.

7. 大学生创业网．2015年各地大学生创业最新优惠政策［EB/OL］. http：//chuangye. yjbys. com/zhengce/543158. html.

8. 创业者如何整合资源［EB/OL］．［2012－03－17］．http：//jingyan. baidu. com/article/3f16e003aebb222591c10303. html.

9. 李克强．让“中国制造”升级为“优质制造”［EB/OL］．（2014－06－28）［2014－08－09］．http：//www. gov. cn/guowuyuan/2014－06/23/content_2706734. htm.

10. 胡锦涛．坚定不移沿着中国特色社会主义道路前进为全面建成小康社会而奋斗［EB/OL］．［2012－11－1］．http：//cpc. people. com. cn/18/n/2012/1109/c350821－19529916. html.

11. 国家中长期改革和发展规划纲要：2010－2020［EB/OL］．［2010－07－30］．http：//politics. people. com. cn/GB/12292525. html.

后 记

互联网技术的不断发展，特别是移动互联网的普及，越来越多的可接入设备，如手机、电脑、iPAD等逐步向中国家庭普及，互联网改变了我们的生活方式、学习方式、工作方式甚至思维方式，互联网已经成为我们生活中不可或缺的部分。

李克强总理在2015年政府工作报告中提出了“互联网+”行动计划及“大众创业，万众创新”国家战略，这标志着创业是时代的主旋律。作为创新创业生力军的大学生，国家、学校、教师在政策、资金、技术等方面给予大学生创新创业支持和鼓励，培养基于“互联网+”背景下的创新创业型人才也是各个高校的重要任务。

基于以上诉求，以及本人在近年来带领学生参加和指导各类创新创业类比赛的体悟，萌发了我编著本书的初衷。本书提出的基于“互联网+”背景下创新创业人才培养模式契合我国当前高职教育教学现状，特别是传统国学教育教学模块的引入，培养学生具有创新创业知识、素质和能力，培养学生正直的品格和融通的性格，也培养学生职业精神，并使之固化，从各个层面使学生获得质的提升。这是本书的创新点，可以为专业教师、专业负责人、教学部门负责人等提供可供参考的人才培养模式、课程设置、考核机制等。同时，本人提出的创新创业商业书设计模型也是本书的创新点，旨在为大学生参加创业类比赛提供写作思路、写作模块和写作技巧，提高大学生创业书制作水平。

本人在写作过程中，承蒙各位领导、同事和家人的大力支持和指导，让本书顺利完成。首先，感谢安徽审计职业学院相关领导，胡孝东院长、郁小鹏主任、周春林书记、张玉胜主任，感谢他们给予的极大支持和关心；特别感谢汪朝洋教授的关心、支持和技术指导，让我受益匪浅，万分感恩、万分感谢；特别感谢王家明主任的关心、支持，让本书能顺利出版。其次，感谢家人的支持，在本书写作的过程中，家人无私奉献，给予了我充裕时间去写作。最后，感谢那些真诚、善良、勤奋、努力的学生们，是你们的努力和配合，让我在指导比赛过程中受益良多。

附　件

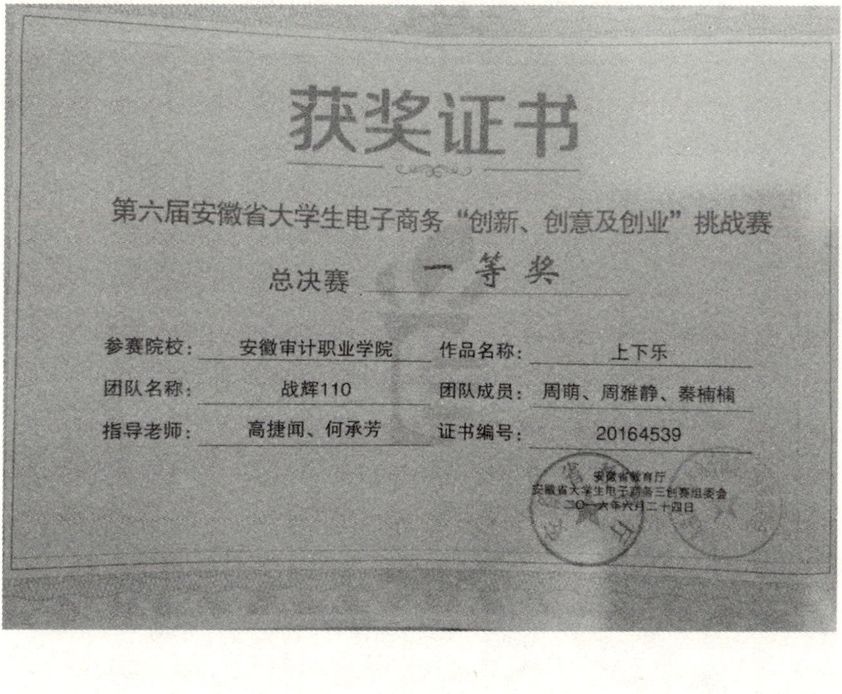

获奖证书

第六届安徽省大学生电子商务“创新、创意及创业”挑战赛

总决赛　一等奖

参赛院校：	安徽审计职业学院	作品名称：	上下乐
团队名称：	战辉110	团队成员：	周萌、周雅静、秦楠楠
指导老师：	高捷闻、何承芳	证书编号：	20164539

安徽省教育厅
安徽省大学生电子商务三创赛组委会
二〇一六年六月二十四日

荣誉证书

第二届安徽省“互联网+”大学生创新创业大赛

创意组银奖

参赛院校：安徽审计职业学院　作品名称：车位控

团队名称：战辉3+1　团队成员：陆扬、秦楠楠、周萌、卜银星

指导老师：刘丽云、高捷闻　证书编号：201612040

荣誉证书

第二届安徽省“互联网+”大学生创新创业大赛

创意组银奖(最佳创意奖)

参赛院校：安徽审计职业学院　作品名称：兴趣帮

团队名称：樱繁惊雨　团队成员：黄耀、崔文真、李涛、盛雪琴、朱梅娟

指导老师：高捷闻、何承芳　证书编号：201612039

图书在版编目(CIP)数据

基于"互联网+"背景下高职创新创业型人才培养模式研究/高捷闻,何承芳著.—合肥:合肥工业大学出版社,2017.10

ISBN 978-7-5650-3609-5

Ⅰ.①基… Ⅱ.①高…②何… Ⅲ.①高等职业教育—人才培养—培养模式—研究 Ⅳ.①G718.5

中国版本图书馆CIP数据核字(2017)第255134号

基于"互联网+"背景下高职创新创业型人才培养模式研究

高捷闻 何承芳 著　　　　责任编辑 疏利民

出 版	合肥工业大学出版社	版 次	2017年10月第1版
地 址	合肥市屯溪路193号	印 次	2017年10月第1次印刷
邮 编	230009	开 本	710毫米×1010毫米 1/16
电 话	总 编 室:0551-62903038	印 张	14.75
	市场营销部:0551-62903198	字 数	183千字
网 址	www.hfutpress.com.cn	印 刷	合肥创新印务有限公司
E-mail	hfutpress@163.com	发 行	全国新华书店

ISBN 978-7-5650-3609-5　　　　定价:38.00元